Anna-Luise Melle

Die Meisterin der Wachsfiguren

AF534557

ANNA-LUISE MELLE

Die Meisterin der Wachsfiguren

Marie Tussaud – Ihr Können war perfekt,
ihr Leben war gefährlich,
ihr Werk ist unsterblich

ROMAN

PIPER

Mehr über unsere Autorinnen, Autoren und Bücher:
www.piper.de

Wenn Ihnen dieser Roman gefallen hat, schreiben Sie uns unter Nennung des Titels »Die Meisterin der Wachsfiguren« an *empfehlungen@piper.de*, und wir empfehlen Ihnen gerne vergleichbare Bücher.

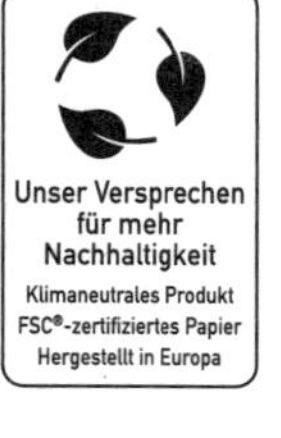

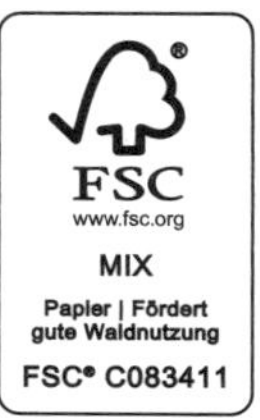

ISBN 978-3-492-06280-0
© Anna-Luise Melle 2023
© Piper Verlag GmbH, München März 2023
Dieses Werk wurde vermittelt durch die
Montasser Medienagentur, München.
Redaktion: Dr. Annika Krummacher
Satz: Uhl + Massopust, Aalen
Gesetzt aus der Adobe
Druck und Bindung: CPI Books GmbH, Leck
Printed in the EU

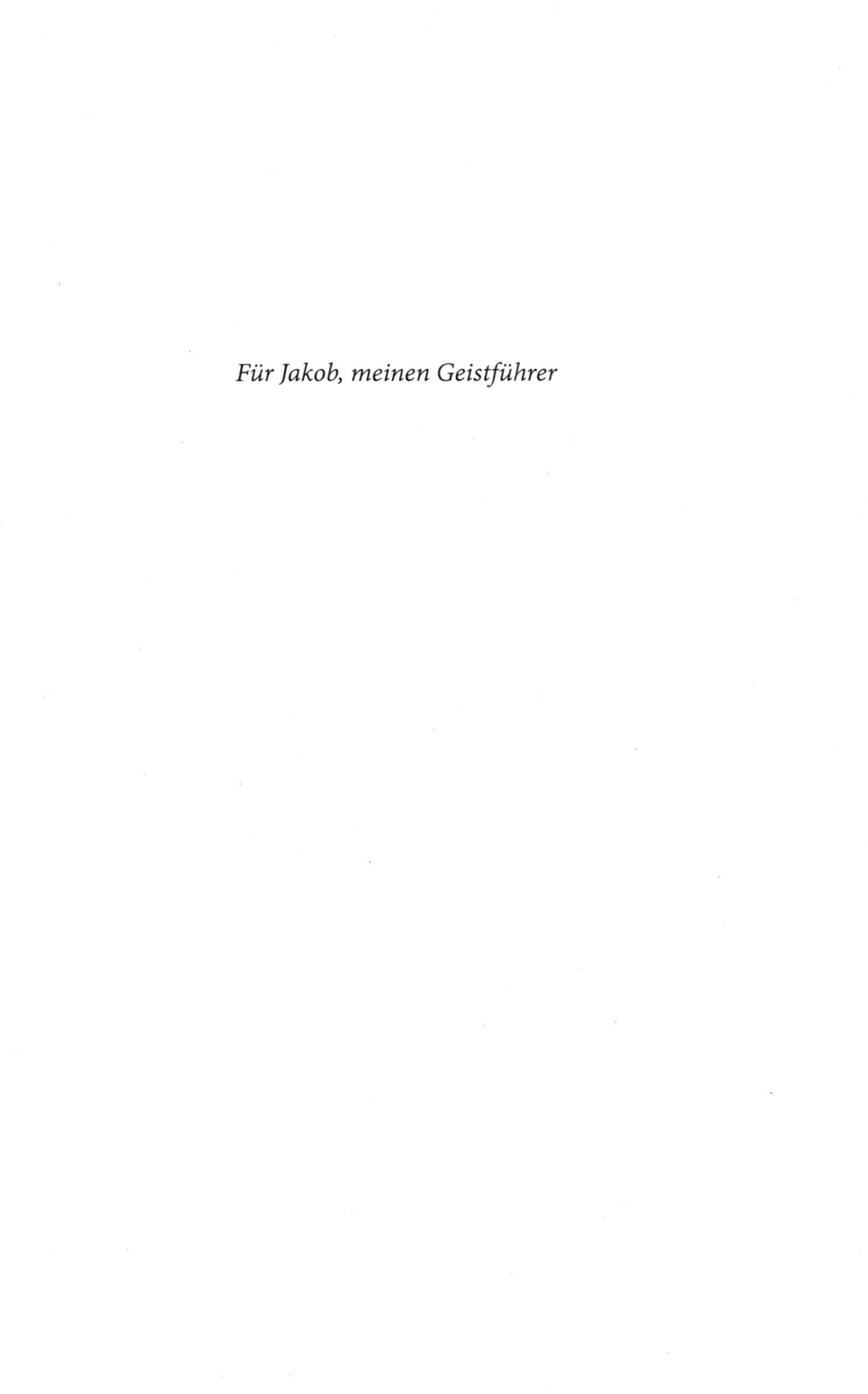

Für Jakob, meinen Geistführer

London, 1842

Das Schlurfen ihrer Schritte hallt durch das ganze Haus. Schwer und träge sind sie im Lauf der Jahre geworden, dennoch steht die alte Frau jeden Morgen vor dem ersten Hahnenschrei auf. Sie zieht ein schwarzes Kleid an und wählt eine passende Brosche aus, die sie mit den steifen Fingern mühsam an der Halskrause befestigt, ehe sie eine weiße Seidenhaube über ihr dünn gewordenes Haar spannt. Zum Schluss setzt sie ihre runde Brille auf und betrachtet sich im Spiegel. Ja, sie ist alt geworden, davon hat sie ihr Körper bereits überzeugt, aber ihr Geist, der ist noch wach und bereit, sich den täglichen Aufgaben zu stellen.

Mit einem Lächeln auf den Lippen verlässt sie das Haus. Sie liebt den Morgen, wenn die Sonnenstrahlen die Welt in das schönste Licht tauchen, wenn der seidene Nebel, der nachts als gespenstisches Wesen umhertreibt, als frischer Tau das Land benetzt und die Stadt noch schläft. Sie genießt die Stille, die mit der Einsamkeit einhergeht, aus der sie schon immer Kraft und Inspiration geschöpft hat. Noch nie hat sie oberflächliche Begegnungen und Unterhaltungen geschätzt, die lediglich der Höflichkeit geschuldet sind. Sie wollte immer nur das tun, was sie am liebsten mochte und am besten konnte: die Arbeit mit Wachs. Das ist ihr Handwerk, ihre Kunst, ihr Kapital.

Wenn der große Schlüssel die schwere Holztür zum Museum in der Baker Street öffnet, tritt sie ein in ihre Welt. Zunächst geht sie in den Keller, denn dort ist ihre Werkstatt. Behutsam hängt sie ihren Mantel an den Haken des Türrahmens. Es riecht nach Wachs und Farben. Auf einer kleinen Anrichte steht ein blauer Krug mit weißen Punkten. Er sieht so alt aus wie sie selbst, ist schon einmal geleimt worden und ist doch der einzige Krug, aus dem sie ihre heiße Milch trinkt.

Alles hat seinen Platz und seine Ordnung – in den Regalen, auf den Tischen und den Werkbänken. Sogar einen eigenen Brunnenanschluss hat sie einrichten lassen, direkt am Fenster. Das erspart viele Arbeitswege, was ihre müden Beine ihr danken. In der Mitte des Raums stehen für gewöhnlich die Figuren und Requisiten, die gerade in Bearbeitung sind. Momentan wartet allerdings nur eine Figur auf ihre Vollendung: ihre eigene. Sie will sich so darstellen, wie sie aussieht, wenn sie morgens aus dem Haus geht. Stück für Stück formt sie seit ein paar Wochen ihr eigenes Spiegelbild, auch wenn sie natürlich die Möglichkeit hätte, sich schöner darzustellen, als sie ist. Die Kunst verbirgt sich in dem, was der Verstand sieht und nicht das Auge, hatte Jacques einmal zu ihr gesagt. Jacques …

Gleich am Eingang steht ein Regal mit Utensilien: Kämme, Pinsel, Farben, Nähzeug. Sie steckt einen Zackenkamm und einen feinen Pinsel in ihre Schürzentasche. Dann trägt sie mit einem groben Pinsel Grundfarben auf eine kleine Palette auf. Früher ging das schneller, weil die Hände ruhiger waren.

Mit der Palette in der Hand steigt sie bedächtig die wuchtigen, ungleichmäßigen Steintreppen zum Erdgeschoss hoch. Dabei bleibt sie auf jeder Stufe stehen, bevor sie die nächste nimmt. Als Voltaire damals zu ihr kam, war er schon über achtzig Jahre alt und beschwerte sich über das Tempo des Winters, mit dem er nicht mehr mithalten könne. Als junges Mädchen konnte sie darüber nur lächeln, doch heute weiß sie, was Altwerden bedeutet – eine Veränderung der Geschwindigkeit.

Die Sitzung zum Maßnehmen mit Voltaire wird sie wohl nie vergessen, genauso wenig wie das Donnerwetter von Onkel Philippe, das danach über sie hereingebrochen war. Sein Vorwurf, dass sie sich geschäftsschädigend und wie eine Anfängerin benommen habe, hatte durchaus seine Berechtigung. Als junge Assistentin des Wachsbildners Philippe Curtius hatte sie Voltaire damals den ganzen Kopf eingegipst und dazu die Hände, sodass er unter der Maske fast erstickt wäre. Noch heute sieht sie ihn röchelnd und stöhnend auf dem Stuhl sitzen, dabei hatte sie es nur gut gemeint. Seine Bemerkung, dass sie eine wahre Meisterin sei, weil er durch ihre zarten Hände in den Genuss gekommen sei, unter der Maske die Hitze der Verdammnis und das Frohlocken des Paradieses gleichermaßen zu spüren, hatte in Voltaires illustren Kreisen die Neugierde geweckt und ihr Ansehen gehoben.

Sobald die Lichter im Museum angezündet sind, wird alles genau inspiziert und nichts dem Zufall überlassen. Die Wachsfiguren dürfen weder dem direkten Sonnenlicht ausgesetzt sein noch zu nahe an einer Lampe stehen.

Sie empfindet die morgendliche Stille im Museum wie ein Gebet. Dann kann sie sich den Figuren auf ihre Weise nähern, in die dunklen Tiefen derer versinken, die längst nicht mehr leben. Dann lauscht sie ihren Stimmen, während sie hartnäckig die Glasaugen fixiert, die sie selbst eingefügt hat. In ihrer Welt sind sie lebendig, erzählen ihr von den Freuden und Ängsten, die ihr Leben ausmachten. Und sie ist die Einzige, die ihre Sprache beherrscht. Jeden Morgen berührt sie jede einzelne Figur und holt dabei das Bild des echten Menschen in ihr

Gedächtnis zurück. Hat sie auch nichts vergessen, nichts übersehen? Erkennen die Betrachter die Charaktere so wie sie?

Vor Ludwig XVI. bleibt sie stehen. Sie weiß noch, wie sie ihn am Hof von Versailles modellierte und wie ihre Hände zitterten, als sie seinen abgeschlagenen Kopf aus dem blutverklebten Leinentuch aufdeckte, ein paar Jahre später. Die bewaffneten Sansculotten, die sie dazu zwangen, lachten nur über ihren Ekel. Ach, Eure Majestät, denkt sie, ich gehöre nicht zu denen, die Euch dieses Ende gönnten und freudetaumelnd um Euren abgeschlagenen Kopf tanzten.

Seufzend streift ihr Blick Marie Antoinette. Und Ihr, denkt sie, Ihr habt mich freundlich angelächelt und doch nur durch mich hindurchgelächelt. Ich nehme Euch das nicht übel. Im Gegenteil, ich sorge dafür, dass sich die Leute noch an Euch erinnern. Denn viel ist nicht übrig geblieben von Eurem prächtigen Versailles. Und nun steht Ihr hier und habt nicht einmal mehr Gelegenheit zur Entrüstung, da in diesem Hause ich das letzte Wort habe.

Neben dem Königspaar steht Elisabeth, die jüngste Schwester von Ludwig XVI. Die alte Frau hat ihr diesen Platz gegeben, weil die Prinzessin auch zu Lebzeiten immer an der Seite ihres Bruders blieb und ihn bis zum Schluss verteidigte. Sie war eine warmherzige Gönnerin, der Engel von Versailles, und musste sich dennoch einem so ungerechten, grausamen Ende fügen.

Mit Madame Elisabeth hat alles angefangen. Nein, angefangen hat es eigentlich mit Onkel Philippe in Paris. Die alte Frau kann sich noch sehr genau daran erinnern, wie sie mit Maman vor seiner Tür stand. Damals, kurz nachdem die Welt ihrer Kindheit von einem Tag auf den anderen verloren gegangen war.

Elsass, 1767

Kalte Windböen fegten die letzten bunten Blätter von den Bäumen. »Sie werden in ferne Länder entführt. Dort leben sie bei herrlichem Sonnenschein vergnügt, bis sie der Frühling zurückholt und mit Zauberkräften in neue hellgrüne Blätter am Baum verwandelt …« So hatte ihr Vater es Marie noch vor wenigen Tagen erzählt. Doch nun hörte sie ihn lautstark mit Maman im Nebenzimmer streiten. Die Eltern ahnten sicher nicht, dass sie am Fenster stand und die Reise der Blätter beobachtete, während sie den Streit durch die einen Spalt breit geöffnete Tür belauschte.

»Du solltest das Angebot annehmen und mit Marie nach Paris gehen. Bei Curtius hättest du eine gute Anstellung«, sagte ihr Vater gerade. »Mit ihm hast du es gut getroffen, und er wird gewiss für Marie sorgen. Sie ist ein kluges, begabtes Kind, dessen Zukunft ich nicht durch meinen Stand gefährden will. Mit ihren sechs Jahren ist sie alt genug, dass ich euch gehen lassen kann. Außerdem will ich frei sein. Wenn du ehrlich bist, dann willst du das auch. Ich werde weggehen, in eine fremde Stadt, und niemand wird mich mit euch in Verbindung bringen.«

»Du bist und bleibst ein selbstsüchtiger Narr! Du willst die Verpflichtungen loswerden, die eine Familie mit sich bringt, aber schiebst deine unschuldige Tochter vor.«

»*Meine* Tochter? Hältst du mich für blind oder für dumm? Von Anfang an wusste ich, dass sie nicht von mir ist, und doch liebe ich sie wie mein eigen Fleisch und Blut. Ich werfe dir das nicht einmal vor, denn Curtius kann sehr charmant sein. Es ist das Beste, wenn wir beide ab jetzt getrennte Wege gehen. Curtius kann euch eine bessere Zukunft bieten als ich. Und das weißt du auch.«

»Was redest du da? Marie ist deine Tochter! Du setzt mich vor die Tür und behauptest, Marie sei nicht dein Kind? Das behauptest du doch nur, um dich besser zu fühlen, weil wir dir eine Last sind. Welche Schande tust du mir an?«

»Ich habe dich beobachtet, wie du mit Curtius umgegangen bist und er mit dir.«

»Wo willst du das denn gesehen haben?«

»Du hast mich von jeher unterschätzt.«

»Deine Schnüffeleien waren mir schon immer unheimlich.«

»Du bist regelrecht verrückt nach diesem Curtius, wie du es zu mir nie warst. Es verletzt mich, weil du mein Weib bist, aber es tut mir nicht weh, weil wir uns nicht lieben. Marie ist ganz anders als wir beide. Wenn sie mit ihrer Puppe spielt, will sie ständig etwas an ihr verändern. Sie liest Geschichten aus Wolkengebilden und malt sie anschließend in den Sand. Sie lebt in ihrer ganz eigenen Welt, die mit unserer nichts zu tun hat – mit der von Curtius allerdings schon. Sieh es doch, wie es ist: Ich entlasse dich und Marie in die Freiheit. Sie wird in Curtius einen guten Mentor finden und in gehobenen Kreisen aufwachsen. Ob du ihr jemals sagst, wer ihr leiblicher Vater ist, bleibt dir überlassen. Du kannst jetzt endlich das Leben führen, das du dir immer gewünscht hast. Geh nach Paris, nimm deinen Mädchennamen an, und behaupte, dass ich im Krieg gefallen sei, aber verlasst nun beide mein Haus!«

Wortlos ging Maman an ihm vorbei und fing an zu packen. Als sie ins Schlafzimmer kam, hatte sich Marie bereits schlafend gestellt und wartete mit geschlossenen Augen auf das, was Maman ihr wohl jetzt erklären würde.

Auf einmal fiel die Haustür laut ins Schloss. Marie erschrak und befürchtete, Maman hätte sie allein zurückgelassen, aber die suchte nur aufgebracht ihre Sachen im Haus zusammen. Als Marie zum Fenster lief, sah sie ihren Vater vor dem Haus stehen. Er blickte aus seinen kristallklaren, blauen Augen nach oben. Ob er sie im Dunkeln am Fenster erkannt hatte? Dann ging er mit entschlossenen Schritten davon, sein Rock wehte im Wind.

Was hatte er eben gesagt? Sie sei gar nicht seine Tochter? Warum mussten sie und Maman auf einmal von hier weg?

Plötzlich stand ihre Mutter mit eisiger Miene vor ihr. »Zieh dich an, wir gehen.«

»Aber warum? Und wohin?« Marie versuchte, sich unwissend zu stellen.

»Frag nicht«, erwiderte Maman und packte sie fest am Arm. »Wir verreisen heute noch.«

Offenbar hatte sie gemerkt, dass Marie den Tränen nahe war, denn sie ging vor ihr in die Knie und nahm sie sanft in die Arme. »Wir schlafen in einem Gasthof, und morgen fahren wir für immer nach Paris.«

Marie sah sie mit großen Augen an und versuchte, ihren Schmerz zu unterdrücken. »Aber Papa …«

Sogleich fiel ihr Maman ins Wort: »Dein Papa ist im Krieg gestorben. Noch vor deiner Geburt. Hast du das verstanden?«

Als Marie das Gesicht zum Weinen verzog, schüttelte ihre Mutter sie ärgerlich.

»Hast du das verstanden?«

Ängstlich nickte Marie.

»Dann sprich es mir nach«, befahl Maman.

Vorsichtig formulierte Marie die Worte, obwohl ihr dabei die Kehle eng wurde: »Mein Papa ist im Krieg gestorben, noch vor meiner Geburt.«

»Braves Mädchen.« Der Griff ihrer Mutter wurde wieder sanft, und Maman streichelte ihr zärtlich über die Wange.

Noch in derselben Nacht hatten sie ihre Habseligkeiten in einem großen Sack zusammengeschnürt, den Maman über den Rücken warf. Schweigend ging sie mit Marie an der Hand durch die Dunkelheit bis in einen Nachbarort, wo sie den Holzriegel eines fremden Stalles so leise wie möglich hochzog. Sie hielt den Zeigefinger auf den Mund, als sie Marie mit einem Kopfnicken anwies, in den Stall zu gehen. Marie wagte nicht zu fragen, warum sie denn nicht in einem Gasthof schliefen, wie Maman es ihr versprochen hatte.

Es war warm und roch nach Stroh und Tieren. Im Dunkeln nahm sie die Umrisse von Pferden wahr, die in einer großen Box standen. Eines von ihnen gab ein kurzes Schnauben von sich, als sie näher kamen. Ängstlich klammerte sich Marie an Maman, die unerschrocken Stroh zusammensuchte und ein kleines Lager für die beiden herrichtete.

»Schlaf jetzt«, sagte sie, »noch vor dem ersten Hahnenschrei verschwinden wir von hier, bevor uns jemand entdeckt. Wir fahren ab morgen mit der Postkutsche.«

Marie bekam das Bild nicht aus dem Kopf, wie Papas Rock geweht hatte, als er mit energischen Schritten hinaus in den Nebel gegangen und sich immer mehr von ihr entfernt hatte. Doch im Stillen wiederholte sie unentwegt die Worte, die sie lernen musste, bis sie irgendwann zwischen Pferden, Stroh und Maman einschlief: Papa ist im Krieg gestorben, noch vor meiner Geburt.

Paris, 1778

»Unsere Österreicherin Marie Antoinette wird dem König ein Kuckuckskind als Thronfolger schenken«, beschwerte sich eine der Marktfrauen bei ihrer Standnachbarin, die emsig Besen aus Birkenreisig band. Ihre Hände waren groß und von Schwielen gezeichnet. Hin und wieder fiel aus ihrer Haube eine Haarsträhne, die sie verdrossen wegblies.

Gegenüber gackerten braungescheckte Hennen in Käfigen, daneben stellte eine alte Bäuerin gerade ihren Tragekorb ab, der bis oben hin mit frischen Blaubeeren gefüllt war. Kinder in kurzen Hosen sausten barfuß zwischen den Marktständen herum und spielten Fangen. Es passierte schon mal, dass dabei etwas von den Ständen verschwand, aber ein Reisigbesen war in der Regel kein begehrtes Objekt, denn er konnte keinen Hunger stillen.

»Gestern muss es wieder eine lange Nacht im Opernhaus gewesen sein«, ereiferte sich die Marktfrau weiter. »Erst in den frühen Morgenstunden fuhr die königliche Kutsche nach Versailles. Dieser ausländische Prinz soll auch dabei gewesen sein.« Sie schnäuzte sich kräftig in ihre Schürze.

»Zwei Ausländer unter sich – na, das passt ja«, erwiderte die Marktfrau mit den Reisigbesen und lachte kehlig. »Wenigstens bekommt sie endlich mal ein Kind. Wäre der alte König noch am Leben, dann hätte er den Thronfolger doch noch am liebsten selbst gezeugt. Der hat ja vor keinem Rock haltgemacht, der alte Schwerenöter. Aber schließlich ist er mit der Last seiner Sünden in die Grube gefahren. Geschah ihm recht. Dann lassen wir uns mal überraschen, was da wohl für ein Kuckuck rauskommt.«

Marie und ihre Freundin Marianne kicherten. Sie kauften regelmäßig hier ein und waren mit dem Getratsche der Marktfrauen bestens vertraut.

»Welcher Prinz?«, fragte Marie leise.

»Sie meint sicher den schwedischen Grafen von Fersen«, gab Marianne zur Antwort. »Er und die Königin sollen ja unsterblich ineinander verliebt sein. Aber ist es ihnen zu verdenken? Ich meine, sie sind beide bildhübsch. Unser König hingegen … na ja …«

Marie holte zwei Äpfel aus ihrem Korb und reichte sie ihrer Freundin. »Nimm. Für heute Nachmittag.«

»Aber Marie, du kannst mir doch nicht immer …«

»Doch, lass es dir schmecken. Onkel Philippes Wachsgeschäft läuft gut. Mach dir keine Gedanken.«

Die beiden umarmten sich, bevor sich ihre Wege wieder trennten. Marianne war mit ihren sechzehn Jahren genauso alt wie Marie, aber schon mit einem Wagenmacher in der Rue Guisarde verheiratet. Als die beiden jungen Frauen sich vor einem Jahr beim Einkaufen auf dem Markt kennenlernten, hatte Marianne ihre beiden jüngsten Geschwister dabeigehabt, die an ihrem Rockzipfel gehangen hatten, während diese in ihrer Geldbörse alle Münzen zusammengesucht hatte, um bei der Marktfrau das Gemüse bezahlen zu können. Sie war ebenso wie ihre Geschwister schlicht gekleidet und schien nicht gerade wohlhabend zu sein. Da sie Marie leidtat, hatte sie kurzerhand die Summe beglichen, die im Übrigen nicht besonders hoch gewesen war. Dann hatte sie Marianne geholfen, die Einkäufe nach Hause zu tragen.

Sie hatten sich für die darauffolgende Woche zur selben Zeit am selben Marktstand verabredet, und aus der gegenseitigen Sympathie, die schon vom ersten Moment an bestanden hatte, wurde allmählich ein freundschaftliches Band. Auch Mariannes Mann, der ein ebenso freundlicher Mann mit einem eigenen Handwerksbetrieb war, hatte nichts gegen Maries Besuche einzuwenden.

Marie fragte sich, wann sie wohl selbst eine Familie haben würde. Eine Familie mit Kindern und einem eigenen Heim. Bisher war sie nur einmal einem Mann begegnet, der ihr gefiel. Er hatte mit halbgeschlossenen Augen an der Île de la Cité im Gras gelegen, auf einem Grashalm gekaut und seine Füße in die Seine baumeln lassen. Doch leider hatte er sie so unverschämt angesprochen, dass sie gar nicht anders konnte, als es ihm mit gleicher Münze heimzuzahlen. Sie wusste bis heute nicht, wer er war, und sie hatte ihn seitdem auch nicht wiedergesehen. Trotzdem dachte sie manchmal an sein hübsches Gesicht mit dem kleinen Leberfleck über der Lippe.

In der Werkstatt in der Rue Saint-Honoré roch es nach ausgekühltem Bienenwachs. Die Büste des Herzogs von Orléans wartete auf ihre Fertigstellung. Die Schichtdicke des Wachses war ausgehärtet, und die Gipsform, die es gehalten hatte, konnte nun entfernt werden. Vorsichtig zog Marie an einer Schnur, um die einzelnen Gipsteile behutsam vom Wachs zu lösen. Das war der entscheidende Moment, denn nun stellte sich heraus, ob sie den richtigen Zeitpunkt und das richtige Mischverhältnis der geheimen Rezeptur gewählt und ob sie den Tonkopf technisch gut gearbeitet hatte. Hatte sie die Farbpigmentierung für das spätere Kolorieren getroffen? War die Form des Abgusses verzogen oder gar voller Bläschen oder Risse? Es hatte viele Jahre gebraucht, bis Onkel Philippe so viel Vertrauen in Maries Arbeit gewonnen hatte, dass er ihr diesen Arbeitsschritt überlassen konnte.

Schon als Kind begeisterte sich Marie für seine Köpfe und Figuren und wollte das Handwerk der Wachsbildnerei von ihm erlernen. Inzwischen übernahm sie sämtliche Aufgaben der Wachsmodellierung, sodass sich Onkel Philippe bedenkenlos seiner Ausstellung widmen konnte. Er wusste, dass er in ihr eine gelehrige und talentierte Schülerin gefunden hatte, die ganz in seinem Sinne arbeitete und den hohen Ansprüchen an das Handwerk gerecht wurde. Was Onkel Philippe vor allem an Marie schätzte, war ihr ruhiger und konzentrierter Arbeitsstil.

Die ausgekühlte Wachsbüste musste nun noch gesäubert und geglättet werden. Dazu nahm Marie ein reines Leinentuch und wischte die Rückstände ab, die von der Gipsmaske hängen geblieben waren. Die Modellierwerkzeuge, die sie anschließend benötigte, erwärmte sie kurz, dann schnitt sie Gussnähte und Unebenheiten weg. Mit einem Metallstift bohrte sie die Nasenlöcher in Tiefe und Breite aus, um sie anschließend zusammen mit der übrigen Nase abzurunden.

Ähnlich ging sie beim Mund vor, indem sie mit dem Messer eine Vertiefung einkerbte und dann den Lippen die passende Rundung verlieh. Onkel Philippe staunte immer wieder, dass sie sich an kleinste Details des Gesichts erinnern konnte, was das Modell am Ende umso echter wirken ließ. Sie tauchte einen Schwamm in Balsamharztinktur und bearbeitete damit die ganze Büste. Der wichtigste Arbeitsschritt jedoch war das

Ausschneiden der Augenhöhlen, in welche die Glasaugen eingesetzt wurden, die dem Gesicht erst wahres Leben einhauchten.

Schließlich nahm sie die Büste vom Tisch. Philippe II., der Herzog von Orléans, war fertig gegossen und geformt. Zufrieden betrachtete sie ihr Werk.

Das Geklapper von Pferdehufen vor dem Haus kündigte Onkel Philippes Kutsche an. Er wusste, dass Marie die Büste des Herzogs heute zu Ende bringen wollte, und war gespannt auf das Ergebnis.

»Ich konnte es kaum erwarten, Marie«, sagte er, als er die Werkstatt betreten und seinen Mantel achtlos auf einen Stuhl geworfen hatte. »Lass mich den Herzog anschauen.«

Er nahm die Büste, die sie ihm wie einen Pokal reichte, ging zum Fenster und inspizierte ihn von allen Seiten.

»Keine Leinwandfetzen mehr, alle Fugen und störenden Abdrücke von der Maske sind sauber zugeschabt, keine Unebenheiten zu sehen, die Muskeln glatt gestrichen, aber erkennbar.« Er drehte sie erneut im Licht, hielt sie von sich weg und lächelte. »Die Form der Augen, die Form der Lippen – tadellos. Es ist genau der Gesichtsausdruck des Herzogs, den ich haben wollte.« Stolz sah er sie an. »Das hast du gut gemacht, Marie!«

Früher hatte Onkel Philippe ihr immer prüfend über die Schulter geblickt, meist hatte er etwas anzumerken gehabt und ihr weitere Anweisungen gegeben. Ihre erste Prüfung war die Büste von Dauphin Louis Auguste gewesen, der inzwischen König war. Sie hatte die Augäpfel aus dem Wachs herausschneiden und die Glasaugen durch das Halsloch von innen einfügen müssen. Dabei hatte sie sich immer wieder vergewissert, ob alles passgenau war. Spätestens da hatte Onkel Philippe erkannt, dass sie ein großes Talent besaß und dass es die richtige Entscheidung gewesen war, ihr die Wachsbildnerei zu vermitteln, wie sie es sich immer so sehr gewünscht hatte.

Philippe Curtius war Arzt und ein angesehener Wachsbildner aus Bern, der nach einem längeren Aufenthalt in Straßburg auf die Einladung des Prinzen de Conti nach Paris gekommen war, um in der Metropole der Vergnügungen mit seinem Können aufzuwarten, denn da gehörte er – nach Ansicht des Prinzen – hin. Die Entscheidung, das Angebot des Prinzen anzunehmen, das auch das Wohnrecht in einem Haus in der teuren Rue Saint-Honoré beinhaltete, hatte sich schon bald als richtig erwiesen.

Curtius führte inzwischen eine eigene Ausstellung und modellierte alles, was Rang und Namen hatte. Seine Geldbörse wurde dicker, und sein Bekanntheitsgrad stieg ebenso wie sein Ansehen. Obwohl er gar nicht Maries richtiger Onkel war, hatte er sie und ihre Mutter einst bei sich aufgenommen. Doch schon bald wurde der fremde Mann für Marie zu einem verständnisvollen und warmherzigen Beschützer, wohingegen Maman nichts von ihrer bisherigen Strenge verloren hatte. Glaubte diese sich allerdings mit Curtius allein, so konnte sie die äußere Härte wie eine Rüstung ablegen und in seltsam vertraulicher Weise Curtius' Nähe suchen, manchmal sogar bis unter seine Bettdecke.

Nie hatte Marie verstanden, warum ihr Vater sie damals weggeschickt hatte und was es mit dem Stand auf sich hatte, vor dem er Marie schützen wollte. Und warum hatte er zu Maman gesagt, dass er gar nicht ihr Vater sei? Nur noch nebulös konnte sie sich an sein Gesicht erinnern, an die kristallklaren blauen Augen, doch an seine Stimme gar nicht mehr. Würde sie ihn wiedererkennen, wenn er ihr heute über den Weg liefe? Wünschte sie sich das denn überhaupt?

Paris, 1778

Nach Voltaires Tod im Mai 1778 erlebte Curtius' Ausstellung auf dem Jahrmarkt Saint-Laurent einen wahren Besucheransturm. Jeder kam, um das Abbild des großen Philosophen zu sehen. Da es die erste von Marie gefertigte Wachsfigur war, die sie nur wenige Monate vor seinem Tod modelliert hatte, wurde man auf sie aufmerksam. Es musste ja niemand erfahren, dass Voltaire während der Sitzung unter der Gipsmaske fast erstickt wäre. Bei einem Besuch der Ausstellung, wo Marie sich von der Begeisterung der Besucher überzeugen wollte, lernte sie Jean-Jacques Rousseau kennen. Er hatte nur darauf gewartet, von ihr gefragt zu werden, ob sie auch seine Büste modellieren wolle. Denn noch kurz vor seinem Tod hatte Voltaire erzählt, dass die junge Wachsbildnerin sehr anspruchsvoll in der Wahl ihrer Modelle sei.

Marie nahm Rousseaus Auftrag an. Für die Sitzung, bei der Maß genommen wurde, hatte er die Werkstatt besucht, und nun fuhr sie mit der Kutsche nach Ermenonville, um die frisch gefertigte Büste auszuliefern. Wie bei der von Voltaire hatte sie auch bei Rousseaus Büste für die Wachsmischung ein Quantum Zinnober verwendet, um der Haut die passende Farbe zu verleihen, und sie und Curtius waren sehr zufrieden mit dem Ergebnis.

Es war Sommer, und die Natur zeigte sich in ihrem bezauberndsten Kleid. Auf den Feldern, an denen Maries Kutsche vorbeiholperte, wendeten Bauern das Heu. Greifvögel zogen in luftiger Höhe ihre Kreise, Mückenschwärme tanzten im Sonnenlicht, und die Weizenfelder standen in üppiger Pracht. Feldlerchen zwitscherten. Als sie gegen Mittag am Hause von Monsieur Rousseau ankam, stand die Sonne im Zenit. Ein Dienstmädchen öffnete ihr und ließ sie an der Tür warten.

Wenig später kam Rousseau mit offenen Armen auf sie zu. Seine Verbeugung war knapp. »Sind Sie etwa gekommen, um mir die Büste zu überbringen? Ist sie schon fertig? Bitte, folgen Sie mir doch in den Garten, und erweisen Sie uns die Ehre, mit uns zu essen.« Plötzlich unterbrach er sich und sah Marie besorgt an. »Oh, ich rede und rede. Dabei ist die Kutschfahrt von Paris hierher lang und mühsam. Wollen Sie sich vielleicht erst ein wenig erfrischen? Ich gebe unserer Dienstmagd Adelais Bescheid, damit sie Ihnen das Gästezimmer zeigt. Aber natürlich hat mich die Neugier gepackt. Gestatten Sie mir, meine Liebe, vorher noch die Büste zu sehen.«

Marie hätte nicht gedacht, dass es auch Männer gab, die ohne Unterlass reden konnten. Sagte man diese Angewohnheit nicht eher den Frauen nach? Rousseau sprudelte noch mehr vor Begeisterung, als er die Büste sah. Er hatte bereits einen Platz im Haus gewählt, wo sie stehen sollte. Marie sah es als ihre Aufgabe, die Büste eigenhändig auf den dafür vorgesehenen Sockel zu stellen. Vorsichtig entfernte sie die Tücher, in die das Kunstwerk eingepackt war.

Während sie beschäftigt war, traf ein junger Mann ein, der auch zu Rousseau wollte und von ihm auf das Herzlichste empfangen wurde. Marie war auf ihre Arbeit konzentriert und hörte daher nicht, worüber sich die beiden unterhielten.

Wenig später kam Rousseau zusammen mit dem jungen Mann zu ihr. »Mademoiselle Marie, darf ich Ihnen Maximilien de Robespierre vorstellen, einen Freund und großen Anhänger meiner Literatur?«

Marie drehte sich um und überlegte ganz kurz, woher sie den jungen, gut aussehenden Mann mit dem Leberfleck über der Lippe kannte. Auch er schien sich zu fragen, wo sie sich schon einmal begegnet sein könnten, doch ihr fiel es schneller ein. Es war der freche junge Mann von der Île de la Cité, der im Gras gelegen hatte und ihr aufgefallen war. Diesmal machte er allerdings keinerlei Anstalten, sie unverschämt anzusprechen.

Marie kam Rousseaus Bitte nach, zum Essen zu bleiben, und so lernte sie nicht nur seine Ehefrau Thérèse, sondern auch den jungen Anwalt Robespierre kennen, der Rousseau regelmäßig besuchte, um mit ihm zu philosophieren. Das Verhältnis zwischen den beiden erinnerte an das von Vater und Sohn und schien auf gegenseitiger Wertschätzung gegründet zu sein. Heute allerdings war Marie diejenige, die Robespierres Interesse auf sich zog und damit die allgemeine Aufmerksamkeit von Rousseaus Plaudereien ablenkte. Während Voltaire sich bei seiner Sitzung fast nur nach familiären Angelegenheiten erkundigt hatte, interessierte sich Rousseau für ihr Handwerk. Als sie von Monsieur Robespierre gefragt wurde, ob sie einen Spaziergang mit ihm machen wolle, wurde die Dienstmagd geholt, die die beiden in sicherem Abstand begleiten sollte.

Robespierre führte Marie durch einen Park mit jungen Bäumen und einem See. Sie war begeistert von der Anlage, die ihr wie eine Liebeserklärung an die Natur vorkam.

»Der See ist künstlich angelegt«, erklärte Robespierre. »Das wollten Sie doch sicher wissen.«

»Wie kommen Sie darauf?«

»Weil man in Ihrem Gesicht lesen kann wie in einem Buch. In einem sehr hübschen Buch, wenn ich mir diese Bemerkung erlauben darf.«

»Und was lesen Sie sonst noch darin?«

»Nun, dass Sie sich fragen, wie alt die Bäume sein mögen.«

»Das interessiert mich in der Tat.«

»Als der Marquis von einem Aufenthalt in England zurückkam, begann er, diesen Park im Stile eines englischen Gartens zu gestalten. Dafür holte er eigens zweihundert Engländer und einen schottischen Gärtner hierher. Die vielen Bäumchen, die unseren Weg säumen, sind junge Pappeln.«

»Welcher Marquis?«

»Marquis René Louis de Girardin, dem das Schloss Ermenonville gehört. Er hat Monsieur Rousseau und seine Frau hierher eingeladen und ihnen ein Haus zur Verfügung gestellt. Sie sind seine Gäste.«

»Wie kommt es, dass Sie mit Monsieur Rousseau so eng befreundet sind? Ist er nicht viel zu alt für Sie?«

»Das mag schon sein«, entgegnete Robespierre lächelnd. »Aber ich schätze seine Werke. Sie sind von einer erstaunlichen Kraft und Ehrlichkeit. Er ruft darin zu Veränderungen auf und fordert, dass die staatliche Gewalt vom Volk ausgeht. Ich verehre ihn sehr und finde es bedauerlich, dass Philosophen wie er zum Teil geächtet und vertrieben werden. Doch glücklicherweise gibt es auch in Adelskreisen durchaus Menschen mit einem offenen Blick für unaufhaltsame Veränderungen, wie etwa den Prinzen de Conti.«

Abrupt blieb Marie stehen und sah ihn irritiert an. »Der Prinz de Conti?«

Marie hatte diesen Mann seit ihrer Kindheit in der Werkstatt von Onkel Philippe ein und aus gehen sehen. Jedes Mal, wenn er kam, verschwand er mit Curtius in einem kleinen Zimmer hinter der Werkstatt und ließ, wenn er wieder ging, einen dicken Beutel mit Münzen generös auf die Werkbank fallen.

»Kennen Sie ihn etwa auch?«, wollte Robespierre wissen.

»Nicht persönlich. Und woher kennen Sie ihn?«

»Ich kenne ihn auch nicht persönlich, aber ich weiß, dass er nicht nur ein Kunstliebhaber ist, sondern auch ein großer Förderer und Beschützer von Rousseau, daher schätze ich ihn. Rousseau hat ihm viel zu verdanken.«

»Bitte entschuldigen Sie mich, ich habe Sie unterbrochen. Sie wollten mir eigentlich von Ihrer Freundschaft mit Rousseau erzählen.«

»Nachdem ich ein paar seiner Bücher gelesen hatte, wollte ich diesen großartigen Schriftsteller unbedingt kennenlernen, und schon nach unserer ersten Begegnung fühlte ich eine starke Verbundenheit auf literarischer Ebene. Seine Romane sind von einer Philosophie geprägt, die ich politisch durchaus befürworte.«

»Sind Sie denn oft hier, da Sie sich so gut auskennen?«

»Nun, ich versuche zumindest, ihn regelmäßig zu besuchen. Doch jetzt möchte ich als examinierter Anwalt zurück in meinen Heimatort Arras, und so werden die Besuche wohl leider seltener werden.«

Beim Gehen hielt sich Robespierre die ganze Zeit sehr aufrecht und hatte dabei die Hände auf dem Rücken verschränkt. Marie genoss die Konversation mit diesem gut aussehenden und klugen Mann.

»Doch nun spannen Sie mich bitte nicht länger auf die Folter«, sagte er schließlich. »Kann es sein, dass wir uns schon einmal begegnet sind?«

»Ja, das sind wir.«

»Bitte verzeihen Sie mir diese Unaufmerksamkeit, aber ich kann mich beim besten Willen nicht entsinnen, wo wir uns kennengelernt haben.«

»Wir haben uns nicht kennengelernt, weil Sie das nicht wollten.«

»Ich verstehe nicht, was Sie meinen.«

»Nun, ich weiß nicht mehr den genauen Wortlaut, aber ich glaube, Sie haben etwas Ähnliches gesagt wie… Nun, dass ich es bloß nicht wagen solle, Sie anzusprechen, weil Ihnen nicht der Sinn nach Konversation stünde…«

»Das soll ich gesagt haben?«

»Ich lüge Sie gewiss nicht an.«

»Nein, nein, ich glaube Ihnen schon, doch verraten Sie mir bitte, wann und wo das war.«

»Das war vor etwa einem Jahr auf der Île de la Cité. Sie saßen am Wasser und…«

»Jetzt weiß ich es wieder! Sie waren die Mademoiselle mit der kecken Antwort! Verzeihen Sie mir diesen gänzlich unangemessenen Ausbruch. Als eine Art Wiedergutmachung möchte ich Sie bitten, mich künftig bei meinem Vornamen zu nennen, Mademoiselle. Vorausgesetzt, Sie sind damit einverstanden.« Er nahm den Hut ab und verneigte sich.

»Ich nehme Ihre Entschuldigung an, bestehe allerdings darauf, dass auch Sie mich bei meinem Vornamen nennen, Monsieur Maximilien.«

»Selbstverständlich, Mademoiselle Marie. Und nun lassen Sie mich eine Frage stellen. Wie kamen Sie dazu, Wachsbildnerin zu werden?«

»Nun, ich hatte als Kind in Onkel Philippes Werkstatt zum ersten Mal die Wachsfigur von Jeanne Dubarry gesehen. Sie war so wunderschön«, schwärmte sie mit glänzenden Augen. »Seitdem wollte ich nichts anderes, als dieses Handwerk zu erlernen.«

»Und wer ist Onkel Philippe?«

»Das ist ... mein Onkel«, kam es ihr ein wenig holprig über die Lippen.

Er lachte. »Das sagten Sie bereits.«

»Ich bin bei Philippe Curtius aufgewachsen. Meine Mutter ist seine Haushälterin.«

»Und was ist mit Ihrem Vater?«

Wie ein Dorn traf sie dieses Wort ins Herz. Vor ihrem inneren Auge sah sie ihren Vater durch den Nebel gehen und sprach dann die Worte, die sie einst auswendig lernen musste: »Mein Vater ist im Krieg gestorben, noch vor meiner Geburt.«

»Im Siebenjährigen Krieg? Ein Held also?«

»Ja.«

»Das tut mir leid. Und Ihr Onkel Philippe lehrte Sie dieses Handwerk? Obwohl Sie eine Frau sind?«

»Ist es denn nicht so, dass wir leben, was uns vorgelebt wird, dass wir wählen, was wir kennen, und anfangen zu begehren, was wir täglich sehen? Sind Sie denn nicht auch aus diesem Grund Anwalt geworden?«

»Aber Kunst ist doch etwas Gottgegebenes, das nicht erlernbar ist, oder?«

»Kunst vielleicht, aber Handwerk nicht.«

»Auch für das Handwerk braucht es Talent.«

»Das Talent ist, zu erkennen, welches Handwerk Gott für mich vorgesehen hat. Und ist es nicht zuletzt die innere Stimme, die in jedem von uns spricht?«

»Sie lassen sich von einem Gefühl leiten? Auch wenn es vielleicht nur eingebildet ist?«

»Sie etwa nicht?«

»Nicht, wenn es um große Veränderungen im Leben geht.«

»Und wenn es nun um die Liebe ginge?«

»Die Liebe! Sie ist das beste Beispiel dafür, wie der Verstand durch Gefühle irregeleitet wird.«

»Doch ist die Liebe nicht etwas Großes?«

»Liebe ist ein ganz eigenes Universum. Wer den Zutritt erhält, bekommt auch die Kraft zu grenzenloser Hingabe und grenzenloser Zerstörung. Ich für meinen Teil betrachte die Dinge lieber nüchtern. Und das meine ich durchaus auch im physischen Sinne. Ich möchte nicht zu einem kritiklosen, blinden Narren werden.«

Sie blieb stehen und wartete, bis er sie ansah. Das Dienstmädchen Adelais hatte sich ungehörig weit genähert und hielt verlegen inne.

»Wie überaus schade«, bemerkte Marie.

»Sie reden, als hätten Sie dieses Universum bereits betreten.«

»Leider muss ich Sie enttäuschen. Ich habe dieses Universum noch nicht betreten, aber ich würde mich jederzeit dazu einladen lassen, würde es mir meine innere Stimme sagen.«

»Diese Verklärung scheint mir etwas Frauentypisches zu sein.«

»Aber sind es nicht die Männer, die all das erst in uns auslösen? Und würden sie es nicht tun, wenn sie nicht selbst Gast dieses Universums sein wollten?«

»Ich fürchte, wir haben, was das betrifft, unterschiedliche Auffassungen.«

»Liebe ist für alle gleich, und sie ist für alle da.«

»Die Menschen denken und fühlen nicht gleich, Marie, aber sie haben eine Welt verdient, in der sie frei entscheiden können, was sie tun. Niemand hat das Recht, einen anderen zu befehligen. Niemand hat das Recht, über einen anderen Menschen zu bestimmen. Ein Volk kann trotzdem eine Gesellschaft sein, wenn sie in freier Wahl ihren eigenen Weg bestimmt. Niemand braucht dazu einen König!« Seine Gesichtszüge verhärteten sich.

»Was sagen Sie da?«

»Der Absolutismus ist eine verachtenswerte Staatsform. Das sage ich freiheraus. Die Arbeiter und Bauern, die dieses Land ernähren, haben ein Recht darauf, angehört zu werden und mitbestimmen zu dürfen.«

Ein Ruf unterbrach jäh ihr Gespräch. Rousseaus Ehefrau Thérèse kam aufgeregt herbeigerannt. »Maximilien!«, rief sie ganz außer Atem. »Kommen Sie schnell! Jean … er …«

»Hat er wieder einen Rückfall?«, fragte Maximilien.

»Ja, bitte, kommen Sie mit, und helfen Sie mir, ihn ins Haus zu bringen.«

Maximilien verbeugte sich vor Marie und bat um Entschuldigung, bevor er mit Thérèse zur Terrasse zurückeilte. Marie folgte ihnen.

Als sie eintraf, bot sich ihr ein Bild des Entsetzens. Rousseau saß in seinem Gartenstuhl, starrte mit kalten Augen ins Leere und schrie, als trachtete man ihm nach dem Leben.

»Geht weg, geht alle weg! Ihr wollt mich vernichten! Vernichten wollt ihr mich! Ihr alle!«

Dieser Mann hatte nichts mehr mit dem klugen Philosophen gemeinsam, dessen Büste Marie modelliert hatte. Thérèse nickte Maximilien zu, dann packten sie die Lehnen von Rousseaus Stuhl, um ihn nach drinnen zu tragen. Immer wieder schrie er aus Leibeskräften: »Weg mit euch! Weg mit euch! Ihr seid Gesindel! Kleinkriegen wollt ihr mich, jawohl! Ihr wünscht meinen Tod. Ich sehe es euch doch an, aber den

Gefallen tue ich euch nicht. O nein! Ich werde verreisen. In England nimmt man mich auf. Die Engländer, die verstehen mich. Hier versteht mich keiner.«

»Wir alle verstehen dich, Liebster«, meinte Thérèse und strich ihm über die Wange.

Im Salon hievte Maximilien ihn auf das Sofa. Thérèse ging ins Nebenzimmer und kam mit einem Getränk zurück, in dem sie rührte. Sie hielt das Glas an die Lippen ihres Mannes und versprach ihm, dass es ihm bald besser gehen werde, wenn er erst die Medizin getrunken habe. Rousseau folgte ihrer Anweisung. Marie bemerkte, wie er am ganzen Körper bebte.

»Was gibt sie ihm? Schlafmohn zur Beruhigung?«, flüsterte sie Maximilien zu, der zur Antwort nickte.

Als Rousseau das Glas geleert hatte, fiel sein Blick auf Marie. »Wer ist das? Was will diese Frau hier?« Seine Stimme zitterte.

»Aber Monsieur, erkennt Ihr mich denn nicht? Ich bin Marie Grosholtz.«

»Grosholtz? Du bist keine Französin! Grosholtz klingt preußisch. Du bist aus Preußen. Na los, gib es zu. Voltaire hat dich geschickt. Na los, sag es schon. Er hat dich geschickt, um mich auszuhorchen. Voltaire gibt einfach keine Ruhe. Kleinmachen will er mich. Aber das lass ich nicht zu, denn ich gehe nach England. Voltaire kann ruhig bei euch in Preußen bleiben. Soll er doch dem alten Fritz seine Verse vortragen. Mich kriegt er nicht klein!«

»Aber Monsieur, Voltaire ist tot.«

Maximilien legte die Hand auf Maries Schulter und schüttelte stumm den Kopf.

Nun packte Rousseau sie am Handgelenk. »Ihr Preußen seid alle gleich, ihr wollt Besitz und Macht. Geh zurück in deine Militärburg Preußen! Hau ab! Verschwinde!«

»Aber Monsieur, ich bin Französin und komme keineswegs aus Preußen. Ich bin die Wachsbildnerin Marie Grosholtz und wohne in Paris bei Monsieur Curtius. In unserer Werkstatt habe ich von Ihnen eine Büste geschaffen. Ich habe Gips auf Ihren Kopf aufgetragen, so wie Sie es sich gewünscht haben, erinnern Sie sich nicht?« Ihr Finger zeigte auf die Büste, die auf dem Sockel stand. »Sehen Sie doch.«

Rousseau hob den Kopf und blickte verwirrt sein Ebenbild an. »Ein Spiegelbild ohne Spiegel. Ich werde verrückt.« Er begann ganz furchtbar zu lachen, dann weinte er. Es dauerte eine Weile, bis er sich beruhigte.

Maximilien ging mit Marie hinaus in den Garten, während Thérèse bei ihm blieb, bis er eingeschlafen war. Betreten blickte Marie hinüber in den Park. Die Idylle hatte einen Riss bekommen.

»Er hat diese Anfälle in letzter Zeit öfter«, erzählte Maximilien. »Er erkennt dann niemanden mehr. Manchmal wird er sogar gewalttätig, weil er glaubt, wir seien die Gendarmerie und führten ihn ab. Es hat mich sehr verwundert, dass er überhaupt in die Ausstellung gekommen ist und dann noch einmal zu Ihnen in die Werkstatt.«

»Ich denke, er ist gekommen, weil er noch einmal seinen Freund Voltaire sehen wollte.«

»Freund?«

»Aber ja doch, er sagte zwar, es sei irgendwann zum Bruch gekommen, aber er sprach von ihm als Freund.«

»Voltaire zählte viele Jahre zum engen Kreis seiner Freunde und Kollegen. Beide verband der Gedanke der Aufklärung. Doch während Voltaire wusste, wie man sich ins rechte Licht rückt, ging Jean den unbequemen Weg und verlor eine Reihe einflussreicher Anhänger.« Maximilien beugte sich näher zu

Marie und verfiel in einen leichten Flüsterton. »Bei dem, was ich Ihnen jetzt erzähle, vertraue ich auf Ihre Diskretion. Jean heiratete Thérèse erst vor zehn Jahren.«

»Na und?«

»Sie sind aber schon seit über zwanzig Jahren ein Paar und hatten zum Zeitpunkt ihrer Eheschließung bereits fünf Kinder gezeugt.«

»Nein!« Marie hielt sich die Hand vor den Mund.

»Alle Kinder wurden in Waisenhäuser gebracht – mit dem Argument, dass sein Geld nicht ausreiche, um für eine Großfamilie zu sorgen. Thérèse arbeitete weiterhin als Wäscherin, hielt ihm aber die Treue. Voltaire hielt Rousseaus Verhalten für unsittlich und verantwortungslos. Für ihn stellte es die Glaubwürdigkeit Rousseaus als theoretischer Pädagoge infrage. Wenn Sie mich fragen, so war das der Grund der Entfremdung zwischen Jean und Voltaire. Aber bitte – das ist nur eine Vermutung.«

Thérèse kam hinzu und lächelte freundlich, als wäre nichts geschehen. »Heute ist ein heißer Sommertag. Ich glaube, wir haben uns jetzt alle ein Glas Limonade verdient.«

Es war später Nachmittag, als Maximilien Marie zur Kutsche begleitete.

»Ich hoffe, Sie sind nicht zu sehr erschrocken. Lassen Sie mich Monsieur Rousseau in seinem Namen entschuldigen. In diesen Momenten ist er nicht mehr er selbst. Was er sagt, ist Teil seiner Verwirrung. Im Herzen ist er ein guter Mensch. Und wenn es jemanden gibt, der die Sprache des Herzens versteht, dann doch Sie. Gehaben Sie sich wohl, Mademoiselle. Es war mir eine große Freude, Sie kennengelernt zu haben, und ich danke Ihnen für den Spaziergang, der leider so unglücklich unterbrochen wurde. Aber vielleicht können wir ihn eines Tages vervollkommnen. Erlauben Sie mir, Ihnen zu schreiben? Auch das wäre mir eine große Freude.«

»Auch mir wäre das ein Pläsier, Maximilien.«

»Nun, Mademoiselle«, sagte er und verbeugte sich ein letztes Mal. »Dann gute Heimreise und *au revoir*.«

Auf dem Heimweg wirbelten die Gedanken durch Maries Kopf. Rousseau hatte fest geschlafen, als sie gegangen war, sodass sie sich nicht von ihm verabschieden konnte. Gerne hätte sie ihm noch Lebewohl gesagt. So vieles hatte sie erst durch Maximilien über den alten Herrn erfahren, und etliches davon erschien ihr so widersprüchlich. Rousseau war ihr so begeisterungsfähig und freundlich vorgekommen. Wie hatte dieser Mann seine Kinder einfach in ein Waisenhaus geben können?

Als sie aus der Kutsche sah, stellte sie fest, dass das Heu auf den Feldern inzwischen zu Reitern getürmt worden war. Sie fühlte sich an ihre Heimat im Elsass erinnert. Die große Stadt hatte aus ihr eine Handwerkerin gemacht, die in gehobenen Kreisen verkehren durfte, und sie fragte sich, was passiert wäre, wenn Papa nie gegangen wäre. Folgte man im Leben wirklich immer seiner inneren Stimme, wie sie es vor Maximilien behauptet hatte? Oder war jeder Lebensweg von Gott vorherbestimmt? Maman würde jetzt sagen, dass man nur immer zur Heiligen Mutter Gottes beten solle, egal, um was es ginge.

Älter zu werden und verschiedene Meinungen und Sichtweisen kennenzulernen war interessant, aber auch anstrengend. Es erforderte so viel Geistesarbeit, das Gute und das Richtige zu erkennen. Maximilien schien in diesem Punkt sehr eindeutig zu sein. Ein bisschen erschreckend fand sie schon, was er über den Absolutismus gesagt hatte. Konnte man den

König denn einfach so abschaffen? Und Maximilien zeigte keinerlei Hemmungen, für seine Überzeugungen genauso absolutistisch vorzugehen wie der König. Dieser Mann übte eine gewisse Faszination auf sie aus, das musste sie zugeben, und so empfand sie es auch nicht als unangenehm, dass er sie wiedersehen wollte.

Jean-Jacques Rousseau starb nur wenige Wochen nach Maries Besuch in Ermenonville. Schon kurz nachdem er im Schlosspark beerdigt worden war, brachte seine Frau Thérèse die Wachsbüste zurück. Trotz ihrer eingeschränkten finanziellen Mittel war sie bereit gewesen, den vereinbarten Preis zu bezahlen.

»Nehmen Sie seine Büste nächstes Jahr in Ihre Ausstellung«, sagte sie, »denn ich könnte mir vorstellen, dass das Interesse sehr groß ist.«

Sie sollte recht behalten. Während Rousseau in den Jahren seines größten Schaffens von seinem Land missverstanden und verstoßen worden war, huldigte man ihm nun voller Ehrfurcht. Offenbar musste man nur sterben, wenn man zu Ehren gelangen wollte.

Die Eindrücke ihres Besuchs in Ermenonville hatten Marie noch viele Wochen begleitet: der wunderschön angelegte Park mit seiner natürlichen Eleganz, der Spaziergang mit dem hübschen Maximilien, Rousseaus erschreckender Anfall und Thérèses Aufopferung für den Mann ihrer fünf verbannten Kinder.

Maximilien hatte ihr seit ihrem Spaziergang im Schlosspark kein einziges Mal geschrieben, wie er es ihr versprochen hatte. Die ersten Wochen hatte sie noch jeden Tag auf einen Brief gehofft, doch nach und nach wurde diese Hoffnung dünner und wandelte sich schließlich in Enttäuschung, bis sie glaubte, dass er sie längst vergessen habe, wie es Maman übrigens schon gleich nach ihrer Ankunft aus Ermenonville prophezeit hatte. Männern läuft man nicht hinterher, sondern lässt die Jäger jagen, hatte Maman behauptet – ausgerechnet sie, die einst mitsamt ihrem Kind an Curtius' Haustür geklopft und ihm später bis ins Schlafzimmer gefolgt war.

Wie gut war es da gewesen, dass Onkel Philippe für Abwechslung gesorgt und sich an die Modellierung von Verurteilten und Schwerverbrechern gewagt hatte. Sein sonst so vehement vertretenes Vorgehen, die Aufträge einfach abzuwarten, schien für diese Klientel nicht zu gelten, und so hatte er bei etlichen gefährlichen und gefürchteten Gefängnisinsassen Maß genommen, damit allmählich Wachsbüsten entstehen konnten.

Marie hingegen hatte dem amerikanischen Diplomaten Benjamin Franklin, der sich gerade in Paris aufhielt, einen Besuch abgestattet und ihn gefragt, ob sie auch von ihm eine Wachsfigur anfertigen dürfe. Im Nachhinein stellte sich heraus, dass dieser Zeitpunkt gut gewählt war, denn Franklin lebte nach Fertigstellung seiner Figur noch etliche Jahre weiter.

Bei der Sitzung zum Maßnehmen hatte er großes Interesse gezeigt und sich eingehend nach Maries Vorgehen erkundigt.

»Wie können Sie eigentlich so genau Maß nehmen? Wie kann ich mir das vorstellen?«

»Ich arbeite mit der Punktmessung«, erklärte Marie. »Das heißt, dass ich an Ihnen ganz bestimmte Punkte markiere, zum Beispiel an den Wangenknochen, den Jochbögen, der Nasenspitze, den Augenbrauen. Anschließend werden sie in Beziehung zueinander und zu einem festen Punkt im Raum gesetzt.«

»Dann ist das Maßnehmen eine ganz wesentliche und folgenschwere Aufgabe, nicht wahr?«

»In der Tat. Von den richtigen Maßen hängt alles ab. Eine

falsche Zahl, ein vergessenes oder unterlassenes Maß – und schon werden alle folgenden Messungen ungültig, und die Tonmaske ist verdorben.«

Franklin, der auch des Französischen mächtig war, erzählte kleine Geschichten von der Gründung der ersten Freiwilligen Feuerwehr in seiner Heimatstadt Philadelphia im fernen Amerika. Erheiternd waren auch seine Ausführungen über die Reise als Offizier nach Kanada gewesen.

»Washington schickt mich in der Welt herum wie einen Hund, dem man einen Ball wirft. Ich sollte mir in Kanada ein Bild vom Zustand der Armee machen, wie ich es vorher schon in Pennsylvania getan hatte. Dabei bin ich über siebzig Jahre alt! Können Sie sich vorstellen, was das für eine unsägliche Tortur war, im März durch ein eisiges Kanada zu reisen? Oh, ich sage Ihnen, mir war so bang um mein Leben, dass ich während der Reise Abschiedsbriefe an all meine Freunde schrieb. Ich sah mich schon erfroren und vergessen in den verschneiten Weiten Kanadas.«

Die Begegnung mit Franklin war unbestritten eine Bereicherung. Die Arbeit an seiner Büste jedoch stellte Marie vor echte Herausforderungen. Die geschlossenen Lippen arbeitete sie zu einem ausgeprägten Zickzack aus und entdeckte dabei eine gewisse Ähnlichkeit mit ihrem eigenen Mund. Auch die tief liegenden Augenhöhlen und das richtige Maß für den Haaransatz hatten sich als nicht ganz einfach erwiesen. Bis zur Scheitelmitte war er glatzköpfig, aber die gelockten Haare an der Seite hingen schulterlang herab. Von seiner braunen Nerzkappe, die sein Markenzeichen geworden und in Paris durch ihn in Mode gekommen war, hatte er allerdings nichts wissen wollen. »Tun Sie mir den Gefallen«, hatte er gesagt, »und verbannen Sie dieses schreckliche Ding aus Ihrer Erinnerung.«

Von all den Persönlichkeiten, die Marie bisher kennengelernt und modelliert hatte, war Franklin am sympathischsten gewesen. Vielleicht lag es daran, dass er die Freiheit der Neuen Welt in sich trug und politischen Spannungen mit Respekt und Diplomatie begegnete und nicht, wie Robespierre, dabei verhärtete.

Ach, Maximilien. Was er jetzt wohl machte?

Paris, 1780

Nach wenigen Jahren hatten Curtius und Marie so viele Figuren, Wachsbüsten und Tableaus gefertigt, dass die Besucherströme üppige Einnahmen brachten und dadurch der Wunsch nach mehr Platz verwirklicht werden konnte. Curtius mietete im Palais Royal Ausstellungsräume für sein erstes eigenes Wachsfigurenkabinett an. Um die zusätzliche Miete bezahlen zu können, musste er sogar einen kleinen Kredit aufnehmen.

Das Palais Royal war eine der nobelsten Adressen von Paris. Besitzer war der Herzog von Orléans, der die Räumlichkeiten hatte umbauen lassen und den angesehenen Wachsbildner als seinen ersten Mieter begrüßte. Auf Philippe Curtius' gutes Gespür für das Geschäft im Vergnügungswesen war Verlass. Er behielt die Eintrittsgelder im unteren Preissegment bei und richtete einen Raum ein, in dem er ausschließlich die dunklen Gesichter der Gesellschaft ausstellte, die von Mördern, Räubern und anderen Kriminellen. Von solchen Gestalten hatte das Volk schon viel gehört, doch wer nicht gerade einem Gerichtsverfahren beiwohnte, hatte sie noch nie zu Gesicht bekommen. Wenn man sich in die sogenannte Diebeshöhle wagte, wo blaues Licht die Atmosphäre eines finsteren Kerkers vermittelte, konnte man hier seine Gier auf Grusel stillen.

Der Umzug der Ausstellung ins Palais Royal bedurfte vieler Helfer, und die Sorge um die Unversehrtheit der Figuren war hoch. Die Eröffnungsfeier des Wachsfigurenkabinetts war nur für geladene Gäste bestimmt. Curtius hatte auch das junge Königspaar in Versailles zur Veranstaltung gebeten, doch die beiden blieben der Feier fern, um zu demonstrieren, dass ihnen die Volksnähe des Herzogs von Orléans missfiel.

Maries Mutter zählte nicht zum vornehmen Kreis der Gäste, was dazu führte, dass sie seit geraumer Zeit ihre Schlafstätte wieder in Maries Zimmer verlagert hatte und kein persönliches Wort mehr mit Philippe Curtius sprach. Das passierte immer dann, wenn Maman sich ungerecht behandelt fühlte. Sie hoffte dann auf eine angemessene Entschuldigung in Form eines neuen Kleides oder Hutes. Um nicht länger auf die gemeinsamen Nächte verzichten zu müssen, willigte Curtius am Ende immer ein.

Als er am Tag der Eröffnung mit Marie den Figuren den letzten Schliff verpasste, wirkte er sehr aufgeregt. Die Figur von Voltaire war nach wie vor die Hauptattraktion. Marie stellte die Büste von Rousseau daneben auf.

»Auch wenn sie sich am Ende ihres Lebens entzweit haben, so haben sie doch im Grunde beide für dieselbe Sache gekämpft«, sagte sie zu Curtius, während sie Voltaire die Perücke aufsetzte und diese in Form brachte.

»Meine Perücke!«, rief Curtius erschrocken und hielt suchend die Hände an seinen Kopf. »Ich habe meine Perücke zu Hause vergessen. Geh schnell, Marie, und hol sie mir. Ich glaube, ich habe sie in der Werkstatt vergessen. Spute dich! Wir haben nicht mehr viel Zeit bis zur Eröffnung.«

Im Trubel der letzten Vorbereitungen war auch Marie gar nicht aufgefallen, dass er ohne seine Perücke das Haus verlassen hatte. Sofort eilte sie zurück und stieß die Tür zur Werkstatt auf. Sie fand keine Perücke. Auch auf den Perückenköpfen war sie nicht. Sie hob alles hoch, unter dem sie hätte liegen können, aber weit und breit war nichts davon zu sehen. Aufgeregt blickte sie zur Uhr, um zu prüfen, wie viel Zeit ihr noch blieb.

»Maman, haben Sie Onkel Philippes Perücke gesehen?«, erkundigte sie sich bei ihrer Mutter, die gerade in der Küche hantierte.

Diese runzelte theatralisch die Stirn, blickte zur Decke und ließ sich viel Zeit.

»Hm, lass mich überlegen – nein.«

Marie suchte weiter. Dabei fiel ihr Blick auf die Tür, durch die sie noch nie getreten war, weil sie entweder abgesperrt war oder Onkel Philippe sich dort mit dem Prinzen de Conti aufhielt. Was auch immer sich hinter dieser Tür befand, heute würde sie es erfahren! Zielstrebig ging sie darauf zu und drückte entschlossen den Metallgriff nach unten. Doch die Tür war abgesperrt. Verärgert machte sie sich auf die Suche und zog etliche Schubladen auf in der Hoffnung, irgendwo den Schlüssel zu finden. Und tatsächlich: In einer kleinen Schublade am untersten Ende eines Tisches lag ein Schlüssel, der perfekt in das Schloss passte und die Tür zum Reich der Heimlichkeiten öffnete.

Es war ein kleines Zimmer mit einem Tisch, Schreibwerk, Regalen und sogar einem eigenen Ofen. Es gab hier Materialien, Werkzeuge und Zubehör für die Wachsbildnerei – genau wie in der »richtigen« Werkstatt. Eine Werkstatt neben der Werkstatt – aber warum? Auf dem Tisch lag die gesuchte Perücke. Gern hätte sie noch ein bisschen nach Onkel Philippes Geheimnissen geschnüffelt, allerdings fehlte dazu die Zeit. Außerdem war ihr nicht recht wohl bei der Sache, denn schließlich hatte er den Raum vor ihr verschlossen gehalten.

Als sie die Perücke an sich nahm, kamen darunter Wachsminiaturen zum Vorschein, die sie noch nie gesehen hatte. Sie drehte sie in der Hand und betrachtete sie von allen Seiten, zunächst ahnungslos. Wie kam Onkel Philippe dazu, so ein komisches Spielzeug herzustellen, mit dem man noch dazu nichts anfangen konnte? Doch dann festigte sich ihr Blick, und sie wollte nicht wahrhaben, was sie zu erkennen glaubte. Es war das Geschlechtsteil einer Frau. So präzise dargestellt, wie sie es selbst noch nie gesehen hatte. Eine Mischung aus Neugier und Ekel überfiel sie, und sie zwang sich, nicht darüber nachzudenken, wer ihm dafür wohl Modell gesessen haben könnte. Auch das nachgebildete Geschlechtsteil eines Mannes lag auf dem Tisch mit einer erstaunlichen Erektion, die sie nur aus den Erzählungen tuschelnder Mädchen hinter vorgehaltener Hand kannte.

»Heilige Muttergottes!«, entfuhr es ihr.

Eine andere Miniatur zeigte zwei nackte Menschen, die so ineinander verschlungen waren, wie man es wohl sein musste, wenn man ein Kind zeugen wollte. Diese Darstellung hatte sogar etwas Freudvolles, was mit Maries Vorstellungskraft nicht einherging. Wie konnte Onkel Philippe nur so etwas anfertigen! Ihr bisher liebster Ort war nun ebenso beschmutzt wie ihre reine Seele. Von nun an würde sie nie mehr voller Unschuld an Liebe denken können.

»Sie haben sie also gefunden«, sagte eine fremde Männerstimme in ihrem Rücken.

Marie erschrak so sehr, dass die Figur der beiden Nackten aus ihren Händen glitt und am Boden zerbrach. Entsetzt starrte sie in das frech lächelnde Gesicht des Prinzen de Conti.

»Wie… was… wie kommt Ihr hier herein?« Vor Schreck vergaß sie zu knicksen, und das ausgerechnet vor dem Prinzen.

»Ihre Mutter war so nett und sagte mir, dass ich Sie in der Werkstatt finden werde.« Er machte eine ausladende Handbewegung. »Nun, alle Türen standen offen.«

»Was wollt Ihr hier?«

»Keine Bange, Mademoiselle Marie. Marie ist doch Ihr Name, habe ich recht?« Musternd streifte sein Blick ihren Körper. »Die kleine Marie, die dem lieben Curtius so fleißig zur Hand geht, ist inzwischen eine, wenn ich mir diese Bemerkung erlauben darf, hübsche junge Dame geworden.«

»Die kleine Marie fragt Euch jetzt ein letztes Mal: Was wollt Ihr hier? Ihr habt kein Recht, in dieser Werkstatt zu sein.«

Er legte seinen Kopf in den Nacken und lachte. »Sie vergessen, dass ich der Prinz de Conti bin, der Cousin unseres verstorbenen Königs, also mäßigen Sie Ihren Ton! Ich darf sein, wann und wo immer ich will, und ich darf tun, was ich will, wie ich will und wo ich will. Es lebe der Absolutismus!« Er fuhr mit seinem Zeigefinger an den Miniaturen entlang, die in einem Regal am anderen Ende des Raums lagen und Marie erst jetzt auffielen. Wo steckte Maman?

»Um Sie zu beruhigen – ich möchte Ihnen nichts antun, ganz im Gegenteil. Monsieur Curtius schickte mich, Sie zu holen, sofern Sie seine Perücke gefunden haben, was offensichtlich der Fall ist. Und seien Sie nicht besorgt wegen der hübschen kleinen Wachsmodelle. Ich war in diesem Bereich der Werkstatt, weiß Gott, schon öfter als Sie. Und ich verrate Ihnen noch etwas: Diesen Bereich der Werkstatt gibt es nur meinetwegen. Doch lassen Sie uns in der Kutsche weiterplaudern. Die Zeit ist knapp, und wir wollen doch pünktlich zur Eröffnung erscheinen, nicht wahr?«

»Danke, aber ich gehe zu Fuß. Es ist nicht weit.«

Nachdem de Conti die kleine Werkstatt verlassen hatte, verschloss Marie die Tür und versteckte den Schlüssel unbemerkt in ihrem Kleid. Der Prinz packte sie unsanft am Arm und schob sie neben sich her.

»Das werden Sie nicht tun. Und das ist ein Befehl! Ich bin hierhergekommen, um Sie abzuholen, und das werde ich tun. Keine Widerrede! Ich bin schließlich der Prinz.«

Ihr Herz klopfte bis zum Hals. Was hatte er vor?

»Hast du die Perücke gefunden?«, rief Maman aus der Küche, die von alldem nichts mitbekommen hatte. Als die beiden aus dem Haus gingen und sie keine Antwort erhielt, schrie sie beleidigt: *»Au revoir!«*

Marie empfand die Kutschfahrt mit dem Prinzen, der ihr gegenübersaß und trotz seiner scharfen Worte offenbar nur mühsam ein Schmunzeln verbergen konnte, als ausgesprochen unangenehm. Auch die Tatsache, dass sie in einer königlichen Kutsche war, milderte ihr Unbehagen nicht.

»Nun sehen Sie mich nicht so an. Ich bin nicht der Böse«, bemerkte er. Seine Haut war stark gepudert, und Marie rätselte, ob das den vielen Falten in seinem Gesicht guttat. An jedem seiner schlanken Finger steckte ein goldener Ring.

»Nein, natürlich nicht. Ihr seid gütig und gnädig und nur auf mein Wohlwollen bedacht.«

Er lachte. »Dass Frauen immer gleich so bissig werden müssen.«

»Wenn Onkel Philippe mit Euch Geschäfte macht und Ihr dafür meine Dankbarkeit erwartet – bitte.«

»Onkel Philippe – so nennen Sie ihn also? Dabei ist er doch gar nicht Ihr Onkel.«

»Nein, das ist er nicht, aber ...«

»Aber vielleicht besteht ein engeres Verwandtschaftsverhältnis, als Sie bisher wussten.«

»Ich verstehe nicht …«

»Ich kenne Ihren Onkel schon aus der Zeit, bevor Sie damals mit Ihrer Mutter nach Paris gekommen sind. Und selbst wenn Ihnen das jetzt nicht gefallen wird – ich weiß auch von der Zuneigung der beiden füreinander, die schon lange vor Ihrer Geburt bestanden hat. Können Sie mir folgen?«

Marie sah ihn ratlos an, und er fuhr fort: »Ich sehe schon, Sie können es nicht. Dann versuche ich es anders. Haben Sie sich schon einmal gefragt, woher Ihr erstaunliches Talent für die Wachsmodellierung kommt, Ihr gutes Gespür für das Geschäft, Ihre Intelligenz? Warum Monsieur Curtius so viel für Sie tut und warum Ihre werte Mutter so sehr darauf bestanden hat, dass Sie behaupten, Ihr Vater sei im Krieg gestorben? Nun, die Wahrheit ist, dass der Mann, der angeblich im Krieg gestorben ist, gar nicht Ihr Vater ist!«

Marie verschluckte sich beinahe angesichts dieser unerhörten Behauptungen. In den Ohren hörte sie ihren Puls schlagen, und ihr wurde mit einem Mal unwohl.

»Was sagt Ihr da? Nein, das ist nicht wahr! Mein Vater ist im Krieg gestorben, noch vor meiner Geburt!«

»Bitte, dann sprechen Sie mit Ihrer Mutter. Stellen Sie sie zur Rede, oder glauben Sie, was Sie wollen.«

»Ihr zwingt mich in Eure Kutsche, zwingt mich, Euren Behauptungen Glauben zu schenken, und nun soll ich Euch dankbar sein?«

Er beugte sich zu ihr vor, und seine Stimme bekam einen mahnenden Beiklang. »Ihr Onkel Philippe profitiert von meiner Unterstützung. Ihr Haus in der Rue Saint-Honoré ist mein Haus. Ich habe es Curtius sehr gerne für einen geringen Mietpreis zur Verfügung gestellt, weil ich versessen auf seine Miniaturen bin, die Sie heute anscheinend zum ersten Mal entdeckt haben. Durch diese Schlüpfrigkeiten steige ich gewiss nicht in Ihrer Achtung, aber ich bezahle einen sehr guten Preis, und glauben Sie mir, ich bin bei Weitem nicht der Einzige, der sich daran erfreut. Ihr Onkel erfüllt die Aufträge zahlreicher Interessenten, deren Bote und Vermittler ich bin. Die Einnahmen seiner öffentlichen Wachsausstellung sind nur ein Bruchteil dessen, was ihm jeden Monat zur Verfügung steht. Curtius kam damals auf meinen Wunsch hin nach Paris und gab seine Arbeit als Arzt auf. Im Gegenzug versprach ich ihm das Haus und regelmäßige Aufträge. Und nun raten Sie mal, wer ihm den Kredit für seine neue Ausstellung gab, zu deren Eröffnung wir beide gleich gehen werden?«

Die Kutsche hatte angehalten. Vor dem Palais wehte das Banner mit der Aufschrift: *Neueröffnung des Salon de Cire.* Es hatte sich schon eine neugierige Menschentraube gebildet, doch Maries Vorfreude war verschwunden. Die ordinären Wachsmodelle, das seltsam grobe Benehmen des Prinzen und die angebliche Wahrheit über ihren Vater – all das war zu viel, um jetzt noch fröhlich sein zu können. Der Prinz stieg aus und half ihr aus der Kutsche. Hier, in der Öffentlichkeit, bedachte er sie mit freundlichen Blicken und nuschelte ihr zu: »Überlegen Sie sich gut, ob Sie es darauf anlegen sollten, mich zum Feind zu haben.«

Paris, 1780

Der Prinz de Conti hatte, auch wenn er durchaus charmant und freundlich sein konnte, etwas Bedrohliches an sich, fand Marie. Die ungebetenen, angeblichen Wahrheiten über ihre Herkunft waren wie ein Blitz eingeschlagen und gingen ihr nicht mehr aus dem Kopf. Ihr fiel ein, dass ihr Vater damals vor ihrer Abreise zu Maman gesagt hatte, Marie sei gar nicht sein Kind. Aber wer war dann ihr Vater?

Die geladenen Gäste kamen in Kutschen und trugen kostbare Kleider. Ihr Puder erfüllte die Luft mit schweren Düften. Die Herren lächelten und gebaren sich wie der Prinz, als er vorhin mit Marie aus der Kutsche gestiegen war. Die Masken der feinen Gesellschaft.

Nicht nur das Gespräch in der Kutsche, sondern auch die Bilder der scheußlichen Miniaturmodelle verfolgten sie. Der Tag hatte so wunderbar begonnen, und nun stand sie hier, inmitten zahlreicher hoch angesehener Gäste aus Adel und gehobenem Bürgertum, und fühlte sich schlecht.

Der Klerus war nicht eingeladen. Seit dem Besuch von Benjamin Franklin war Curtius' Interesse für die Freimaurer geweckt worden, denen auch Voltaire angehört hatte, und seine Besuche in der Pariser Freimaurerloge Les Neuf Sœurs wurden immer häufiger. Maman hingegen blieb ihrem katholischen Glauben treu und fand sich regelmäßig zur sonntäglichen Messe in der nahe gelegenen Kirche ein. Marie begleitete sie stets, denn so bot sich die Gelegenheit, Marianne zu sehen und hinterher einen Plausch mit ihr abzuhalten. Manchmal reichte die Zeit sogar noch für einen Spaziergang.

Onkel Philippe wurde von seinen Gästen umringt, die voller Bewunderung für die Perfektion der Figuren und ihrer geschickten szenischen Darstellungen waren, die in Fachkreisen Tableaus genannt wurden. Während er Konversation betrieb, sollte Marie den Gästen ein Getränk reichen. Vor ihr standen dickbauchige Flaschen mit einem Korkverschluss, den sie nicht zu öffnen verstand.

Der Prinz de Conti kam ihr in einer Unauffälligkeit zu Hilfe, die fast schon Talent voraussetzte. »Lassen Sie mich die Flaschen öffnen, denn dazu bedarf es ein wenig Übung, und Sie machen auf mich, mit Verlaub gesagt, nicht den Eindruck, als verfügten Sie über die nötige Erfahrung.«

Ein dumpfer Knall ertönte, und schon hielt er einen Korken in der Hand. Eine durchsichtige Flüssigkeit lief sprudelnd aus der Flasche.

»Schnell, die Gläser«, befahl er und füllte eines nach dem anderen mit dem perlenden Getränk. »Das ist ein kostbarer Schaumwein aus der Champagne. Es wäre schade um jeden Tropfen, der danebenginge.«

Der Prinz half Marie so selbstverständlich, dass es ihn fast ein wenig sympathisch machte. Sie verteilte die Gläser an die umstehenden Gäste, die anscheinend wussten, welch vorzügliches Getränk ihnen gereicht wurde. Inzwischen hatte der Prinz die zweite Flasche geöffnet und zwei Gläser eingeschenkt. Eines davon reichte er Marie, das andere nahm er selbst.

»Nun ziehen Sie nicht so ein Gesicht. Ich habe ein bisschen

aus dem Nähkästchen geplaudert, und Sie haben ein paar erotische Miniaturen gesehen. *Mon Dieu,* das ist das Leben! Es ist bunt, Marie. Natürlich werden Sie noch etliche Enttäuschungen erfahren, doch das gehört dazu. Das Leben ist aber auch aufregend, geheimnisvoll, leidenschaftlich und wunderschön. Die kleine Marie ist kein Kind mehr. Es wird Zeit, dass Sie Ihre Augen öffnen. Sehen Sie sich das Leben an, und tauchen Sie ein. Das ist es wert.« Er hob sein Glas und lächelte sie an. »Auf das Leben!«

Angestrengt lächelte sie zurück. »Auf das Leben.«

Der Schaumwein schmeckte überraschend gut, doch schon bald grummelte es besorgniserregend in ihrem Magen, dem es seit der schauerlichen Entdeckung in der Werkstatt ohnehin nicht gut ging.

Die vielen Worte, Klänge und Töne wurden in Maries Ohren zu einem einzigen lauten Summen. Der Prinz bewegte sich unter den Gästen so routiniert wie Marie, wenn sie in der Werkstatt arbeitete.

Sie kümmerte sich weiter um die Getränke und die Gäste, als Curtius mit einer vornehmen Dame zu ihr kam. Es war Prinzessin Elisabeth, die jüngste Schwester des Königs, die vom Volk Madame Elisabeth genannt wurde. Sie trug einen Hut mit überaus breiter Krempe, und ihr wärmendes Lächeln erschien Marie nicht als Maske, sondern ganz und gar aufrichtig.

»Das ist sie«, sagte Curtius und zeigte auf Marie. »Darf ich vorstellen – Marie Grosholtz.«

Marie erstarrte vor Ehrfurcht und machte einen tiefen Knicks.

»Wie überaus erfreut bin ich, die Künstlerin persönlich anzutreffen. Sie sind noch so jung und schon so geschickt.

Monsieur Curtius zeigte mir all Ihre Figuren, und ich bin voll der Bewunderung. Leider kam ich nie in den Genuss, Meister Arouet persönlich kennenzulernen. Aber Sie haben mir nun ermöglicht, ihn wenigstens einmal zu sehen. Dafür danke ich Ihnen von Herzen.«

Marie vermutete, dass es sich bei Meister Arouet um Voltaire handelte. Gerne wäre sie darauf eingegangen, doch sie musste gegen aufsteigende Übelkeit ankämpfen, denn der Prinz hatte darauf bestanden, mit ihr ein zweites Glas dieses kostbaren Schaumweines zu trinken.

»Ich danke Euch für das Lob, Prinzessin Elisabeth.«

»Auch das Tableau der königlichen Familie beim Diner ist hervorragend gelungen. Schade, dass der König nicht abkömmlich ist, es würde ihm sicher gefallen, wie schmeichelhaft schlank er dargestellt ist.«

Sie kicherte hinter ihrem wedelnden Fächer. Marie hatte den König selbst noch nie gesehen und sich stets auf die angegebenen Maße von Onkel Philippe verlassen. Offenbar hatte er ihr auch in diesem Punkt etwas verschwiegen.

»Wir geben uns die größte Mühe, jede Person so echt wie möglich wirken zu lassen«, erklärte Marie und bedachte Onkel Philippe mit einem vorwurfsvollen Blick.

»Oh, das machen Sie ganz wunderbar. Ich möchte das auch erlernen. Zeigen Sie es mir?«

Maries Stimme überschlug sich vor Aufregung. »Wie man Wachsfiguren modelliert?«

»O nein! Das würde ich nicht wagen. Ich dachte eher an Wachsminiaturen. Das ist seit jeher mein Wunsch. Ach bitte, werden Sie meine Lehrerin. Kommen Sie zu mir nach Versailles. Es soll Ihnen an nichts fehlen. Es wäre mir eine Freude, von Ihnen unterrichtet zu werden.«

Die Prinzessin hatte offenbar keinerlei Scheu, Marie gegenüber zu äußern, dass auch sie gerne Wachsminiaturen formen würde. Wie unerhört! Bei der Vorstellung, ihr zu zeigen, wie man menschliche Geschlechtsteile modelliert, wollte bei Marie keine rechte Begeisterung aufkommen.

»Verzeiht, aber – ihr meint, ich soll Eure Lehrerin werden? Ich fürchte…« Marie sah sich ratlos um, und Curtius warf ihr einen mahnenden Blick zu.

»Ich fürchte, dass… ich darüber noch einmal nachdenken muss«, fuhr Marie fort. »Entschuldigt mich bitte.«

Wieder knickste sie tief, dann rannte sie aus dem Gebäude. Sie fühlte sich elend, ihr Körper rebellierte. Ihr Magen hatte schon kleine säuerlich schmeckende Vorboten in die Speiseröhre gejagt. Außerdem machte der Schaumwein einen wackeligen Kopf und beeinträchtigte ihre Zungenmuskulatur. Ihre Gesichtsfarbe war inzwischen bleicher als die gepuderten Nasen der feinen Damen. Mit zittrigen Beinen erreichte sie die Tür.

Gerade als sie den ersten tiefen Atemzug frischer Abendluft nahm, sah sie einen jungen Mann am Eingang stehen. Ihr Herz pochte heftig, als sie ihn erkannte. Es war der junge Anwalt aus Arras, Maximilien de Robespierre. Zwei Jahre hatte sie auf einen der versprochenen Briefe von ihm gehofft, und ausgerechnet jetzt stand er vor ihr, als hätte es nie eine Zeit des Schweigens gegeben. Er nahm seinen Dreispitz ab und verbeugte sich.

»Marie«, sagte er schmucklos, »ich bin nur gekommen, um Sie wiederzusehen.«

Verblüfft starrte sie ihn an. Dann spürte sie, dass das Maß an Zumutungen für heute erfüllt war. Gerade noch schaffte sie es an ihm vorbei und fand einen Busch, in den hinein sie sich übergab.

Irgendwann nahm sie jemand am Arm und sagte: »Ich bringe Sie besser nach Hause.« Es war die Stimme des Prinzen de Conti.

Obwohl Curtius eine erfolgreiche Eröffnungsfeier verzeichnen konnte, machte er Marie gegenüber aus seiner Wut keinen Hehl und wies auf ihr grobes Fehlverhalten gegenüber Prinzessin Elisabeth hin. Aufgebracht wandte er sich dann an Maman.

»Ich präsentiere ihr den Hofstaat auf dem Silbertablett – und was macht deine Tochter? Sie rennt davon, als wäre der Teufel hinter ihr her! Aber das war nicht alles! Nein! Zu allem Überfluss speit sie auch noch Robespierre vor die Füße!«

Marie wagte es nicht, das Geschehene richtigzustellen. Onkel Philippes Ton war eine Kriegserklärung. Maman senkte beschämt den Blick.

»Einem Mitglied der königlichen Familie schlägt man keinen Wunsch ab, weil es ein Befehl ist. Man bittet auch nicht um Bedenkzeit, und vor allem lässt man eine Prinzessin nicht einfach stehen. Dafür kannst du in den Kerker kommen! Was ist nur in dich gefahren? Sei froh, dass der Prinz de Conti in der Nähe war und die Situation gerettet hat.«

Befeuert von einer unbekannten Kraft, ging Marie auf ihn zu. Sie zog den Schlüssel aus der Tasche ihres Kleides und drückte ihn Curtius anklagend in die Hand.

»Ihr Prinz hat nicht die Situation gerettet, sondern sich selbst. Sich und seine schmutzigen Miniaturen, die Sie für ihn modellieren. Ich wage nicht zu sagen, was er mir in der Kutschfahrt unter die Nase gerieben hat, weil ich es nicht glauben will! Ich schäme mich nicht dafür, dass mir schlecht wurde, weil Ihr feiner Prinz mir Alkohol verabreicht hat. Aber ich schäme mich, für einen Mann zu arbeiten, der sich mit Schmutzware käuflich macht!«

Maman holte aus und verpasste Marie eine Ohrfeige. »Sofort entschuldigst du dich!«, zischte sie.

»Nein, Maman. Diesmal entschuldige ich mich nicht.«

Gekränkt sah Marie dem sprachlos gewordenen Onkel Philippe in die Augen, bevor sie in ihr Zimmer ging. Er folgte ihr, was wiederum Maman verletzte und dazu veranlasste, schnaufend die Küchentür zuzuschlagen.

»Du hast die erotischen Miniaturen gesehen?«, fragte er.

Marie saß mit dem Rücken zu ihm auf dem Bett und weinte, obwohl seine Stimme versöhnlich geklungen hatte.

»Ich wollte das nicht, und ich wünschte, ich hätte es nie gesehen. Aber Ihre Perücke lag auf dem Tisch der kleinen Werkstatt, und dann kam eins zum anderen. Stimmt es, was der Prinz gesagt hat? Sie stellen solche Miniaturen für ihn her?«

»Ja, das stimmt. Mein Gott, Marie! Das ist ein Geschäft, ein Handel. Ich werde bezahlt und liefere. Es muss ja nicht jeder wissen, dass ich auch so etwas mache, aber es ist nicht der Weltuntergang.«

»Meiner schon.«

»Was hat der Prinz denn noch gesagt?«

»Dass Sie … ach, nichts.«

Als Curtius daraufhin verstummte, sah sie ihn an. Fast hätte sie ihn nach der Wahrheit gefragt, doch sie hatte Angst, sie nicht verkraften zu können. Seinem Blick war zu entnehmen, wie erleichtert er über ihren Entschluss war.

»Nun, er hat gesagt, dass ich eine hübsche junge Dame geworden sei und mal darüber nachdenken solle, warum Sie sich so gut um mich kümmern.« Bei den letzten Worten schluchzte sie und hielt die Hände vor ihr Gesicht.

»Sonst nichts?«

Sie schüttelte den Kopf.

»Robespierre hat übrigens angefragt, ob er dich morgen zu einem Spaziergang einladen darf. Ich habe ihm meine Erlaubnis gegeben. Auch wenn ich nicht dein Vater bin.«

Paris, 1780

Die Behauptungen des Prinzen de Conti waren für Marie nur schwer verdaulich. Auffällig war auch, dass Curtius es tunlichst vermied, noch einmal die Rede darauf zu bringen. Maman schien von alledem nichts mitbekommen zu haben, und Marie wagte es nicht, sie zur Rede zu stellen. Für sie war Curtius weiterhin ihr Onkel Philippe, der sie und ihre Mutter aufgenommen hatte, und ihr Vater war der Mann, der einst im Nebel verschwunden war. Das war ihre Wahrheit, und so sollte es bleiben. Niemandem erlaubte sie, daran etwas zu ändern. Und sie versuchte, das Gespräch zu vergessen, das sie damals belauscht hatte.

Onkel Philippe hatte sie allerdings noch einmal auf den Auftrag von Prinzessin Elisabeth angesprochen. Natürlich reizte Marie diese Offerte, denn so käme sie an den königlichen Hof von Versailles. Gab es prächtigere Arbeitsplätze auf dieser Welt? Allerdings wollte sich Marie noch ein wenig Zeit lassen, bevor sie auf das Angebot zurückkam, denn noch war ihr ungebührliches Benehmen bei der Eröffnungsfeier wohl zu frisch im Gedächtnis der Prinzessin.

Das Wiedersehen mit Robespierre hatte sich Marie anders vorgestellt. Als er vor zwei Jahren sein Versprechen, ihr zu schreiben, nicht eingelöst hatte, war sie erzürnt gewesen und hätte ihn gehörig zappeln lassen, wenn er sich wieder nach ihr erkundigt hätte. Doch nun war er im denkbar ungünstigsten Moment aufgetaucht, und Marie war beim Gedanken daran noch immer von Scham erfüllt. Es mussten große Gefühle oder eiserne Ausdauer dahinterstecken, dass Maximilien immer noch an ihr interessiert war. Als er sie zu dem Spaziergang abholte, für den er bei Onkel Philippe um Erlaubnis gebeten hatte, begrüßte Marie ihn ein wenig steif und ging dann ziellos voran, hauptsächlich, um Mamans neugierigen Blicken zu entkommen. Mit drei Schritten Abstand folgte ihnen Guinevere als Anstandsdame. Maman hatte die ältliche Base einer Nachbarin gegen ein paar Sous und die Einladung zu einem anschließenden Essen in ihrer Küche für diesen Auftrag gewinnen können.

Guinevere erfüllte ihre Pflicht und achtete stets darauf, gebührend Abstand zu halten, zugleich aber nahe genug zu sein, um eingreifen zu können, sollte dies notwendig werden. Während in den ersten Minuten ihrer Verabredung noch Stillschweigen geherrscht hatte, fand Maximilien mit ein paar Bemerkungen über das Wetter doch bald den Weg zu einem Gespräch. Den peinlichen Vorfall bei der Ausstellungseröffnung verschwiegen beide. Dennoch fragte sich Marie, was Maximilien dazu bewogen hatte, sie ausgerechnet an diesem Tag aufzusuchen und zu einer Veranstaltung zu gehen, die ausschließlich für geladene Gäste war. Vielleicht war alles auch nur ein unglückliches Zusammentreffen gewesen.

Diesem ersten Spaziergang, der noch von einem steifen Umgang geprägt war, folgten bald weitere. Maximilien wurde es nicht müde, Curtius' wieder und wieder um Erlaubnis für einen neuerlichen Spaziergang mit Marie zu bitten, sehr zur Freude von Maman, die Maximilien jedes Mal mit stolzgeschwellter Brust und ihrem gütigsten Lächeln die Türen öffnete. Marie war keineswegs abgeneigt, denn sie empfand ihm gegenüber durchaus Zuneigung, die als warme Woge durch ihren Körper fuhr, sobald sie von ihm hörte oder ihn sah. Maximilien war ein hübscher junger Mann – klug, ehrgeizig und diszipliniert. Und doch hatte er zwei gänzlich unterschiedliche Seiten. Beim Zusammensein mit ihr zeigte er die Eigenschaften, die sie an ihm schätzte. Er war geistreich, freundlich und aufrichtig an ihr interessiert. Doch da war auch die andere, harte Seite, wenn er über Politik sprach und sich über den Absolutismus ereiferte.

Marie fragte zu Hause an, ob sie Maximilien zu einem Essen einladen dürfe, um ihn vorzustellen. Onkel Philippe hatte nichts dagegen, und Maman erfüllte es mit stolzer Genugtuung, was sicherlich mit Robespierres akademischem Werdegang zu tun hatte.

Maximilien wollte Marie schon am Tag nach der Einladung wiedersehen. Das Ritual des Spaziergangs hatte sich bewährt, und wieder wurden sie von Guinevere verfolgt, die gelangweilt Mamans Anweisungen Folge leistete.

Sie gingen an der Seine entlang, und Marie war aufs Neue erstaunt, wie gut Maximilien sich in Paris auskannte. Er erzählte von seiner Arbeit am Gericht, und schon bald drang er wieder in politische Bereiche vor, in denen Marie unwissend war. Sie hatte noch nie zuvor mit jemandem gesprochen, der den Absolutismus als Staatsform so vehement infrage stellte.

»Was würden Sie denn verändern, wenn Sie es könnten?«, fragte Marie.

»Ich würde eine konstitutionelle Monarchie einführen. Der König dürfte von mir aus König bleiben, doch hat sein Volk das Recht, über die Geschicke seines eigenen Landes mitzubestimmen. Solange ein Mensch nicht selbst entscheiden darf, ist er nicht frei. Die Freiheit ist nun einmal das höchste Gut! Jeder Bürger dieses Landes, jeder Künstler, jeder Arbeiter, jeder Bauer sollte angehört werden. Klerus und Adel, die Ärmsten und die Reichsten – sie alle sollten ein Leben zu gleichen Bedingungen führen dürfen.«

»Dann sind Sie also ein Befürworter des Königs, aber nicht des Absolutismus?«

»Es kann doch nicht angehen, dass ein Großteil des Volkes für einige wenige Privilegierte arbeitet. Das Land braucht revolutionäre Veränderungen, Marie. Und wenn sie nicht vom König kommen, dann müssen sie vom Volk kommen, und das wird passieren, wenn es dem Volk immer schlechter geht.«

»Was wollen Sie tun – als Anwalt? Den König zum Verhör abführen? Bitte, nur zu, nichts ist einfacher als das. Er ist ja nur der König.«

»Sie nehmen mich nicht ernst, Marie.«

»Ich nehme Sie sehr wohl ernst, aber sollten Sie nicht ein wenig realistisch sein?«

»Ich bin realistisch! Sie sind es, die mit Scheuklappen durch das Leben spaziert!«

»Wie bitte?«

Mit einer Handbewegung lud Maximilien sie ein, auf einer Bank Platz zu nehmen. »Verzeihen Sie«, sagte er und legte die Stirn in tiefe Falten. »Das sind nicht die Gespräche, die man gleich zu Anfang mit einer Frau führen sollte, für die man tiefe Gefühle hegt.«

Er nahm ihre Hand, und schon kam Guinevere ein wenig näher, blieb aber stehen, als sie sah, dass ansonsten nichts Ungebührliches geschah. Marie wurde mulmig zumute. Was hatte er vor?

»Mademoiselle Marie, in den letzten Wochen hatte ich viel Zeit, über uns nachzudenken«, sagte er, ohne sie anzublicken. »Die Spaziergänge mit Ihnen, die Gespräche und auch das Kennenlernen Ihres Zuhauses bei Monsieur Curtius halfen mir bei der Entscheidung, meinen Weg in Zukunft mit Ihnen gemeinsam gehen zu wollen. Auch wenn unsere Anschauungen nicht immer übereinstimmen, so besteht doch die Hoffnung, dass sich das ändern wird, wenn wir uns nur erst ein wenig besser kennenlernen. Dennoch gefällt mir, wie mutig Sie zu Ihren Ansichten stehen. Meine Gefühle für Sie sind tief empfunden, Marie, und so wäre es mir eine große Ehre und Freude, wenn Sie meine Frau werden wollten.«

Endlich konnte er ihr in die Augen sehen.

Noch bevor Marie reagieren konnte, hatte Guinevere die Tragweite dieses Gesprächs begriffen. Mit offenem Mund stand sie erst da, machte dann auf dem Absatz kehrt und lief zurück in die Rue Saint-Honoré. Marie zog ihre Hand aus der von Maximilien und stand auf.

»Aber … ich bin Wachsbildnerin«, waren die ersten Worte, die über ihre Lippen kamen. »Wenn ich Sie heiratete, dann …«

»Dann wären Sie meine Frau und würden für uns und unsere Kinder sorgen. Ich möchte mit Ihnen in meinen Heimatort Arras ziehen und dort als Anwalt arbeiten.«

Auch er war jetzt aufgestanden, traute sich aber nicht, erneut ihre Hand zu nehmen.

»Und meine Arbeit?«

»Frauen gehen mit der Eheschließung keiner eigenen Arbeit mehr nach. Sie haben doch dann eine andere Arbeit. Etwas Neues bricht an, Marie. Etwas Schönes, Besseres. Bitte, verstehen Sie mich nicht falsch, Sie sind eine vorzügliche Handwerkerin, aber die Frau eines Anwalts arbeitet nicht für andere.«

Das also war seine Vorstellung von Freiheit und Gleichstellung.

»Verzeihen Sie mir bitte, aber … es kommt so überraschend. Ich bitte Sie, geben Sie mir noch ein wenig Zeit für eine Antwort. Und nun entschuldigen Sie mich, ich möchte gerne allein nach Hause.« Sie knickste. »*Au revoir.*«

Als sie zu Hause eintraf, hatte Maman natürlich längst von Maximiliens Antrag erfahren. Ihre Freude galt nicht nur dem Umstand, dass die lang ersehnte Frage endlich gestellt worden war, sondern auch, dass sich Guineveres Einsatz bezahlt gemacht hatte. Glückselig fiel sie Marie um den Hals.

»Nun wirst du die Frau eines Anwalts. Was hast du nur für ein Glück, mein Kind! Ich will gleich zur Muttergottes gehen und eine Kerze anzünden.«

Schon nahm sie ihren Hut, und noch beim Binden der Schleife stürmte sie in die Werkstatt von Curtius, der konzentriert an einer Tonmaske arbeitete, und rief: »Marie heiratet! Ist das nicht wunderbar?«

Paris, 1780

Marie empfand den Gedanken, eine Ehe zu schließen, als durchaus verlockend. Maximilien würde ihr einen Lebensstandard bieten können, der dem bei Onkel Philippe entsprach. Sie würde einen französischen Namen tragen, der leichter auszusprechen war als das schwerfällige Grosholtz. Sie würde Kinder bekommen und sich um deren Belange sorgen, wie sie es von Marianne kannte, die inzwischen das zweite Kind erwartete. Es musste etwas Schönes sein, sonst würde Marianne nicht so erfüllt und fröhlich wirken. Doch würde es auch ihr so ergehen? Viel eher befürchtete sie, dass sie mit dem Eintritt in die Ehe ihre eigenen Wünsche würde verleugnen müssen, um zum Werkzeug eines Bauplans zu werden, der sich Familie nannte.

An Maximiliens Gefühlen hegte sie keinen Zweifel, an ihren eigenen schon. Sie mochte ihn sehr gern und genoss die gemeinsame Zeit mit ihm, doch reichte eine warme Woge, die bei seinem Anblick ab und zu durch den Körper strömte, aus, um sich bis zum Tod mit diesem Menschen zu vereinen? War das die viel besungene Liebe, von der es hieß, dass sie alles erträgt, alles glaubt, alles hofft und alles duldet? Wenn sie nur daran dachte, Paris zu verlassen und in einen Ort zu ziehen, wo sie niemanden kannte, schnürte sich ihr die Kehle zu. Aber wenn sie sich erst vorstellte, nicht mehr modellieren zu dürfen, fühlte sie den Tod nahen. Beim Gedanken hingegen, nach Versailles zu gehen, am königlichen Hof zu arbeiten und Prinzessin Elisabeth in der Wachsmodellierung zu unterrichten, ging in ihrem Herzen die Sonne auf.

Guinevere musste ihr noch einmal einen Dienst erweisen, indem sie Maximilien einen Brief überreichte, der die Bitte um ein weiteres Treffen enthielt. Maximilien hatte eine ehrliche Antwort verdient. Mamans Bemühungen für die aus ihrer Sicht einzig richtige Entscheidung für die Ehe nahmen so ambitionierte Züge an, dass man hätte glauben können, sie wolle die Zusage bei Maximilien am liebsten selbst übernehmen.

Es war ein warmer Augusttag, als sich Marie mit Maximilien ein letztes Mal am Seineufer traf, dieses Mal allein, ohne Guinevere. Seine Anspannung war nicht zu übersehen.

»Danke, Maximilien, dass Sie meiner Aufforderung gefolgt sind.«

Kerzengerade wie ein Zinnsoldat stand er vor ihr.

»Haben Sie nun eine Entscheidung getroffen?«

Marie nahm seine Hände in ihre und sah ihm in die Augen. »Ihre Zuneigung ehrt mich und erfüllt mich mit Stolz. An der Aufrichtigkeit und Tiefe Ihrer Gefühle habe ich nie gezweifelt, doch meine Gefühle für Sie sind nicht von einer solchen Stärke, dass sie ausreichen könnten, mein Leben mit Ihnen zu verbringen. Ich könnte Sie nicht glücklich machen, und selbst wenn es mir schwerfällt, es auszusprechen, so muss ich Ihnen dennoch sagen: Ich kann Sie nicht heiraten.«

Er zog seine Hände aus ihrem Griff. Sein Gesichtsausdruck blieb kühl, doch sie spürte seinen inneren Kampf und kam sich elend dabei vor.

»Haben Sie einen anderen?«

»Ich … nein! Natürlich nicht!«

»Dann haben Sie also mit meinen Gefühlen gespielt?«

»Nein! Wie kommen Sie dazu, so etwas von mir zu denken?«

»Haben Sie meine Zuneigung benutzt, um sich besser zu fühlen? Haben Sie meine kostbare Zeit vergeudet, nur um sich zu amüsieren?«

»Aber Maximilien! Was reden Sie da? Nicht im Geringsten habe ich auch nur daran gedacht!«

Er trat einen Schritt zurück. »Sie sind verlogen und unreif. Ich hätte es wissen sollen. Ich offenbare mich Ihnen und gestehe Ihnen meine ehrlichen Gefühle, doch Sie tanzen darauf herum.«

»Keineswegs! Sie haben mir damals in Ermenonville versprochen, mir baldmöglichst zu schreiben. Zwei lange Jahre habe ich nichts von Ihnen gehört, und dann tauchen Sie plötzlich wie aus dem Nichts auf, offenbaren mir Ihre Sehnsucht und erwarten, dass ich wie selbstverständlich mit Ihnen zum Traualtar schreite. Und Sie nennen *mich* unreif und verlogen?«

»Dann lieben Sie mich also nicht?«

»Maximilien, ich schätze Sie, aber …«

»Lieben Sie mich? Das ist alles, was ich wissen will, Marie!«

Es hatte jetzt keinen Sinn mehr zu zögern. »Nein, Maximilien. Ich liebe Sie nicht.«

»Dann haben wir uns nichts mehr zu sagen.«

Maximilien de Robespierre setzte seinen Dreispitz auf und ging. Er zeigte weder Enttäuschung noch Akzeptanz, er gab sich nicht der geringsten emotionalen Regung hin, wenigstens in diesem kleinen Moment. Er nahm einfach nur seinen Hut und ging fort, als wären sie sich nie begegnet.

Zu Hause wurde Marie schon mit Spannung erwartet. Als

Maman vom Verlauf des Gesprächs erfuhr, flehte sie in ihrer Entrüstung über Maries Dummheit die Muttergottes, Gott selbst und das ganze Universum um Hilfe an.

»Als ob Liebe das Wichtigste wäre«, fauchte sie und hätte Marie vermutlich am liebsten geschüttelt. »Liebe ist doch völlig nebensächlich. Die kommt schon noch, aber seine gesellschaftliche Position und das, was er dir hätte bieten können, das kommt nicht von allein. Wie dumm muss man sein, um einen Heiratsantrag von einem Mann wie diesem abzulehnen!«

»Ich will aber keine gesellschaftliche Position heiraten. Ich hätte nicht mehr modellieren und mein eigenes Geld verdienen dürfen, Maman.«

»Dein eigenes Geld verdienen? Bist du von Sinnen? Oh, dieses fürchterliche Modellieren. Ich hätte es dir nie erlauben dürfen! Es ist so wenig damenhaft. Ich kenne nicht eine Frau, die so einer Arbeit nachgeht.«

»Doch. Sie kennen mich.«

»Mal abgesehen davon, dass du ihn nicht liebst«, mischte sich Curtius ein, der mit seiner besonnenen Art zumindest ein bisschen Beruhigung in die Situation brachte. »Ist es wirklich so, dass du lieber weiter modellieren möchtest, anstatt zu heiraten?«

»Ja, Onkel Philippe. Zumindest möchte ich lieber modellieren, als Robespierre zu heiraten. Vielleicht empfinde ich ja bei einem anderen Mann anders, aber ich kann es mir einfach nicht vorstellen. Es ist ungerecht, dass die Frau beim Eintritt in die Ehe ihren Beruf aufgeben soll, der Mann seinem aber weiterhin nachgehen darf.«

Curtius lächelte und strich ihr über die Wange, doch sogleich traf ihn Mamans energisch ausgestreckter Zeigefinger an der Nasenspitze. Furiengleich giftete sie ihn an: »Wenn du sie jetzt auch noch lobst, dann packe ich auf der Stelle meine Sachen, und du wirst mich nie wiedersehen!«

»Nein, keine Sorge. Ich halte mich aus deiner Erziehung heraus und gehe stattdessen wieder in meine Werkstatt, um dem fürchterlichen Modellieren nachzugehen, das uns einen nicht unerheblichen Wohlstand verschafft.«

Maman stöhnte, als wollte sie gleich in die Luft gehen. Dann machte sie auf dem Absatz kehrt und ließ beleidigt die Küchentür hinter sich zufallen.

Marie folgte Curtius in die Werkstatt. Er hatte bereits die Schürze übergezogen, und sie erkannte, dass er gerade an einem neuen Tonkopf modellierte. Doch er unterbrach seine Arbeit und lehnte sich an die Fensterbank, wie er es immer tat, wenn er ihr etwas sagen wollte.

»Du bist bei mir aufgewachsen, Marie, und ich fühle mich für dich verantwortlich, auch wenn deine Mutter für deine Erziehung zuständig ist, aber was du heute getan hast, verlangt mir Respekt ab. Ich darf das vielleicht nicht sagen, aber ich finde es gut, dass du ehrlich warst, und ich hoffe, du hast es dem armen Robespierre in höflicher Form vermittelt. Ich mochte ihn, ja. Er ist hübsch, klug und sehr gebildet, aber wenn du ihn nicht liebst, dann würdest du nicht glücklich werden. Und dass du vor deiner Mutter zugegeben hast, dass du lieber modellierst… Ich bin stolz auf dich.«

Er lächelte, und es wurde ihr so viel leichter ums Herz.

»Ist das wahr? Oh, ich bin so froh, dass Sie das sagen und mich verstehen.«

»Eine Eheschließung ist etwas Endgültiges und will daher gut überlegt sein. Man sollte das nicht aus einer Laune heraus entscheiden und am allerwenigsten aus Mitgefühl oder niederen Motiven.«

»Warum haben Sie eigentlich nie geheiratet, Onkel Philippe?«

Er schluckte, dann wandte er ihr den Rücken zu und ging zum Tonkörper, um seine Arbeit fortzuführen. »Es hat sich nie ergeben. Wie soll es nun für dich weitergehen, Marie?«

»Ganz einfach. Ich gehe nach Versailles und werde die Kunstlehrerin von Prinzessin Elisabeth.«

»Du bist wirklich dreist.«

»Die Prinzessin hat mich doch gefragt, Sie waren selbst dabei! Und Sie haben mich erst neulich erneut darauf angesprochen und mich außerdem dahingehend aufgeklärt, dass königliche Wünsche Befehle seien. Also bitte. Ich bin eine anständige Bürgerin von Paris und gehorche. Was muss ich tun?«

»Zunächst solltest du ein paar Regeln lernen und beherzigen. Der Königshof von Versailles ist etwas Großes, Marie, es ist das Machtzentrum Frankreichs. Über tausend Menschen leben dort, und das heißt auch, dass dich über tausend Augenpaare immer im Blick haben können, wenn sie das wollen. Einfache Arbeiter, Höflinge, Günstlinge, Minister und Adlige – alle sind nur auf eines aus: die Gunst des Königs. Und das Königspaar versteht keinen Spaß. Dort kannst du dir einen solchen Fauxpas wie bei der Ausstellungseröffnung nicht erlauben.«

»Aber ich wollte das nicht. Es war doch keine Absicht.«

»Und du glaubst, das hätte den König interessiert? Er hätte dich in den Kerker gesteckt und sich eine grausame Bestrafung für dich ausgedacht.«

»Aber wenn ich schon mal in Versailles bin, dann könnte ich doch auch den König und die Königin modellieren.«

»Den König!«, platzte Curtius heraus und musste sich offensichtlich beherrschen, um nicht unverschämt zu werden.

»Abgesehen davon, dass du dich unterstehen wirst, ihn zu fragen, wirst du nicht zu ihm vordringen. Alle wollen zum König, und alle sorgen dafür, dass nur sie selbst die Begünstigten sind. Dein Ehrgeiz, ihn zu modellieren, spricht für dich, trachte aber nicht danach, denn du wirst schon auf dem Weg dahin scheitern.«

»Aber Sie haben doch auch schon eine Büste vom König angefertigt. Warum kommen Sie zu ihm und ich sollte das nicht schaffen?«

»Zum einen, weil mich der König darum bitten ließ, und zum anderen, weil ich ein Mann bin.«

»Und Sie meinen, der König wird mich nicht fragen, weil ich eine Frau bin?«

»Das kann ich dir nicht beantworten, Marie. Aber ich glaube, eher nicht.«

Entschlossen streckte sie ihr Kinn nach vorn. »Eines Tages werde ich den König modellieren. Sie werden schon sehen.«

»Marie, bitte! Regel Nummer eins: Der König wird nach nichts gefragt, und man unternimmt nie etwas von sich aus. Niemals. Niemand. Hast du das verstanden? Das ist kein Spaß, Marie!«

Sie nickte artig.

»Beim Königspaar wartet man prinzipiell, bis man zu etwas aufgefordert wird. Regel Nummer zwei: Dem Ranghöheren wendet man nie den Rücken zu, und man entfernt sich prinzipiell rückwärtsgehend von ihm. Egal, ob es ein Minister, eine Comtesse oder eine Mätresse ist.«

»Werde ich dort Jeanne Dubarry begegnen?«

Es war von jeher Maries Wunsch gewesen, der schönen Jeanne einmal persönlich zu begegnen. Onkel Philippe hatte sie einst als Wachsfigur verewigt. Marie war noch ein Kind gewesen, als sie die Figur zum ersten Mal gesehen hatte. Von jenem Tag an hatte sie gewusst, dass sie Wachsbildnerin werden wollte. Jeanne Dubarry war ihre Königin gewesen. Sie hatte ihr Kleid getragen und war damit die Treppe im Hause Curtius hinabgeschritten, als sie Königin von Frankreich gespielt hatte. Eine unbarmherzige Ohrfeige ihrer Mutter hatte sie aus dieser schönen Welt jäh in die Realität zurückgeholt. Inzwischen war sie erwachsen und wusste längst, was eine Mätresse war.

»Nein.«

»Warum? Was ist mit ihr?«

»Jeanne Dubarry stammt aus einer ärmlichen, aber doch ehrbaren Familie der Pariser Halbwelt. Das Aufsehen um ihre Person war seinerzeit groß. Ihr wurde nachgesagt, ihre Geburtsurkunde gefälscht zu haben, um als Adlige nach Versailles zu gelangen und dort Mätresse zu werden. Zum anderen war sie Jahrzehnte jünger als der damalige König. Außerdem nutzte sie ihre Position für Machtspiele und Intrigen und machte sich dabei äußerst unbeliebt. Und doch gelang es ihr, dass die ganze Regierung ihr hörig war. Zu welchen Mitteln eine Mätresse wie sie gegriffen haben mag, bleibt der Fantasie jedes Einzelnen überlassen. Ihre Vorgängerin Madame Pompadour hatte sich das betreffend geschickter angestellt. Nicht zuletzt, weil sie von höherer geistiger Reife war.«

»Und wo ist sie jetzt?«

»Marie Antoinette konnte Jeanne Dubarry von Anfang an nicht leiden. Ihre erste Amtshandlung als Königin war die Verbannung der Dubarry ins abgelegene und halb verfallene Kloster Pont-aux-Dames. Die Gräfin stellte dem Kloster jedoch ihr Geld für aufwendige Restaurierungsarbeiten zur Verfügung, und sogar dem Kloster war es egal, wie sie dieses Geld verdient hatte.«

»Und Marie Antoinette? Ist sie wirklich so eitel und unnahbar, wie man es gemeinhin hört?«

»Marie Antoinette ist in einem großen, goldenen Käfig versklavt, nur weiß sie nichts davon. Sie ist umgeben von einer Schar gelangweilter Damen, deren hauptsächlicher Zeitvertreib es ist, vor den Ranghöheren freundschaftliche Absichten zu heucheln, während sie hinter ihrem Fächer schon boshafte Ränke schmieden. Ja, Versailles ist eine Schlangengrube. Es wimmelt von Spionen, Speichelleckern und Intriganten. Etliche Damen haben ihre Position nur erreicht, indem sie sich durch fremde Schlafzimmer… nun… du weißt schon. Aber das soll dich nicht beunruhigen, da du als Handwerkerin an den Hof kommst, als Dienerin Elisabeths. Du bist nicht adlig und damit außerhalb des Interesses der Aristokraten. Regel Nummer drei: Solltest du an einer königlichen Tafel speisen, dann beginnst du erst zu essen, nachdem der König angefangen hat. Sobald der König aufhört zu essen, hören alle auf zu essen. Wundere dich also nicht, wenn du eine üppig mit Speisen gedeckte Tafel hungrig verlassen musst. Die Tafel des Königs ist lang, und bedient wird immer von ihm ausgehend bis zum anderen Ende, wo solche Gäste wie du sitzen. Regel Nummer vier: Sollte es jemals dazu kommen, dass der König nach dir verlangt, dann denke an Regel Nummer eins. Du schweigst, bis du zum Reden aufgefordert wirst. Der König beginnt erst zu sprechen, wenn er auf dem Thron sitzt. Das Königspaar wird mit *Eure Majestät* angesprochen, alle anderen Mitglieder der königlichen Familie mit *Königliche Hoheit*. Umgehe bei der Formulierung deiner Sätze die direkte Anrede. Regel Nummer fünf: Wenn dir ein Platz angeboten wird, dann setz dich nur auf einfache Hocker. Stühle mit Rückenlehne sind dem Adel vorbehalten.«

Marie hatte ihm aufmerksam zugehört.

»Kannst du dir das merken?«, vergewisserte sich Onkel Philippe. »Und versprichst du mir auch, dich an die Regeln zu halten? Ich möchte dich nicht in der Bastille besuchen müssen.«

»Ich verspreche es Ihnen. Ich halte mich an das Protokoll und werde Sie ganz gewiss nicht beschämen.«

»Dann wünsche ich dir alles Gute in Versailles, auf dass du nur die strahlenden Seiten dieser Schlangengrube kennenlernen mögest!«

Versailles, 1780

Schon während der Kutschfahrt nach Versailles spürte Marie, wie ihre innere Anspannung von freudiger Erwartung verdrängt wurde. Curtius stellte ihr zunächst für morgens und abends die Kutsche zur Verfügung, denn er und Maman sorgten sich um Maries Unversehrtheit, obwohl sie erwachsen war und andere Frauen in ihrem Alter längst eigene Familien hatten. Vor ihrem ersten Besuch in Versailles hatte sich Marie bei Marianne und ihren Kindern verabschiedet, denn sie wusste nicht, wie sehr die Prinzessin Elisabeth sie vereinnahmen würde. Womöglich würde es ein Abschied für lange Zeit werden.

Mariannes Mann schüttelte voller Skepsis den Kopf, als er von Maries neuem Arbeitsbereich in Versailles erfuhr. Er brachte wenig Begeisterung für das herrschende Ancien Régime auf, während Marianne ihrer Freundin die neue Betätigung von Herzen gönnte. Ihrer Meinung nach gehörte Madame Elisabeth, die für ihre strenge Religiosität und große Wohltätigkeit bekannt war, zu den wenigen Perlen am Hofe. Mariannes Segen bedeutete Marie sehr viel, war sie doch ihre einzige Freundin.

Aus dem kleinen Fenster der Kutsche konnte sie die ersten Gärten des Schlosses erkennen. Das Areal war flach, und die Beete und Baumreihen waren so akkurat angeordnet, als hätte man ihre Linien mit Zirkel und Lineal gezogen. Vor dem mächtigen Schlosstor hielt der Kutscher an und wechselte ein paar Worte mit einem der beiden Torwächter. Dann öffnete er Marie die Kutschentür.

»Ab hier müssen Sie laufen«, sagte er. »Dem einfachen Volk ist die Weiterfahrt nicht gestattet. Gehen Sie einfach immer weiter geradeaus. Ich hole Sie um sechs Uhr wieder ab. *Au revoir.*«

Er verbeugte sich knapp, setzte sich auf den Kutschbock, wendete im knirschenden Kies und fuhr davon.

Das Tor wurde geöffnet, und kaum hatte Marie den Schlosspark betreten, wurde sie schon von einem Wächter ermahnt.

»In Palast und Garten gilt für Untertanen die Pflicht zur Vollkleidung. Wenn Sie nicht darüber verfügen, leihen Sie sich bitte hier die fehlenden Utensilien aus.« Er deutete mit der Hand auf eine verschlossene Kiste neben sich.

»Vollkleidung?«

»Vollkleidung. Frauen mit Perücke, Herren mit Perücke und Degen. Bedienen Sie sich bitte, und wählen Sie sich etwas aus. Beim Verlassen des Schlosses geben Sie die Dinge bitte wieder hier ab.«

Vorsichtig öffnete Marie die Kiste, griff nach der erstbesten Frauenperücke und setzte sie auf. Der Wächter verzog keine Miene, was Marie als Erlaubnis deutete, nun die Welt von Versailles zu betreten. In hellem Licht thronte das Schloss des einstigen Sonnenkönigs – prunkvoll, majestätisch, unbezwingbar. In dem symmetrisch angelegten Park blühten Blumen in herrlicher Pracht, Springbrunnen plätscherten, besonders angetan war Marie aber von dem riesigen Kanal, der fast bis an den Horizont reichte. Die von Steinornamenten eingefassten Wasserbecken und die grünen Rasenflächen mit ihren symmetrischen Rabatten vervollkommneten das Gartenkunstwerk, für das sich die Natur der Ästhetik unterordnen musste. Ein Grüppchen von vornehmen Damen flanierte in aufwendigen Kleidern und mit Sonnenschirmen durch den Park. Sie hatten den erhabenen Gang der feinen Gesellschaft. Das ruhige Leben hier in Versailles war ein ganz anderes als in Paris.

Ein Mann kam auf Marie zu und verbeugte sich. »Wer sind Sie?«, fragte er.

Marie knickste. »Ich bin Marie Grosholtz, Monsieur. Prinzessin Elisabeth hat mich hierherbestellt.«

»So?«, fragte er mit hochgezogener Augenbraue.

Marie nickte und wusste nicht, ob sie ihn etwas fragen durfte. Es gab hier so viele ungeschriebene Regeln.

»Ich gehe und gebe Prinzessin Elisabeth Bescheid. Bitte warten Sie so lange hier. Ich hoffe, Sie sprechen die Wahrheit.«

Seine Verbeugung war ebenso kühl und distanziert wie seine Stimme. Um alles richtig zu machen, nickte Marie nur freundlich, knickste tief und blieb stehen, wo sie war. Die kleine Damengruppe kam an Marie vorbei. Es waren Frauen im Alter ihrer Mutter, mit weiß gepuderter Haut und rot betupften Wangenknochen. Jede von ihnen trug im Gesicht einen schwarzen Schönheitsfleck, der durch ein winziges Pflaster erzeugt wurde. Ihre Perücken waren gelockt oder hochgesteckt, die Kleider von kostbarer Seide und feiner Spitze, und der Duft eines schweren Parfums umgab sie. Neben ihnen fühlte sich Marie wie ein Bauerntrampel, auch wenn sie heute ihr bestes Kleid trug. Einige der Damen beachteten ihr Knicksen und erwiderten es mit einem fast unmerklichen Kopfnicken.

Während sie wartete, entdeckte sie weitere Grüppchen von Spaziergängern: Männer mit Männern, Frauen mit Frauen, Frauen mit Männern, die lachten, schwiegen, tuschelten, spielten und diskutierten.

»Marie Grosholtz?«, rief eine männliche Stimme nach ihr. Marie drehte sich um und erblickte den Herrn, der sie zuvor nach ihrem Namen gefragt hatte. »Die Prinzessin wird Sie nun empfangen. Folgen Sie mir bitte.«

Marie ging brav hinter ihm her zum Eingang des Schlosses. Seine Schritte waren schnell, und so blieb ihr wenig Gelegenheit, den prunkvollen Glanz der königlichen Mauern zu ermessen. Bevor er an eine der vielen Türen im Erdgeschoss klopfte, drehte er sich noch einmal zu Marie um, sah sie von oben bis unten an und sagte monoton: »Bei der ersten Anrede sagen Sie *Königliche Hoheit*, danach *Prinzessin Elisabeth.*«

Wieder nickte Marie, und schon öffnete er die Tür. Diener waren eine Spezies für sich, dachte sie. Diese Herren besaßen die Gabe, auch im wildesten Geschehen keine Miene zu verziehen und sich in Sekundenschnelle in bewegungsloses Inventar zu verwandeln.

Prinzessin Elisabeth saß auf einem Stuhl am Fenster – einem Stuhl mit Lehne. Zwei weitere Damen waren anwesend.

»Königliche Hoheit«, sagte der Mann mit einer tiefen Verbeugung. »Mademoiselle Grosholtz.« In derselben gebeugten Haltung verließ er das Zimmer.

Als die Tür ins Schloss fiel, wurde Marie bewusst, dass sie von nun an dem Willen der Prinzessin ausgesetzt war. Wünsche waren Befehle, und ihre Missachtung wurde bestraft. Plötzlich fiel ihr wieder ein, dass sie bei ihrer ersten Begegnung der Prinzessin den Rücken zugewandt hatte. War Marie etwa hierherbestellt worden, um jetzt dafür bestraft zu werden? Doch der beglückte Gesichtsausdruck der Prinzessin sprach eine andere Sprache. Ganz entgegen der königlichen Etikette kam sie auf Marie zu und herzte sie wie eine Freundin.

»Meine Damen«, sagte sie zu den beiden anderen, »das ist sie. Mademoiselle Marie Grosholtz.«

Marie knickste. »Es ist mir eine große Ehre, Königliche Hoheit.« Für einen kurzen Moment überlegte sie, ob sie sich bei ihr entschuldigen sollte, doch hier, in dieser Umgebung und bei dieser Begrüßung, hätte sie es als unpassend empfunden. Was vorbei war, war vorbei. Sie hatte Maximilien den Laufpass gegeben, weil ihr das Angebot von Madame Elisabeth verlockender erschienen war. Die Arbeit mit Wachs war ihr Leben. Das Leben, das sie nicht aus den Händen geben wollte.

»Grosholtz?«, fragte eine der beiden Damen und spannte ihren Fächer auf, den ein filigran gezeichneter Pfau zierte. »Das ist aber ein komischer Name. Er klingt ja gar nicht französisch. Dann kommen Sie wohl aus Preußen?«

Marie wusste nicht, ob sie den anderen Damen im Beisein der Prinzessin einfach antworten durfte, und blickte hilflos zu Madame Elisabeth, die allerdings nur freundlich lächelte.

»Ich komme aus dem Elsass, Madame.«

»Ich glaube, ich habe den Namen schon einmal gehört«, sagte die andere Dame, die nun auch ihren Fächer aufschlug. Ihr Ausschnitt war so tief, dass Marie befürchtete, bei ihrem nächsten tiefen Atemzug könne ihr Busen daraus hervorquellen. »Und ich meine, ich bringe ihn mit einem Schlächter in Verbindung.« Sie blickte an die Decke und hielt den Zeigefinger an ihr Kinn. »Oder war es ein Fleischer?« Dann winkte sie ab. »Schlächter oder Fleischer – gibt es da überhaupt einen Unterschied?«

Beide kicherten in ihren Fächer hinein. Marie fühlte sich gedemütigt. Sie war nicht so schön gekleidet und bepudert wie die Damen bei Hofe, ihre Bewegungen waren nicht so elegant, wenn sie durch den Park schritt, sie war einen gänzlich anderen Umgang gewöhnt, und – die größte Schande in Versailles – sie war nicht von adliger Geburt.

»Mademoiselle Marie ist bei Doktor Curtius aufgewachsen, dem größten Wachsbildner von ganz Paris«, rettete Prinzessin Elisabeth die Situation mit einer Bestimmtheit, die keine Unhöflichkeit mehr duldete. »Sie war maßgeblich am Tableau des Grand Couvert beteiligt und ist eine hervorragende Künstlerin. Ich bin sehr glücklich, dass sie nun meine Lehrerin werden möchte.«

»Dann ist sie also gar nicht von adligem Geblüt, sondern aufgrund des Erfolgs ihrer eigenen Leistung hier?«, fragte die Frau mit dem Pfauenfächer. »Oh, wie überaus interessant!«

»Ja«, sagte Prinzessin Elisabeth, »Mademoiselle Marie kann außergewöhnlich gut Wachsfiguren modellieren.«

»Oh«, meinte die Frau mit dem auffälligen Dekolleté und wedelte mit ihrem Fächer. »Dann kann sie ja von mir auch eine Wachsfigur anfertigen, da sie schon mal da ist!«

Es war eine heimtückische Sache mit dieser Höflichkeit, dachte Marie. Unterwarf man sich ihr, lief man Gefahr, sich selbst untreu zu werden. Verweigerte man ihr den Gehorsam, lief man Gefahr, sein Ziel nicht zu erreichen. Wie gerne hätte sie jetzt etwas von der Unerschrockenheit ihrer Mutter gehabt. Vor allem wollte Marie herausfinden, von wem sie sich hier etwas sagen lassen musste und von wem nicht. Und solange sie sich dessen nicht sicher war, hielt sie es für besser, sich an das zu halten, was Onkel Philippe sie gelehrt hatte. Züchtig, sittsam und rein wollte sie sein.

Die Dame trat nun näher und rümpfte die Nase, als würde Marie stinken. War sie etwa eine der Schlangen, vor der Onkel Philippe sie gewarnt hatte? Abfällig betrachtete sie Maries Kleid und lächelte falsch, während sie sagte: »Noch nie habe ich die Bekanntschaft mit einem elsässischen Bauernmädchen gemacht. Diese schrubben bei Hofe für gewöhnlich nur die Küchen und Latrinen. Ich wäre hochentzückt, würden Sie mich in Wachs verewigen.«

Marie schluckte die Bosheiten herunter und formte ihre Lippen zu einem Lächeln. Ihr fiel ein, was Voltaire ihr einst geraten hatte: *Bleiben Sie weiterhin kritisch in der Wahl Ihrer Modelle.* Diese Frau war es in Maries Augen nicht einmal wert, dass man ihr den Schirm hielt. Für einen Moment vergaß sie ihre guten Vorsätze. Onkel Philippe würde toben, wenn er davon erführe, aber Marie konnte nicht anders. Es ging um ihre Ehre, und so sagte sie so freundlich, wie sie nur konnte:

»Oh, für gewöhnlich suche ich die Modelle selbst aus, aber ich bin mir sicher, dass ich bei Ihnen eine Ausnahme machen kann, sofern Sie den Betrag von eintausend Livres zahlen. Denn das würde eine Wachsfigur von Ihnen kosten, formte ich sie in der vollen Schönheit des Originals. Es wäre doch zu schade, wenn gerade die tief verborgenen Feinheiten nicht zur Geltung kämen.«

Natürlich hatte Marie mit dem Betrag maßlos übertrieben, aber so fühlte sie sich ein wenig besser. Das schauspielerische Geschick des Hofstaates war nicht zu unterschätzen. Ein kurzer eisiger Blick traf Marie, dann verzog die Dame ihren Mund wieder zu einem Lächeln und säuselte: »Da habt Ihr Euch aber eine teure Freundin an den Hof geholt, Prinzessin Elisabeth. Bei diesen Preisen erwartet man natürlich allerhöchste Qualität.«

Die Prinzessin aber schien das zu erheitern. Sie kam auf Marie zu und fasste sie an den Händen. »Nicht einen Augenblick zweifle ich an dem Können von Mademoiselle Grosholtz. Aber an ihrem ersten Tag möchte ich ihr Versailles zeigen.«

Marie folgte der Prinzessin in ihre Gemächer, damit sie wusste, wo sie sich morgens einzufinden hatte. Es folgten die Bäder, die ihr die Prinzessin unbedingt vorführen wollte. Schon von draußen waren helle Stimmen zu vernehmen, und Marie war peinlich berührt, als sie an bildschönen Frauen und Männern vorbeigehen musste, die auf den marmornen Stufen des großen Bades nackt im Wasser saßen. Die Spitzen ihrer Perücken waren nass, und damit der Puder und ihre Schönheitsflecken im Gesicht keinen Schaden nahmen, hatten sie die Köpfe weit nach oben gereckt und legten sie nur dann und wann in den Nacken, wenn sie sich ein Glas Schaumwein einverleibten. Sie machten nicht gerade den Eindruck, als würde ihnen das Bad ausschließlich der Körperhygiene dienen. Bei der Ankunft von Prinzessin Elisabeth ebbte das lüsterne Gekicher augenblicklich ab. Die Köpfe senkten sich, die Perücken wurden nasser.

»Ich weiß, es ist unschicklich, die Damen und Herren bei ihrem Bad zu stören«, wisperte die Prinzessin, als sie den Raum verlassen hatten, »aber es bereitet mir immer wieder so große Freude, dass ich es einfach nicht lassen kann. Gott möge mir verzeihen.«

Sie durchquerten insgesamt fünf Badesäle, von denen einer prächtiger war als der andere. Wände, Böden und sogar die Wannen bestanden aus Marmor, und die Bronzeskulpturen in den Wandnischen schienen den Badenden zuzusehen.

Im Schlosspark lief die Prinzessin mit forschem Schritt voran, und ebenso flink folgten ihre Erläuterungen. »Können Sie sich vorstellen, dass das alles einst eine einzige Kloake war? Ein paar Bäume und sonst reines Sumpfland? Und heute steht hier das schönste Schloss des Abendlandes. Unter Ludwig XIV. gab es rauschende Feste, Tafeln, gedeckt mit den schmackhaftesten Speisen, und Feuerwerke, die die Sterne erblassen ließen. Der Sonnenkönig hat es geschafft, aus einem kleinen, unscheinbaren Jagdsitz eine der größten Residenzen Europas zu machen. Unfassbar, was eiserner Wille und Menschenhand vermögen.«

Als wäre das ein Kunststück für einen König, dachte Marie.

»Sind Sie nicht derselben Ansicht?«

»Sehr wohl, Prinzessin Elisabeth«, entgegnete Marie und senkte artig den Kopf.

»Das heißt noch lange nicht, dass ich all diese Kostspieligkeiten gutheiße«, fuhr die Prinzessin lächelnd fort. »Ich will damit nur sagen, dass Ludwig XIV. sein Versprechen gehalten hat. Aber nun lassen Sie uns an den schönsten Ort von Versailles gehen.«

Wieder eilte sie vorneweg, und Marie hatte kaum Zeit, die Umgebung wahrzunehmen. Offenbar hatte man es in Versailles eilig beim Nichtstun. Wenn ihnen Untergebene begegneten, blieben diese stehen und senkten den Kopf. Marie fühlte sich ganz unwohl dabei.

Schließlich gelangten sie zur Schlosskapelle. Ein Diener öffnete ihnen das Portal. Im Kirchenraum umfingen sie Stille und Weihrauchduft. Überall brannten Kerzen, und die Schritte auf dem kalten Stein hallten im Raum wider. Bunte Scheiben in den Fenstern erzählten Geschichten. Ein Priester lief in gebückter Haltung und mit gefalteten Händen durchs Seitenschiff. Seine Lippen bewegten sich unaufhörlich.

Die Prinzessin ging mit Marie zur ersten Bankreihe vor dem Altar. »Ludwig XIV. hat auch diese wunderschöne Schlosskapelle in Auftrag gegeben, aber richtig fertig geworden ist sie erst Ende des 17. Jahrhunderts. Jeden Morgen gehe ich zur heiligen Messe. Hier hat mein Bruder Marie Antoinette geheiratet.

Ach, was war das für eine großartige Trauungszeremonie!« Auf ihrem Gesicht lag ein seliger Ausdruck. »Hier ist mein wahres Zuhause. Das ist der Ort, an dem man spürt, dass Gott groß und der Mensch klein ist. Hier finde ich Vergebung und Liebe.«

Sie kniete sich zum Gebet nieder und schloss die Augen. Marie – zunächst noch etwas zögerlich – tat es ihr gleich. Bei ihrem stillen Zwiegespräch mit Gott ließ sich die Prinzessin Zeit. Marie wagte ab und zu, mit einem Auge zu den Gemälden hinüberzublinzeln, die sie am liebsten ganz genau betrachtet hätte.

Die letzte Station der Prinzessin war ein geräumiges Zimmer im Keller des Schlosses mit zwei kleinen Fenstern, die man öffnen konnte und die sogar Licht hereinließen. In der Mitte des Raums stand ein großer Holztisch, und an der Wand befand sich eine Anrichte mit einem eigenen Brunnenanschluss. Prinzessin Elisabeth stand inmitten des Zimmers und strahlte sie an. »Und das wird Ihre Werkstatt!«

Ungläubig tippte sich Marie ans Brustbein: »*Meine* Werkstatt, meint Ihr? Ich darf hier arbeiten? Ich darf diesen Raum hier nutzen, um zu arbeiten?«

»Gefällt es Ihnen? Oh, ich hatte so gehofft, dass es Ihnen gefällt.«

»Ob es mir gefällt? Es ist... es ist wunderbar!« Marie vergaß, vor wem sie stand, und drehte sich voller Begeisterung um ihre eigene Achse. »Ich habe eine eigene Werkstatt! Das ist mehr, als ich je zu träumen gewagt hätte. Ich werde Euch gewiss nicht enttäuschen. Oh, ich danke Euch vielmals.« Endlich knickste sie.

»Es ist das Zimmer einer ausgedienten Küche«, erklärte die Prinzessin, »deswegen habe ich vom König die Erlaubnis erhalten, es Ihnen zu überlassen.«

»Vom König!«, entgegnete Marie ehrfurchtsvoll staunend.

»Sagen Sie mir nur, was Sie brauchen, und ich werde es ordern lassen. Ich verlange Sie täglich zu sehen, außer am Sonntag. Am Tag des Herrn gibt es keine Arbeit. Sollte ich etwas anderes vorhaben, lasse ich es Ihnen ausrichten. Wenn Sie einen Tag freihaben möchten, werde ich abwägen, ob ich ihn gewähren kann. Ab morgen um zehn Uhr stehen Sie zu meiner Verfügung.« Sie lächelte.

Marie knickste tief und hielt den Kopf gesenkt, bis die Prinzessin den Raum verlassen hatte.

»Ich habe eine eigene Werkstatt!«, jubelte Marie wieder und wieder und drehte sich glücklich im Kreis. »Ich habe tatsächlich eine eigene Werkstatt!«

Versailles, 1783

Seit drei Jahren war Marie nun schon am französischen Königshof und unterrichtete die Schwester des Königs in Wachsmodellierung. Die Prinzessin interessierte sich ausschließlich für geistliche Motive. Auch wenn Marie das Modellieren von Büsten und Figuren immer mehr perfektioniert hatte, konnte sie gut vermitteln, wie man die entsprechenden Modelle herstellte, denn das waren ihre ersten Arbeitsschritte in Curtius' Werkstatt gewesen.

Gleich nach Maries erster Woche am Königshof hatte Elisabeth eine Wohnung für sie im Dörfchen Versailles gemietet. Es sei ihr doch nicht zuzumuten, so hatte sie gesagt, dass sie für die lange Reise von Paris täglich die eigene Kutsche in Anspruch nehmen müsse. Außerdem, so hatte sie hinzugefügt, fühle sie sich wohler, wenn sie Marie in ihrer Nähe wisse.

Elisabeth hatte recht behalten: Marie ging es gut unter dem Schutz der Prinzessin, und dieser war bisweilen nötig. In ihrer Werkstatt modellierte Marie weiterhin Figuren und Büsten und arbeitete nach wie vor Curtius zu, wofür sie von Madame Elisabeth die Erlaubnis erhalten hatte. So war Marie zu einer gut bezahlten Arbeitsstelle, einer eigenen Wohnung und einer eigenen Werkstatt gekommen. Wenn sie daran dachte, was es Mariannes Mann an Geld und Aufwand gekostet hatte, sich einen eigenen Wagnerbetrieb einzurichten, war sie umso dankbarer, auf der privilegierten Seite stehen zu dürfen.

Elisabeth war eine herzensgute, weithin beliebte und für ihre Mildtätigkeit geschätzte Prinzessin, die ihr Leben in den Dienst der Kirche gestellt hatte und mit großer Treue zum König hielt, der ihr dies mit einem geschenkten Anwesen in Montreuil dankte. Rührend kümmerte sie sich um die dortige Bevölkerung, verteilte Eier, Milch und Gemüse unter den Notleidenden, besuchte Kranke und zahlte deren medizinische Versorgung. Montreuil war für sie ein zweites Zuhause. Wie eine Mutter sorgte sie sich außerdem um die Kinder ihres Bruders und ihrer Schwägerin. Die Nähe zu ihrem Bruder war Elisabeth so wichtig, dass sie sogar die Heiratsanträge des portugiesischen Infanten und des neuen österreichischen Kaisers abgelehnt hatte, was kaum jemand bei Hofe verstehen konnte, denn sie war eine sehr hübsche und kluge Frau, und ihr Verstand und Feingefühl in politischen Dingen waren weitaus größer als die der Königin. In Versailles wolle sie bleiben, hatte sie gesagt, denn hier werde sie gebraucht.

Marie tat es gut, zwischen all den heuchlerischen Hofdamen jemand so Aufrichtigen wie Elisabeth zu wissen. Eine der Heuchlerinnen war die Comtesse Clermont, die Marie schon am Tag ihrer Ankunft unangenehm aufgefallen war und die im Übrigen ihr Dekolleté jeden Tag so fest schnürte, dass jede andere Frau dabei Atemnot erlitten hätte. Die Kleidung der Comtesse war eine unmissverständliche Aufforderung an das männliche Geschlecht, für das sie sich auffallend interessierte.

Einmal streifte die Comtesse Marie, als sie ganz allein waren, und zischte ihr zu: »Du kannst vielleicht die Prinzessin um den Finger wickeln, aber mich täuschst du nicht. Leute wie dich kenne ich. Du kommst aus einfachen Verhältnissen und willst dich hier bereichern. Aber ich habe dich im Blick. Vergiss das nicht! Der erste kleine Fehler – und du bist die längste Zeit am Hof gewesen.«

Eines Tages wurde Marie von Prinzessin Elisabeth zu einer Vorstellung der »Natürlichen Magie« eingeladen. Dass sich ausgerechnet die Prinzessin für eine Aufführung der schwarzen Kunst interessierte, war ein wenig irritierend. Marie kannte sie bisher als eine warmherzige und gebildete Dame, die im Glauben an die katholische Kirche verwurzelt war. Doch war auch sie letztlich nur eine junge Frau mit einer natürlichen Neugier auf die verborgenen Seiten des Lebens.

Es war die erste höfische Veranstaltung, zu der Marie offiziell geladen war. Prinzessin Elisabeth hatte ihr ein paar Ohrringe geschenkt und bestand darauf, dass Marie sie abends anlegte. Dazu trug Marie ein neues Kleid, das mit denen der anderen bei Hofe mithalten konnte. Die Polstereinlagen machten zwar die Hüften so breit, dass sie damit nur seitlich durch die Türöffnung passte, aber es entsprach den Ansprüchen der Mode. Ihr Äußeres unterschied sich nunmehr in keiner Weise von dem der adligen Frauen. Damit die Brillantohrringe besser zur Geltung kamen, hatte Marie eine hohe Perücke gewählt.

Zu dieser Zeit reiste ein Trickkünstler namens Paul Philippsthal mit einer atemberaubenden Schau durch ganz Europa und gab sich an den Königshöfen die Ehre. Die Höflichkeit gebot es Magiern wie ihm, das Land nicht zu verlassen, ohne vorher in Versailles aufgetreten zu sein. Im Schlosspark, wo das Spektakel stattfinden sollte, beleuchteten Unmengen von Fackeln die Wege. Die Pumpen der Springbrunnen waren abgestellt, damit ihr Geplätscher die Vorstellung nicht stören konnte. Der Zuschauerbereich war im Halbkreis bestuhlt. In den ersten

Reihen standen Stühle mit Lehne, dahinter folgten einfache Hocker. Marie schritt geradewegs auf einen der Hocker zu, als die Prinzessin sie festhielt.

»Heute sind Sie mein Gast. Und ich bestehe darauf, dass meine liebe Freundin neben mir sitzt.«

Marie knickste und wusste, dass sie damit die Eintrittskarte für die erste Reihe hatte, ganz in der Nähe des Königspaares und noch zwei Reihen vor der Comtesse Clermont, was eine besonders süße Genugtuung war.

Der Magier, groß und schlank mit langem, glattem Haar, erschien schwarz gekleidet auf der Bühne. Er eröffnete die Vorstellung damit, sich Fackeln vor den Mund zu halten, um daraufhin meterhohe Feuerstöße zu spucken. Eine weiße Wand war in der Mitte der Bühne aufgestellt. Nun kündigte Philippsthal den berühmten Arzt Paracelsus an, und bald schon erschien ein goldener Kopf auf der weißen Wand, der sich bewegte und auf alle gestellten Fragen des Magiers mit bestimmten Zeichen antwortete. Anschließend tauchte ein osmanischer Sultan an der Wand auf, und das Publikum wurde aufgefordert, ihm Fragen zu stellen, die der Sultan durch Kopfbewegungen beantwortete.

Der Magier hielt mit geschlossenen Augen die Hände wie ein Geistlicher zum Segen. Dicker weißer Rauch breitete sich aus, und er hob an zu sprechen: »Helion, Melion, Tetragrammaton! O Geist, erscheine! Erscheine auf der Wand!« Wieder und wieder sprach er diese Worte, erst laut, dann immer leiser, bis nur noch ein Gemurmel zu hören war. Am Ende war es mucksmäuschenstill. Ein Lichtstreifen erschien an der Wand, der allmählich Gestalt annahm und sich in eine Figur verwandelte. Marie traute ihren Augen nicht. Bei der Figur handelte es sich um Voltaire – mit wallender Mähne, weiß gekleidet und mit einem Fuß über dem Boden schwebend. Ein Raunen ging durchs Publikum. Marie konnte sich ein Lächeln nicht verkneifen. Der Voltaire, den sie kennengelernt und modelliert hatte, war schon beinahe glatzköpfig gewesen.

Es folgten die Erscheinungen von König Heinrich IV. und Ludwig XIV. Das hatte in Versailles noch keiner gewagt, und das Publikum wartete atemlos. Staunte der König nicht, durfte niemand staunen. Lachte der König nicht, durfte niemand lachen. Tadelte der König nicht, durfte niemand tadeln. Hatte der Magier den Geschmack des Königs getroffen, oder würde er hinter den dunklen Mauern der Bastille verschwinden?

Allmählich lichtete sich der Rauch, und ungewöhnlich spät begann der König in die Stille hinein zu klatschen. Anfangs noch zögerlich, doch dann kräftiger und eindeutig wohlwollend. Das Publikum stimmte ein, der Magier verbeugte sich tief und nahm den Applaus entgegen.

Während der ganzen Aufführung hatte Marie das Gefühl, beobachtet zu werden. Als sie sich unauffällig umdrehte, traf ihr Blick auf den eines fremden Mannes. Er saß einige Reihen hinter ihr, und obwohl er deutlich älter schien, lag in seinem Lächeln die klare Botschaft, dass sie ihm gefiel. Ein Strahlen umgab ihn, dem sich Marie nicht entziehen konnte. Ihr Herz schlug schneller, als er eine Verbeugung andeutete. Verlegen drehte sie sich wieder um. Dabei entgingen ihr nicht die wachsamen Blicke der Comtesse Clermont. Bei Hofe war man wirklich nie unbeobachtet. Als sie sich umschaute, fiel ihr auf, dass der schwedische Graf von Fersen in Richtung der Königin äugte. Wie viele Augenpaare mochte es wohl noch an diesem Abend geben, die das unterhaltsame Spiel der stillen Blicke trieben?

Marie wagte nicht, sich noch einmal umzudrehen, auch wenn sie diesen Mann zu gerne ein weiteres Mal ansehen wollte. Nach der Vorführung errichteten hübsch gekleidete Diener auf dem Rasen eine große Tafel, die in Windeseile mit köstlichen Speisen gedeckt wurde: Gebratenes, Gesottenes und Gebackenes, aber auch Rebhühner, Pfauen und Gänse füllten den Tisch. Brote in allen Größen lagen neben Törtchen in kunstvollen Formen, die von kleinen Kirschen gekrönt waren. Rotwein leuchtete in bauchigen Kelchen, Schaumwein perlte in hohen Gläsern, und exotische Früchte aus fernen Ländern schmückten die Tafel.

Eine Dame hielt ein kleines Hündchen in ihrem Arm. Sie nahm sich eines der Törtchen, aß die Kirsche und hielt dem Hündchen das restliche Gebäck hin, über das sich das Tier sofort hermachte. In höchster Verzückung über seinen gesunden Appetit gab sie ihm gleich noch ein Törtchen.

Eine Gruppe von Streichern, ein Lautenist und ein Musiker am Spinett spielten zum Tanz auf. Elegante Herren und Damen betraten die Bühne, wo eben noch Voltaire erschienen war. Marie sah gern zu, wenn getanzt wurde, und versuchte, sich dabei die Schritte und Bewegungen einzuprägen. Sie hatte an einem Tisch in der Nähe von Prinzessin Elisabeth Platz genommen, die sich gerade angeregt mit einer ihrer Gesellschaftsdamen unterhielt.

Als die Violinen eine Sarabande anstimmten, trat ein Herr an den Tisch und verbeugte sich vor Marie. »Darf ich um diesen Tanz bitten?« Als er sich wieder aufrichtete, erkannte sie in ihm den Fremden, von dem sie sich während der Vorstellung beobachtet gefühlt und dessen Blick sie bis ins Herz berührt hatte. Ihre Tanzkenntnisse waren eigentlich zu schlecht, um anzunehmen, der Mann war jedoch zu attraktiv, um abzulehnen.

»Sehr gern.« Sie knickste tief und ließ sich von ihm zur Tanzfläche führen. Vor Aufregung hatte sie ganz vergessen,

Prinzessin Elisabeth zu fragen, ob sie denn die Aufforderung zum Tanz annehmen dürfe. Er bot ihr seine Hand, in die sie die ihre gleiten ließ. Dann führte er sie zur Tanzfläche. Als einfache Handwerkerin war Marie nicht in den Genuss einer Tanzausbildung gekommen, aber sie wusste, dass man unmittelbar vor dem Tanz dem König in Form einer Verbeugung die Ehrerbietung erwies. Außerdem war sie gut im Abschauen und Merken, und dank ihres langen Kleides konnte man nicht sehen, ob ihre Ferse bei den Figuren nun den vorderen oder den hinteren Fuß berührte. Der schöne Fremde ließ den Blick nicht von ihr ab, sodass sie sich kaum auf die Seitwärtsbewegungen und Figuren konzentrieren konnte. Sie gab sich Mühe, nicht aufzufallen. Jedes Mal, wenn sich ihre Hände beim Tanz berührten, fuhr ihr ein wohliger Schauer über den Rücken. Was dieser Mann vermochte! Noch nie hatte sie die Nähe eines Fremden so berührt. Ihr Herz bewegte sich stärker als alle Musik und alle Menschen um sie herum.

In Maries Wahrnehmung war die Musik in weite Ferne gerückt, und es gab nur noch sie beide. Der Fremde war wie ein Aphrodisiakum. Seine Bewegungen waren anmutig und graziös. Nach dem Tanz führte er sie zurück an ihren Platz und verbeugte sich mit den Worten: »Es war mir eine Ehre.«

Am nächsten Morgen traf Marie im Schlosshof auf den Magier, der gerade die Stühle beiseiteräumte. Da es noch früh war und sie genügend Zeit hatte, bis Madame Elisabeth nach ihr verlangte, bot sie ihm ihre Hilfe an.

Der Magier lächelte und verbeugte sich tief. »Ich weiß Ihre Hilfe zu schätzen, doch scheint mir das keine Aufgabe für eine Dame Ihres Standes zu sein.«

»Wie kommen Sie darauf?«

»Verzeihen Sie, doch saßen Sie nicht gestern Abend in der ersten Reihe? Bitte, ich möchte keine Schwierigkeiten mit dem König bekommen.«

»Ach, Sie denken, dass ich zur königlichen Familie gehöre? Aber nein! Das ist ein Missverständnis. Prinzessin Elisabeth bestand darauf, dass ich mich neben sie setze. Ich werde Ihnen etwas verraten.« Sie beugte sich zu ihm und flüsterte hinter vorgehaltener Hand: »Ich bin gar nicht adlig.«

Er sah sie zweifelnd an. »Sprechen Sie die Wahrheit?«

»Aber ja!« Sie streckte ihm die Hand entgegen. »Marie Grosholtz. Ich bin Wachsbildnerin und die Lehrerin von Prinzessin Elisabeth.«

Zögerlich nahm er ihre Hand und verbeugte sich nochmals. »Paul Philippsthal. Es ist mir eine Ehre.«

»Darf ich fragen, wo Sie herkommen?«

»Oh, meine Herkunft ist mein Geheimnis. Für die Belgier bin ich Franzose, für die Flandern bin ich Preuße. Mal bin ich der, der ich sein muss, mal der, der ich sein darf, und dann wieder der, der ich sein will. Ich schreibe mich Phylidor oder Philidor oder Philippsthal. Geheimnisse gehören zu meiner Magie. Aber sagen Sie mir, wie kommt es, dass eine junge Frau, die so klein und zierlich ist wie Sie, das außergewöhnliche Handwerk der Wachsbildnerei ausübt?«

»Ich bin bei meinem Onkel aufgewachsen, der mich diese Kunst gelehrt hat«, erklärte sie. »Wussten Sie eigentlich, dass Voltaire im Alter kaum noch Haare hatte?«

»Woher wollen Sie das wissen?«

»Weil ich ihn modelliert habe! Und falls Sie mir nicht glauben, so besuchen Sie doch die Ausstellung von Doktor Curtius im Palais Royal in Paris, bevor Sie weiterreisen. Dort können Sie Ihren hochbeschworenen Geist noch einmal sehen.«

»O doch, ich glaube Ihnen. Aber falls Sie mir immer noch helfen wollen, so sollten wir uns beeilen, denn zum Sieben-Uhr-Läuten muss hier alles aufgeräumt sein.«

Nachdem alle Stühle auf einem Karren gestapelt waren, bedankte sich der Magier bei Marie und zauberte eine Rose hervor.

»Wenn Sie noch ein wenig Zeit haben«, sagte er, »dann würde ich gerne mehr über Ihre Arbeit erfahren.«

Da Marie nicht vor zehn Uhr bei Prinzessin Elisabeth sein musste, lud sie Philippsthal kurzerhand auf einen Besuch in ihrer Werkstatt ein. Ihr fiel ein, dass weder der Anstand noch das Hofprotokoll erlaubte, allein mit ihm dort hinzugehen. Allerdings war zu dieser frühen Stunde außer ihnen noch niemand im Park. Comtesse Clermont stand in der Regel nicht vor acht Uhr auf und verbrachte die eine oder andere Nacht ohnehin nicht im ehelichen Schlafzimmer. Von ihr hatte Marie also nichts zu befürchten.

Tatsächlich gelang es ihnen, ungesehen zu verschwinden, und bald darauf stand der Magier in Maries Werkstatt. Mit Begeisterung erklärte sie ihm die einzelnen Werkzeuge und Arbeitsschritte und erzählte von ihren Modellen.

»Sagen Sie mir doch bitte – wie war das bei Voltaire?«, wollte Philippsthal wissen. »Waren Sie aufgeregt?«

»Aufgeregt? Das trifft es nicht. Ich habe Todesängste ausgestanden! Voltaire stand damals unter Zeitdruck, und Onkel Philippe wollte mir eigentlich beim Maßnehmen helfen, aber er war dann unglücklicherweise verhindert, und so habe ich Voltaire den Kopf eingegipst, um Zeit zu sparen.«

»Den ganzen Kopf?«

»Ja, leider. Nachdem ich den Kopf eingeölt hatte, begann ich Gips mit dem Spachtel aufzutragen. Voltaire meinte, dass es sich so anfühlte, wie eingemauert zu sein. Als Luftquelle ließ ich ihm nur die Nasenlöcher frei. Doch ich beging den Fehler, Voltaire nicht in der halb liegenden, sondern in der vertikalen Abformung die Gipsmaske abzunehmen. Es dauerte nicht lange, und der Gips begann über einem Nasenloch zu tropfen und raubte ihm dadurch die Luft.«

»Vertikale Abformung?«

»Das heißt, dass er auf einem Stuhl saß. Obwohl ich das Nasenloch wieder freischabte, wurde Voltaire immer unruhiger. Er rutschte auf dem Stuhl herum und gab stöhnende Laute von sich. Nun konnte er sich nicht bewegen, da ich gleichzeitig auch seine Hände eingegipst hatte, denn ich wollte eine ganz individuelle Ganzkörperfigur von ihm. Ich versuchte ihn zu beruhigen, doch er konnte unter der Maske nichts hören. Leider hatte ich nicht bedacht, dass es unter dem Gips heiß werden würde. Voltaire röchelte und wurde zunehmend nervöser. Als ich ihm schließlich die Maske abnahm, war sein Gesicht stark gerötet mit weißen Flecken auf der Haut. Ich hatte große Angst, dass Voltaire erzürnt sein würde, doch er strahlte und nannte mich eine wahre Meisterin.«

»Welch glückliche Wendung! Und nun sind Sie am Hof von Versailles. Das kann man getrost einen Aufstieg nennen.«

»Ja, das ist ganz gewiss ein Aufstieg. Ich komme zwar nur noch an manchen Wochenenden nach Hause, aber ich bin sehr glücklich hier. Mir fehlt es an nichts, und ich kann modellieren, wann immer ich will.«

»Sind Sie verheiratet?«

»Nein, das bin ich nicht.«

Sie dachte an Maximiliens Heiratsantrag zurück, doch dann fiel ihr wieder der fremde Mann ein, mit dem sie am Vorabend getanzt hatte. Danach war er in der Menge verschwunden, und sie hatte ihn nicht mehr gesehen.

»Was hat Ihnen gestern eigentlich am besten gefallen?«, erkundigte sich der Magier und riss Marie aus ihren Gedanken.

Sie überlegte. »Ich glaube, es war die Erscheinung von Voltaire«, sagte sie schließlich. »Aber eigentlich fand ich die ganze Vorstellung sehr sehenswert. Reisen Sie mit Ihrer Schau von Königshof zu Königshof?«

»Nicht nur. Ich bin auch viel auf Jahrmärkten unterwegs, aber da mache ich hauptsächlich kleine Trickkünste.«

»Das können Sie auch?«

»Das kann ich sogar am besten! Und ich kann noch viel mehr.«

»So? Was denn?«

»Einer meiner Vorzüge sind Schriften.«

»Wie meinen Sie das?«

»Ich kann Schriften fälschen. Aber bitte«, er hielt sich den Finger auf den Mund, »zu niemandem ein Sterbenswörtchen darüber. Das könnte mich den Kopf kosten.«

»Und warum erzählen Sie mir davon?«

Er lachte. »Es ist nun mal meine Leidenschaft, Schriften zu fälschen. Und wenn ich jemanden mag, dann möchte ich ihm oder ihr auch erzählen, wofür ich brenne. Sagen Sie mir, wie lange würden Sie brauchen, um von mir einen Wachskopf zu modellieren?«

»Nur den Kopf? Etwa vier bis sechs Wochen.«

»Und was wäre der Preis?«

Sie winkte ab. »Es geht mir hier so gut, dass ich nichts weiter brauche. Zahlen Sie mir die Kosten für das Material, und ich will zufrieden sein.«

»Tatsächlich?«

»Ja, abgemacht. Doch jetzt muss ich leider unhöflich werden und Sie bitten, zu gehen, denn ich muss zu Prinzessin Elisabeth.«

Er verbeugte sich tief. »Mademoiselle Grosholtz, es war mir und ist mir eine Ehre!«

Paul Philippsthal blieb noch so lange in Paris, bis der von Marie modellierte Wachskopf fertig war. Gerne hätte er ihr bei der Arbeit zugesehen, doch sie war fast nur noch in der Werkstatt in Versailles tätig, und dort galt ein strenges Reglement, was Besucher anging. Dank der Großzügigkeit von Prinzessin Elisabeth konnte Marie jedoch einige freie Tage mit Paul in Paris verbringen und ihm die Stadt zeigen, insbesondere Curtius' Ausstellung im Palais Royal, wo Voltaires Figur noch immer eine der Hauptattraktionen war.

Maman war nicht entgangen, dass Marie eine neue Bekanntschaft gemacht hatte, und sie fürchtete eine außereheliche Bindung zwischen ihr und Philippsthal. Deshalb drängte sie darauf, ihn zum Essen einzuladen, um sich selbst ein Bild von ihm machen zu können. Als sie den deutlich älteren, hageren Mann sah, schwanden zwar ihre Bedenken wegen einer möglichen unehrenhaften Verbindung, gleichzeitig aber sank auch ihre Hoffnung, die Tochter endlich unter die Haube zu bekommen. Dass Marie beim Besuch von Philippsthals Aufführung einem anderen Mann begegnet war, wollte sie lieber für sich behalten.

Philippsthal hatte sofort Onkel Philippes Sympathie geweckt. Dessen Interesse für Aufführungen schwarzer Magie stieg erheblich, und er versuchte den Magier für seine Ausstellung zu gewinnen, doch der hatte abgelehnt. Er sei ein Wanderer, der nie längere Zeit an einem Ort bleiben wolle.

Als Marie ihm das Wachsmodell seines Kopfes überreichte, wollte sie wissen, was er eigentlich mit der Maske vorhabe.

»Ich will mir damit einen Scherz erlauben«, erklärte er. »Es war schon immer mein Wunsch, eines Tages aus dem Friseursalon zu gehen, meinen Kopf in meinen Rock einzuziehen und den falschen Wachskopf unter dem Arm zu halten. Dann werde ich kopflos durch die Stadt rennen und schreien: ›Seht alle her, welch Leid mir geschehen! Anstatt meiner Haare hat mir der Friseur den Kopf abgeschnitten!‹ Aber Spaß beiseite – mir wird der Kopf auch bei meiner magischen Schau gute Dienste leisten. Da werde ich mir noch etwas einfallen lassen.«

Marie konnte sich ein Lachen nicht verkneifen. Die Vorstellung, wie der Magier mit dem Wachskopf unter dem Arm durch die Straßen lief, war zu komisch. Sie war aber auch stolz darauf, ein kleines bisschen zu seinem Ruhm beitragen zu können.

Versailles, 1783

Die kleine Werkstatt am Hof Ludwigs XVI. war für Marie ein Ort des Friedens. Hier wurde sie nicht gestört, es sei denn, sie arbeitete zusammen mit der Prinzessin, die ihr inzwischen wie eine Art Kollegin zur Seite stand. Seitdem sie Madame Elisabeth unterrichtete, hatte diese viel gelernt und konnte ihr nun einiges an Arbeit abnehmen.

Wenn sich die Prinzessin in Montreuil befand, so hatte Marie frei, und sie nutzte die Zeit, um weiterhin Wachsfiguren und Büsten zu modellieren, so wie jetzt. Auf dem geheizten Ofen stand eine Schüssel mit geschmolzenem Bienenwachs. Marie musste darauf achten, dass es nicht zu schnell heiß wurde, denn das verschlechterte die Qualität des Materials. Außerdem war es wichtig, das Wachs in einer sauberen Schüssel zu schmelzen, damit die Wachsfarbe erhalten blieb. Nun seihte sie das Wachs durch ein Leintuch in eine andere Schüssel, um es zu klären. Danach musste das unsaubere Wachs erneut geschmolzen werden. Wenn es abgekühlt war, setzten sich an der Oberfläche die Schmutzpartikel ab, die sie dann abkratzte.

Diesen Ablauf musste man so oft wiederholen, bis ihr Ausgangsmaterial die gewünschte Reinheit hatte. Traf das Wachs in Reinheit und Konsistenz endlich ihre Vorstellungen, ging es daran, es geschmeidig und nachgiebig zu machen. Dazu gab sie am Ende des Schmelzvorgangs Balsamharz zum Wachs.

Gerade als sie mit einem hölzernen Löffel den Balsam verquirlen wollte, hörte sie in ihrem Rücken eine Männerstimme.

»Verzeihen Sie, können Sie mir vielleicht sagen, wo ich …«

Der Mann verstummte in dem Moment, in dem sich Marie erschrocken umdrehte. Vor ihr stand der fremde Mann, an den sie seit jenem Tanzabend immer wieder gedacht hatte. Im Gegensatz zu ihr war er tadellos gekleidet. Die Perücke und die Spitzen der Hemdbrust waren perfekt drapiert, und die weißen Kniestrümpfe wiesen nicht den geringsten Flecken auf.

Marie sah an sich selbst hinab. Sie trug ihre mit Ton und Gips befleckte Schürze und hatte verklebte, schmutzige Arbeitshände.

Er sah sie völlig überrascht an. »Sie sind es?« Augenblicklich verbeugte er sich formvollendet und so tief, dass seine Perücke fast die Schuhe streifte. »Oh, verzeihen Sie vielmals.«

»Bitte, Sie müssen sich nicht entschuldigen. Ich bin nicht einmal adlig, falls Sie das gedacht haben sollten.«

Er sah wieder auf. »Aber Sie saßen doch bei der Schau des Magiers in der ersten Reihe, neben dem Königspaar.«

»Ja, aber als Freundin von Prinzessin Elisabeth. Sie bat mich darum, denn eigentlich bin ich … nun … ich bin ihre Lehrerin, genauer gesagt, ihre Handwerkslehrerin.«

Der Fremde kam lächelnd auf sie zu. Eigentlich müsste sie spätestens jetzt einen Schritt zurücktreten, denn diese Nähe war ungehörig. Genau genommen hätte noch eine dritte Person mit im Raum sein müssen, doch Marie entschied, diese Regeln jetzt zu ignorieren.

»Handwerkslehrerin? Ich glaube eher, Sie sind ihre Kunstlehrerin.«

Er lachte, und Marie entdeckte einen schief gewachsenen Schneidezahn, der seine Gesichtszüge eigentlich nur noch anziehender machte. Der Fremde warf einen Blick in die Emailleschüssel mit dem geschmolzenen Wachs und betrachtete fragend das Skalpell, das neben einer aufgeschnittenen Gipsmaske auf der Anrichte lag.

»Was machen Sie da?«, fragte er neugierig.

»Büsten«, stammelte sie. »Büsten und Wachsfiguren. Ich meine, ich modelliere Büsten und Wachsfiguren.«

»Wachsfiguren? Großartig! Das ist großartig!« Beschwingt lief er durch den Raum und sah sich um. Er blieb vor einem Holzgestell stehen. »Wofür ist das?«

»Daran modelliere ich Tonköpfe. Es dient mir als Achse, die ich für die Stabilität brauche. Das Gestell ist so etwas wie die Wirbelsäule der Figur.«

»Und wie wird aus diesem Tonkopf eine Wachsbüste?«, erkundigte er sich und sah sie dabei interessiert an. Sie schlug die Augen nieder.

»Dafür nehme ich vom Tonkopf eine Gussform mit Gips ab«, erklärte sie.

»Ist das die Gipsform?«, fragte er und zeigte auf die aufgeschnittene Gipsmaske. Marie fiel auf, wie hübsch und gepflegt seine Hände waren. Es waren die schönsten Hände auf der ganzen Welt. »Aber die ist zerbrochen!«

»Sie ist nicht zerbrochen, sondern aufgeschnitten. Um die Gussform abzunehmen, muss ich sie natürlich aufschneiden. Anschließend binde ich sie wieder fest zusammen und gieße schließlich das flüssige Wachs hinein.« Sie deutete auf die Emailleschüssel.

»Und die Wachsbüste, die dann gegossen wird, ist ein identisches Abbild vom Original?«

»Nun ja, nicht zu hundert Prozent. Das feine Modellieren beginne ich erst an der Wachsbüste.«

»Aber wie können Sie all die Feinheiten wie das Spiel der Muskeln, die Knochen und Leberflecke identisch wiedergeben?« Er betrachtete sie so genau, als wäre er ein Wachsbildner, der gleich eine Büste von ihr anfertigen wollte.

»Nun, natürlich sind dafür Kenntnisse über die Anatomie des Menschen erforderlich, wie den Muskel- und Sehnenaufbau«, erzählte Marie. »Außerdem studiere ich vorher die Bewegungen der Person, ihre Gestik, ihre Mimik. Beim Modellieren versuche ich, das hineinzubringen, was ich in dem Menschen sehe und wie er vielleicht gesehen werden will. Das ist alles.«

»Das ist alles? Das ist eine Menge!«, rief er begeistert. »Das ist höchstes Talent und höchste Kunst!«

Kunst? Er sah sie als Künstlerin! Verlegen wandte sie sich wieder der Schüssel mit dem Wachs zu und rührte unkonzentriert darin herum.

»Dann möchte ich Sie nicht länger stören«, meinte er. »Es war mir eine Freude, Madame ...?«

Sie wandte sich zu ihm um und knickste. »Nicht Madame. Mademoiselle«, sagte sie. »Mademoiselle Marie.«

»Oh. Nur Marie?«

»Marie Grosholtz, Monsieur. Und mit wem habe ich die Ehre?«

»Jacques.« Er verbeugte sich.

»Jacques. Soso, und weiter?«

»Nur Jacques«, erwiderte er lächelnd.

Als er die Werkstatt verließ, sah sie ihm versonnen hinterher. Sie ahnte schon, dass sie heute nichts Sinnvolles mehr zustande bringen würde, weil sie an nichts anderes mehr denken konnte als an ihn. An Jacques, nur Jacques. Handwerkslehrerin, schalt sie sich selbst und schüttelte den Kopf. Wie komme ich nur auf so ein dummes Wort?

Sie rief sich ins Gedächtnis, wie graziös er sich beim Tanzen bewegt hatte. Und während ihrer Einführung in die Wachsbildnerei hatte er sie immer wieder auf diese Art und Weise angesehen, die ihr Herz schneller schlagen ließ und ein ganz eigenes Kribbeln in ihrem Inneren verursachte.

Prinzessin Elisabeth blieb noch weitere Tage in Montreuil, und so hatte Marie die Wahl, in die Werkstatt nach Paris zu fahren oder lieber hier in Versailles an den Modellen für Onkel Philippe zu arbeiten. Sie entschied sich für Letzteres.

Schon am nächsten Morgen wurde ihr Entschluss belohnt. Während sie in der Werkstatt arbeitete, kam Jacques vorbei. Er nahm den Dreispitz ab und verbeugte sich.

»Sind Sie jeden Tag hier?«, wollte er wissen.

»Zurzeit schon.« Heute nun war sie besser vorbereitet und konnte gefasster antworten, obwohl sie innerlich noch aufgewühlt war. »Wenn Prinzessin Elisabeth in Montreuil weilt, so wie jetzt, dann kann ich mich meinen eigenen Modellen und denen meines Onkels widmen.«

»Ihr Onkel? Sprechen Sie etwa von Philippe Curtius?«

Sie machte große Augen. »Sie kennen ihn?«

»Wer kennt ihn nicht? Er ist der Meister der Wachsfiguren. Und Sie sind also seine Nichte.«

Sie nahm den Tonklumpen, den sie gerade noch weggelegt hatte, und knetete weiter. »Warum sind Sie gekommen?«

»Nun, ich habe mich gefragt, ob Sie wohl jeden Tag so ganz allein ohne Aufpasserin hier sind?«

»Wie Sie sehen, ja.«

»Vermissen Sie denn nichts?«

»Aber nein! Was soll ich denn vermissen?«

»Das Leben!«

»Mein Leben findet hier statt. Ich bin sehr zufrieden. Prinzessin Elisabeth gibt mir alles, was ich mir wünsche. Es geht mir gut hier.«

»Und Sie wohnen in Paris?«

»Nein. Auch für eine eigene Wohnung im Dorf hat Prinzessin Elisabeth gesorgt. Ach, sie ist so gütig.«

»Ja. Zu gütig.«

Sie meinte, einen ironischen Unterton herauszuhören, und warf den Tonklumpen auf die Werkbank. »Was wollen Sie wirklich von mir?«

Jacques lächelte und fing an, vorsichtig die Bändel ihrer Schürze zu lösen, die er an einen Wandhaken hängte. Er strich ihr eine Strähne aus dem Gesicht, deutete nach draußen und flüsterte ihr dabei ins Ohr: »Ich will Ihnen das Leben zeigen.«

Dann nahm er Marie an der Hand und führte sie aus der Werkstatt heraus.

»Wir können doch nicht einfach so ohne Anstandsdame im Schlosspark herumspazieren?«, fragte sie nervös.

Jacques lächelte nur und erklärte sich bereit, aus der Schlossküche etwas zu essen zu besorgen. Marie sah ihm nach, wie er sich forschen Schrittes auf den Weg machte. Seine Rockschöße flatterten, und manchmal, wenn eine Windböe kam, musste er den Dreispitz festhalten. Wenig später kehrte er mit einem kleinen Korb zurück, in dem salziges Gebäck, zwei Gläser und eine Flasche Rotwein waren. Marie war erstaunt, dass ihm einfach so der Zutritt in die Küche gewährt wurde.

»Ich kenne die Köchin«, meinte er nur und zwinkerte schelmisch.

Nachdem sie einen sichtgeschützten Platz zwischen ein paar

Bäumen gefunden hatten, ließen sie sich für ein Picknick nieder. Gekonnt öffnete Jacques die Weinflasche und stieß mit Marie an. »Auf das wunderbare Leben mit einem Platz im Schatten, einem guten Rotwein und einer bezaubernden Frau!«

Wieder kribbelte es in ihrem Bauch. Wer war dieser Mann, der ihr den Hof machte? Der sie anlächelte, dass es ihr schwindlig wurde? Der die Gepflogenheiten der gehobenen Gesellschaft ebenso beherrschte wie den Umgang mit dem einfachen Volk? Während sie sich den Wein und das Gebäck schmecken ließen, stellte er ihr eine Frage nach der anderen, und sie erzählte ihm alles aus ihrem Leben, was sie preiszugeben bereit war.

»Dann wurden Sie also von Kindesbeinen an zur Wachsbildnerin herangezogen?«

»Ja, im Grunde schon. Zunächst durfte ich nicht, weil ich ein Mädchen war, aber dann lenkte Maman doch ein. Und Sie? Warum sind Sie am Hof von Versailles?«

»Ich bin Maler und habe vom König einen Auftrag für ein Gemälde erhalten.« Die Sonne schien in sein dunkles Haar und verlieh ihm einen ganz besonderen Glanz.

»Maler?«, staunte Marie. »Dann sind Sie ja ein Künstler!«

»Sind Sie das nicht auch?«

»Nein, ich bin Handwerkerin.«

»Sie sind Künstlerin. Seien Sie nicht so bescheiden, und lassen Sie sich nur nichts anderes einreden. Wer Ihre Arbeiten sieht, weiß sofort, dass es nicht nur um reines Handwerk geht. Jeder Künstler muss auch ein guter Handwerker sein.« Er trank etwas Rotwein und legte den Kopf in den Nacken.

»Und das Gemälde, mit dem Sie beauftragt wurden, benötigt so viel Zeit, dass Sie währenddessen zu abendlichem Spiel und Tanz eingeladen sind und so eine gute Verbindung zur Schlossköchin aufbauen konnten?«

Er lachte. »Sie haben es erfasst.«

Auch wenn ihr diese Antwort nicht reichte, wollte sie doch nicht weiter in ihn dringen. Allein das Gefühl, mit ihm zusammen im Park zu sitzen und Rotwein zu trinken, hatte etwas Himmlisches.

Bis zur Dämmerung saßen sie beieinander, lachten und erzählten sich Anekdoten.

Manchmal hielt er im Gespräch inne und sah sie einfach nur an. Nachdem sie anfangs ihre Augen niedergeschlagen hatte, wie es sich für eine junge Dame ziemte, hielt sie schließlich seinem Blick stand. Wenn er sie anlächelte, strahlten seine dunklen Augen.

Für den nächsten Tag verabredeten sie sich wieder in ihrer Werkstatt. Jacques gab ihr einen Handkuss zum Abschied. Wenn seine Lippen ihre Hand berührten, küssten sie ihr Herz. Die Luft schmeckte nach Liebe. Das Glück tanzte mit ihr.

Eine Woche lang besuchte Jacques sie täglich, um mit ihr zusammen Spaziergänge rund um Versailles zu unternehmen. Ihren Vorschlag, sich auch in Paris zu treffen, lehnte er ohne eine Angabe von Gründen ab, was Marie ebenso hinnahm wie die Tatsache, dass er kaum etwas von sich selbst erzählte. Sie wusste bisher eigentlich nur seinen Beruf und seinen Vornamen. Dennoch waren die Gespräche, die sie mit ihm führte, ganz anders als die Unterhaltungen mit Maximilien. Was für diesen die Politik gewesen war, war für Jacques die Kunst. Sie redeten über zeitgenössische Maler wie Watteau und Boucher, über Bildhauer, Musik, Tanz und Theater. Marie erzählte ihm, dass sie für ihre Arbeit gern mehr darüber wüsste, wie man Augen malt, und er versprach, es ihr irgendwann einmal zu zeigen.

Mit Jacques fühlte sich alles so leicht an, beinahe schwerelos. Stärker und stärker fühlte Marie sich zu ihm hingezogen. Und eigentlich müsste es ihm ähnlich gehen, denn sonst würde er doch keinen Wert auf so häufige Treffen legen, oder?

Nach einer Woche kehrte Prinzessin Elisabeth aus Montreuil zurück und mit ihr die Comtesse Clermont. Früher oder später würde sie von Maries neuer Bekanntschaft erfahren und entsprechende Gerüchte streuen. Ihre freie Zeit war nun knapper bemessen, und doch traf Marie sich weiterhin mit Jacques, wenn auch nur im Schlosspark und in den Wäldern von Versailles.

Eines Nachmittags, als Jacques zu ihr in die Werkstatt kam, brachte er seine Staffelei mit. Er stellte sie inmitten des Raumes auf, breitete eine kleine lederne Tasche auf dem Tisch aus, in dem verschiedene Pinsel steckten, und holte außerdem eine Palette und ein Säckchen mit Ölfarben hervor.

Marie runzelte die Stirn. »Was haben Sie vor?«

»Ich zeige Ihnen, wie man Augen malt.«

»Das wollen Sie wirklich tun?«

»Sie haben mir etwas von Ihrer Arbeit gezeigt, und nun zeige ich Ihnen etwas von meiner. Ist es nicht Ihr Wunsch, mehr darüber zu erfahren, wie man Augen malt?«

Schon fing er an, mit geübten Pinselstrichen ein Gesicht auf die Leinwand zu malen. Es war eine Freude, ihm dabei zuzusehen. Das Gesicht einer Frau entstand, und nach einer Weile erkannte sie darin ihre eigenen Züge.

»Kommen Sie her«, sagte er und winkte sie zu sich heran. »Stellen Sie sich hierhin, direkt vor mich, mit Blick auf die Leinwand. Haben Sie keine Angst.«

Mit beiden Armen umfing er sie. Dann legte er einen Pinsel in ihre rechte Hand und führte ihren Arm an die Leinwand. Sein Mund war so nahe an ihrem Gesicht, dass sie seinen Atem auf ihrer Haut spürte.

»Nicht so verkrampft. Lassen Sie Ihre Hand ganz locker, ganz leicht. Lassen Sie mich führen, geben Sie sich hin. Und dann machen Sie es so wie beim Modellieren: Schöpfen Sie aus der Tiefe Ihres Gedächtnisses, und erinnern Sie sich an jedes Detail. Der Glanzpunkt im Auge muss zur Lichtquelle passen. Wenn das Licht von links oben kommt, ist das Weiß der Augäpfel links heller als rechts.«

Sie ließ sich von ihm führen und genoss es. Ohne sie loszulassen, nahm er nun einen noch feineren Pinsel, den er in eine blaue Farbe tauchte.

»Bei der Iris müssen Sie beachten, dass sie leicht nach innen gewölbt ist und dabei der obere Bereich dunkler ist, weil es die dem Licht zugewandte Hälfte ist. Die Iris besteht aus einem Geflecht, das Sie mit Linien und Strichen malen, die auf das Zentrum zugehen. Dabei ist die Farbigkeit zum inneren und äußeren Rand hin anders als in der Mitte …«

Jacques erklärte, während er ihre Hand führte. Es war ihr unmöglich, sich zu konzentrieren. Sie fühlte sich wie berauscht.

»Versuchen Sie, so genau wie möglich zu malen. Der Betrachter möchte das Gefühl haben, dass er es mit der Wirklichkeit zu tun hat. Und auch wenn die Wirklichkeit nur ein bisschen Farbe auf Leinwand ist – Kunst ist, was der Verstand sieht und nicht das Auge.«

Schließlich hatte sie mit ihm gemeinsam die beiden Augen ihres Gesichtes gemalt. »Sehen Sie, das ist das Geheimnis«, hauchte er ihr ins Ohr. »Wenn etwas gut werden soll, muss es durch Liebe entstehen.« Rasch legte er den Pinsel beiseite, dann drehte er sie zu sich und umfasste ihr Kinn. Seine Lippen waren nur wenige Zentimeter von ihrem Mund entfernt. Die Zeit schien stillzustehen.

»Ich würde Sie gern wiedersehen«, flüsterte er.

»Wann? Morgen?«

»Nächste Woche, am Sonntagabend.«

»Erst nächste Woche?«

»Leider kann ich nicht früher, da ich eine Woche auswärts bin. Aber am Sonntag will ich wieder zurück sein und möchte Sie sehen. Allerdings sollten wir uns nicht auf dem Schlossgelände treffen. Hier gibt es zu viele Ohren und Augen, die alles mitbekommen, was sie nichts angeht.«

»Sie könnten vielleicht in meine Wohnung in der Rue d'Anjou in Saint-Louis kommen.«

Er hielt ihre Hände an seinen Mund und verbeugte sich. »Ich werde da sein.«

Versailles, 1783

Prinzessin Elisabeth gewährte Marie zwei freie Tage, die sie in Paris verbrachte, denn sie konnte ihr Glück nicht länger für sich behalten. Es verlangte sie danach, Marianne von Jacques zu erzählen.

Die beiden Freundinnen trafen sich bei Marianne, deren Kinder vor dem Haus spielten, und so hatten sie Gelegenheit, ungestört zu reden. Marie fragte sich, ob es gut gewesen war, Jacques zu sich nach Hause einzuladen. Was, wenn er sie küsste und es nicht bei einem Kuss bliebe? Wenn er sie zu mehr drängen würde? Er war älter als sie und mit Sicherheit weitaus erfahrener. Vom Gespräch mit ihrer Freundin erhoffte sie sich ein wenig Aufklärung und gute Ratschläge.

Marianne trug eine schmutzige Schürze und sah blass und abgearbeitet aus. Es war kaum zu übersehen, dass sie sich schon lange nicht mehr satt gegessen hatte. Marie hatte ihr Eier und Mehl mitgebracht, die sie sogleich zu einem Teig verarbeitete.

Im Haus, das aus drei Zimmern bestand, lebten vier Personen, denn Marianne hatte mittlerweile zwei Kinder auf die Welt gebracht. Neben dem Wohnraum mit Küche lag das Elternschlafzimmer, und in der kleinsten Kammer teilten sich die Kinder ein Bett. In einer Ecke lag ein bisschen Stroh, denn auch zwei Ziegen hatten hier ihr Obdach. Ein Eimer im Schlafzimmer der Eltern diente als Toilette und eine Wasserschüssel als Bad für alle.

»Pass nur auf, dass du nicht schwanger wirst«, sagte Marianne, während sie den Teig rührte. »Denn das wäre fatal, solange ihr nicht verheiratet seid.«

Niemand hatte Marie je erklärt, wann und wie eine Frau schwanger werden konnte. Ihre Kenntnisse über das männliche Geschlecht beschränkten sich auf die erotische Miniatur, die sie einst gefunden hatte, und die Gespräche der Marktfrauen, die ebenso gewöhnlich waren wie ihre Ausdrucksweisen. Alles, was sie über das Schwangerwerden wusste, war, dass ein Kuss allein dafür nicht ausreichte.

»Marianne, bitte, verzeih mir diese Frage, es ist mir auch unangenehm, aber – wie werde ich denn schwanger?«

»*Mon Dieu!*« Abrupt hielt Marianne inne und hielt sich die Hand vor den Mund. »Also, wie soll ich sagen …« Sie vergewisserte sich, dass die Kinder auch weit genug weg waren, dann flüsterte sie hinter vorgehaltener Hand: »Wenn er in dich … nun ja … eindringt.«

»Dann bin ich schwanger?«

»Nein!« Marianne lachte. »Davon allein nicht. Denk an die arme Marie Antoinette, die acht Jahre warten musste, bis unser König begriffen hat, wie das eigentlich alles funktioniert. Aber das, was du mir bisher von Jacques erzählt hast, macht auf mich nicht den Eindruck, als müsste er das erst üben oder herausfinden.«

»Aber woher weiß ich dann, wie ich mich vor einer Schwangerschaft schützen kann?«

Marianne stellte die Schüssel beiseite und stützte sich mit beiden Armen auf den Tisch, als sie ihr zuflüsterte: »Du musst aufpassen, dass er nicht in dir, nun, wie soll ich sagen, eben dass er sich nicht in dir … entleert.«

»Entleert?« Marie war ratlos.

Marianne kniff sie neckisch in den Arm. »Du machst es mir aber auch wirklich schwer.« Sie atmete tief durch. »Ach, sag ihm einfach, dass er aufpassen soll. Er weiß dann schon, was er machen muss. Aber bitte stell mir nie mehr solche Fragen!«

Sie nahm die Schüssel und rührte weiter. Und Marie wusste nicht, ob sie klüger war als zuvor.

Zwei Tage vor dem mit Aufregung erwarteten Treffen mit Jacques hatte Marie bei Prinzessin Elisabeth vorsichtig angefragt, ob ihre Dienste am Sonntagabend von ihr gebraucht würden, woraufhin diese verneint und ihr arglos ein schönes freies Wochenende gewünscht hatte. Sie selbst hatte am fraglichen Abend ohnehin ein literarisches Treffen mit auserlesenen Freunden geplant.

Als Marie am Morgen des sehnsüchtig erwarteten Sonntags in ihrer Werkstatt arbeitete, kam die Comtesse Clermont vorbei und trat ein, ohne anzuklopfen. Marie knickste und hatte ein komisches Gefühl.

»Lassen wir die Förmlichkeiten, und kommen wir gleich zum Punkt«, sagte die Comtesse kühl und musterte Marie, die ihre schmutzige Arbeitskleidung trug. »Ich komme, um Ihnen zu sagen, dass Prinzessin Elisabeth heute Abend Ihre Anwesenheit im Schloss erwartet.«

Maries Vorfreude auf das Treffen mit Jacques verschwand schlagartig. Dass ausgerechnet die gläubige Prinzessin am Sonntag den Dienst ihrer Wachsbildnerin erwarten sollte, kam ihr allerdings seltsam vor.

»Aber Prinzessin Elisabeth …«

»Reden Sie nicht unaufgefordert! Sie stehen im Dienst der Prinzessin, und sie verlangt nach Ihnen. Heute Abend um zwanzig Uhr in ihrem Salon.«

Dann ging die Comtesse grußlos davon.

Marie kämpfte mit den Tränen. Widerwillig schrieb sie einen Brief an Jacques mit dem Grund ihres Fernbleibens und bat um Entschuldigung. Hoffnungsvoll schlug sie ihm einen anderen Tag vor, an dem sie zur selben Zeit am selben Ort auf ihn warten wollte. Dann machte sie sich auf den Weg ins Dorf und legte den Brief vor ihre Wohnungstür in der Rue d'Anjou.

Sie hoffte, dass Jacques sie verstehen und ihr verzeihen würde. Wie sehr hatte sie sich darauf gefreut, ihn endlich wiederzusehen! Doch sie stand als Kunstlehrerin in der Pflicht und musste sich dem Wunsch der Prinzessin fügen.

Pünktlich um zwanzig Uhr fand sie sich vor der Tür des Salons ein und erklärte dem Diener, dass die Prinzessin sie erwarte.

»Das kann nicht sein«, antwortete er und hielt sie zurück. »Die geladenen Gäste sind bereits vollzählig, und zwar schon seit einer Stunde.«

»Aber sie hat mir heute Morgen extra ausrichten lassen, dass sie meine Anwesenheit wünscht.«

»So?« Er sah sie ungläubig an, trat dann jedoch einen Schritt zur Seite, öffnete die Tür und kündigte sie an. Als sie den Salon betrat, saß Prinzessin Elisabeth in einem Sessel mit fünf weiteren Damen im Halbkreis um sich herum. Jede hatte ein Buch auf ihrem Schoß. Auf einem Beistelltisch standen Schalen mit Kakao, dem neuen, teuren Getränk, das es nur an Königshöfen gab.

Das Gespräch verstummte augenblicklich, und alle Augen waren auf Marie gerichtet.

»Mademoiselle Marie, welch Überraschung!«, rief die Prinzessin. »Was machen Sie denn hier?«

Marie knickste. »Ihr habt nach mir verlangt, Königliche Hoheit.«

»Aber nein. Ich habe Ihnen doch für heute freigegeben. Sie haben mich eigens darum gebeten. Erinnern Sie sich nicht?«

Das herablassende Lächeln über dem wedelnden Fächer der Comtesse Clermont traf Marie bis ins Mark.

»Oh, jetzt, da Sie es sagen. Ja, natürlich. Ich erinnere mich. Ich habe mich wohl im Tag geirrt, Prinzessin Elisabeth. Ich bitte vielmals um Entschuldigung. Es tut mir sehr leid.« Sie knickste und senkte den Blick.

»Einen Moment bitte noch.« Die Prinzessin streckte freundlich den Arm nach Marie aus. »Wenn das so ist, dann bleiben Sie doch hier und leisten uns Gesellschaft.« Sie klingelte dem Diener mit einem Glöckchen. »Ich lasse Ihnen gleich noch eine Schale des köstlichen Kakaos bringen. Meine Damen«, sie wandte sich an ihren Lesekreis, »wenn ich Ihnen Mademoiselle Marie Grosholtz vorstellen darf. Sie unterrichtet mich in Wachsmodellierung. Wir haben schon viele schöne religiöse Motive zusammen gefertigt. Sie ist eine großartige Handwerkerin und Künstlerin, und ich freue mich sehr, dass sie an unserem Hof ist.« Sie wies Marie einen Stuhl mit Lehne zu. »O bitte, nehmen Sie doch Platz. Haben Sie ein Buch dabei? Nein? Das macht nichts. Wir werden heute Abend genug lesen. Wo wurden wir unterbrochen? Ach ja, Duchesse Grenault, wollten Sie nicht fortfahren?«

Eine ältere Dame schlug ihr Buch auf und begann zu lesen. Die Aufmerksamkeit der Gäste galt wieder der Literatur. Für diesen Abend hatte die Prinzessin den Roman *Manon Lescaut* ausgewählt, in dem der Autor von der romantischen, aber letztlich unglücklichen Liebe zwischen einem Chevalier und einer Kurtisane erzählte.

Marie hatte Madame Elisabeth wirklich viel zu verdanken, aber dass sie sie heute aus dieser misslichen Lage vor der Comtesse rettete, war unbezahlbar.

Es war schon spät, als der Lesekreis beendet war und Marie endlich nach Hause gehen durfte. Auch wenn nachts überall Fackeln den Weg erleuchteten, fürchtete sie sich normalerweise, um diese Zeit allein den Park zu durchqueren, doch heute war ihr Ärger über die Comtesse so groß, dass sie ihre Angst vergaß. An einem der Springbrunnen trat die Comtesse Clermont aus der Dunkelheit und stellte sich ihr in den Weg.

»Sieh an, sieh an«, zischelte sie. »Unsere kleine Wachsmamsell hat sich jetzt schon bis zum Lesekreis hochgearbeitet.«

»Sie haben mich zum Narren gehalten. Sie hatten Ihren Spaß. Was wollen Sie noch?«

»Ich wollte dir eine Lektion erteilen. Lass die Finger von Jacques, du kleines Miststück!«

»Woher wissen Sie ...?«

Die Comtesse lachte höhnisch. »Sei nicht so einfältig. Glaub mir, ich habe meine Quellen. Oder hast du etwa gedacht, du könntest deine Schwärmerei vor mir geheim halten? Du solltest mir dankbar sein. Ich habe dich nämlich vor einem großen Fehler bewahrt und dir deine Jungfräulichkeit erhalten. Außerdem bleibt dir so erspart, von einem verheirateten Mann schwanger zu werden. Mal davon abgesehen, dass er mindestens zehn Jahre älter ist als du.«

Was hatte die Comtesse da gesagt? Jacques war verheiratet? Warum hatte er das ihr gegenüber nicht erwähnt? Das große Glück, das Marie durch die letzten Wochen getragen hatte, war mit einem Schlag dahin. Ihr liefen die Tränen hinunter, und die Comtesse Clermont sah genüsslich zu.

»Ach. Das hast du gar nicht gewusst?« Sie spannte ihren Fächer auf und wedelte theatralisch damit herum. »Jacques ist schon seit einem Jahr mit Marguerite Pécoul verheiratet, der Tochter unseres hochgeschätzten Superintendenten. Nun ja, Ehrlichkeit ist nicht gerade seine Stärke. Komm über ihn hinweg. Das haben schon viele vor dir geschafft.« Sie machte auf dem Absatz kehrt und ging davon.

Marie ließ sich auf den Brunnenrand sinken und fühlte zunächst nichts als Leere. Schwarze, kalte, tiefe Leere. Sie hatte sich von einem verheirateten Mann zum Narren halten lassen. Wie hatte sie nur darauf hereinfallen können! Nie wieder wollte sie Jacques sehen! Nie wieder wollte sie sich so verhöhnen lassen!

Zwei Wochen lang hatte Jacques täglich an die Tür der Werkstatt geklopft, doch Marie hatte jedes Mal einen Stuhl davorgestellt. Nicht ein Wort wollte sie mehr mit ihm sprechen, auch wenn es ihr unsagbar schwerfiel.

Doch die Sehnsucht nach ihm wurde immer stärker, was sie träge, krank und antriebslos machte. Ein Zustand, den sie sich in Versailles nicht erlauben durfte. An einem freien Tag fuhr sie nach Paris und besuchte Marianne, der sie ihr Leid klagte. Das Mitleid ihrer Freundin war ihr gewiss, linderte aber ihre Schmerzen nicht. Zu Hause erkundigte sie sich möglichst unauffällig bei Onkel Philippe, ob er einen Hofmaler namens Jacques kenne.

»Meinst du Jacques-Louis David? Nun, er ist ein begnadeter Maler und erhielt ein Stipendium für Rom, wo er ein paar Jahre studierte. Inzwischen ist er in die Akademie für Malerei aufgenommen worden. Verdientermaßen, wie ich meine. Seine Werke zeugen von außergewöhnlicher Begabung und großem Können. Schau dir seine Bilder ruhig mal an.« Offenbar hielt er es für angebracht, noch hinzuzufügen: »Jetzt, nachdem er und seine Frau Eltern geworden sind, hat er als Mitglied der Akademie eine Wohnung im Louvre bekommen.«

Es wurde immer besser – jetzt war Jacques auch noch Vater. Maman wiederum, die einen Erziehungsauftrag gewittert hatte, ging weniger diskret mit ihrer Tochter um.

»Wenn du etwas mit einem verheirateten Mann anfängst, dann gnade dir Gott. Ich werde das weder dulden noch unterstützen. Es ist eine Sünde vor Gott! Da wird dir die heilige Muttergottes in deiner Not auch nicht mehr helfen können!«

Auch Marie lag nichts ferner, als sich erneut zum Gespött zu machen, doch als sie abends mit der Kutsche zurück nach Saint-Louis fuhr und sie die Treppen zu ihrer Wohnung hochstieg, stand jemand vor ihrer Tür und wartete. Jacques-Louis David, der Ehemann, Familienvater und talentierte Künstler, vor dem sie gewarnt worden war.

»Bitte, Marie, egal, was Sie über mich vernommen haben mögen, hören Sie mich an. Ich weiß, dass ich Ihnen eine Erklärung schuldig bin, doch bitte, lassen Sie uns drinnen darüber sprechen.«

Die Warnungen ihrer Mutter waren ihr noch gut in Erinnerung, doch ihre Sehnsucht nach Jacques war stärker.

»Sie sind mir keine Erklärung mehr schuldig. Ich weiß genug, und es ist besser, wenn Sie jetzt gehen.« Sie schloss die Tür auf, doch Jacques drängte sich hinter ihr in die Wohnung.

»Ich möchte aber, dass Sie es von *mir* erfahren. Ich gehe nicht, bevor Sie mich angehört haben! Ja, ich hätte Ihnen sagen müssen, dass ich verheiratet bin, doch fühlte ich mich von

Beginn an in so hohem Maße von Ihnen angezogen, dass ich die Zeit mit Ihnen genießen wollte, ohne dass unsere Begegnungen gleich von der Wahrheit überschattet würden. Ich habe Ihnen unrecht getan, und dafür bitte ich Sie um Verzeihung.«

Marie spürte, wie sich ihr Ärger allmählich legte. Wieder sah er sie auf diese besondere Art an, bei der ihr heiß und kalt wurde, und es fiel ihr schwer, sein Lächeln nicht zu erwidern.

»Nun gut, so will ich Ihnen verzeihen, aber ich muss Sie jetzt bitten zu gehen«, sagte sie.

»Bitte, hören Sie mir zu. Sie sollen wissen, dass ich in Liebe zu Ihnen entbrannt bin und es nicht mehr ertrage, ohne Sie zu sein. Ich weiß, dass Ihr Herz genauso schlägt wie meines und dass wir uns, selbst wenn wir uns bemühen, nicht ewig dagegen wehren können.«

Marie war verunsichert. Sollte sie ihrem Verstand folgen oder doch ihrem Herzen? Hier in ihrer Wohnung waren sie ungestört und weit entfernt von den Argusaugen der Comtesse Clermont. Hier und jetzt könnten sie sich vergessen, vielleicht nur für ein einziges Mal…

Er stand vor ihr und griff nach ihrer Hand, um sie zu küssen. »Bitte, Marie«, sagte er leise.

Sie entzog ihm die Hand und trat einen Schritt zurück. »Sie sind ein verheirateter Mann, und der Anstand verlangt, dass Sie jetzt meine Wohnung verlassen.« Dabei war ihre Sehnsucht so stark, dass sie ihn am liebsten gebeten hätte zu bleiben.

»Ach, Marie, wenn ich Sie nur vor meiner Gattin Marguerite kennengelernt hätte, dann wäre ich heute mit Ihnen verheiratet. Sie können viel von mir verlangen, aber nicht, dass ich jetzt wieder gehe.« Er trat wieder auf sie zu und streichelte sanft über ihr Gesicht. Dann nahm er ihre Hände und küsste sie. Seine Lippen waren weich und warm. »Ich begehre Sie,

Marie, wie ich noch nie eine Frau begehrt habe. Bitte, schicken Sie mich heute Nacht nicht fort!«

Und diesmal ließ sie ihn gewähren. Er durfte die Knöpfe ihres Kleides öffnen und ihre Haarnadeln herausziehen, sodass ihre brünetten Locken auf die Schultern herabfielen. Langsam zog er ihr die einzelnen Kleidungsstücke aus, bevor er sie mit den Lippen vom Hals bis zu den Schultern liebkoste und schließlich auf den Mund küsste.

Nun konnte Marie sich nicht mehr zurückhalten. Sie schob die Warnungen ihrer Mutter und ihre eigenen Befürchtungen beiseite, schlang die Arme um ihn und erwiderte seine leidenschaftlichen Küsse. Schließlich trug er sie zum Bett und legte sie sanft in die Kissen. Zärtlich fuhren seine Finger an den Innenseiten ihrer Schenkel entlang über ihren Bauch bis zu ihren aufgestellten Brustwarzen, die er mit seiner Zunge umspielte.

»Ich werde nichts tun, was du nicht willst«, murmelte er und wanderte mit seinen Küssen abwärts bis zu ihrer Scham. Wie ein wilder Strom rauschte die Lust durch ihren Körper. Alle Angst war verschwunden. Sie gab ihrem starken Begehren nach und zeigte ihm, was sie wollte. Jacques kam ihren Wünschen nach. Die ganze Nacht.

Versailles 1789

Marie genoss die Jahre in Versailles, seitdem sie wusste, wie die Fallstricke der Intrigen gelegt wurden, und ihnen aus dem Weg gehen konnte. Jacques kam in ihre Werkstatt oder zu ihr nach Hause, wann immer es ihm möglich war. Marie hatte schnell erkannt, dass er ein Mann war, der nicht nur sie, sondern auch andere Frauen zu beeindrucken wusste. Ob er deswegen für andere ebenso viel Zeit aufbrachte wie für sie, wollte sie lieber nicht näher hinterfragen. Er unterrichtete sie in der Malerei und lehrte sie vieles – von der Farbauswahl über das Anmischen bis hin zur Pinselführung. Sie wiederum zeigte ihm das Handwerk der Ton- und Gipsmodellierung.

In nahezu unermüdlichem Fleiß arbeitete sie weiterhin für Curtius. Dank Prinzessin Elisabeth durfte sie bedeutende Persönlichkeiten modellieren, darunter die Prinzessin selbst, den Kommandeur Lafayette, der als Held des amerikanischen Unabhängigkeitskrieges gefeiert wurde, und das Königspaar mit seinen Kindern. Nach einer Sitzung bei der Königin wurde sie von ihr höchstpersönlich zu einem Abend bei Spiel und Musik in ihr Schlösschen Petit Trianon eingeladen. Nach ihrer Krönung hatte Marie Antoinette von ihrem Mann das Anwesen geschenkt bekommen, das ursprünglich von Ludwig XV. für Madame Pompadour errichtet worden war. Mit ihrem

Einzug hatte die Königin alles umbauen lassen. Der botanische Garten mit seinen zahlreichen exotischen Pflanzen hatte einem neu angelegten Weiler weichen müssen, genauso wie der beliebte Irrgarten, den einst der Sonnenkönig in Auftrag gegeben hatte. Der Weiler bestand aus eigens errichteten Bauernhäusern, die auch bewirtschaftet wurden. Mit dem wirklichen Leben auf dem Land hatten sie allerdings nur wenig zu tun, denn innen waren sie mit allem erdenklichen Luxus ausgestattet. Die Königin genoss die Privatheit in ihrem Schlösschen und ihrem Dorf. Hierher zog sie sich mit ihren Kindern zurück, wenn sie der strengen Etikette bei Hof überdrüssig war.

Äußerlich war die Königin bildschön und die Anmut in Person. Ihre Haut war wie feinster Marmor und ihr Gang grazil und majestätisch. Doch wenn sie sprach, erweckte sie den Eindruck, als würde sie sich für nichts außerhalb von Versailles oder ihrem Spieltisch interessieren. Damit erhitzte sie die Gemüter und zog zunehmend die Unzufriedenheit ihrer Untertanen auf sich. Dass der König geduldig die Schulden bezahlte, die sie in ihrer Spielsucht anhäufte, und für die vielen aufwendigen Kleider und meterhohen Haartrachten aufkam, trug nicht gerade zum Wohlwollen des Volkes bei, das sie mit dem wenig charmanten Beinamen »Madame Defizit« bedachte. Die angebliche Liebschaft mit dem Grafen von Fersen führte zu obszönen Abbildungen in illegalen Pamphleten, die in ganz Europa heiß begehrt waren und unter der Hand gehandelt wurden. Doch als sie schließlich zum Opfer der sogenannten Halsbandaffäre wurde, empfand sogar Marie Mitleid. Bei diesem Betrugsskandal war es um ein wertvolles Collier gegangen, und eine gewisse Comtesse de La Motte hatte sich als Schwindlerin entpuppt. Auch ein italienischer Hochstapler namens Cagliostro war in die Sache verwickelt. Jedenfalls hatte der Vorfall wochenlang die Gerüchteküche beschäftigt. Curtius hatte die Schuldigen in Wachs gegossen, und als den Erpressern der Prozess gemacht wurde, konnte er sie schon in seiner Ausstellung präsentieren.

Onkel Philippe hatte seinen Salon de Cire inzwischen in den Boulevard du Temple verlegt und außerdem eine Vorliebe für die Darstellung von Verbrechern entwickelt. Immer mehr zeichnete sich ab, dass Marie die Angehörigen der adligen Gesellschaft modellierte, während Curtius die Gauner, Hochstapler und Halunken übernahm. Gut genug war jeder, der sich einen Namen gemacht und Aufsehen erregt hatte. Sein Wachsfigurenkabinett war zu einer der begehrtesten Ausstellungen Frankreichs geworden.

Nach der ersten Nacht mit Jacques hatte sich Marie auf eine Liaison mit ihm eingelassen. Zu Beginn hatte sie noch ein schlechtes Gewissen gehabt und sich davor gefürchtet, schwanger zu werden. Doch wie durch ein Wunder blieb ihr das erspart. Natürlich missfiel es ihr, dass er ständig auf seine Frau Marguerite Rücksicht nehmen musste, die er angeblich nicht annähernd so begehrte wie sie. Doch letztlich siegte ihre Faszination für diesen ungewöhnlichen Mann, und sie lernte zu akzeptieren, dass sie ihn nie für sich allein würde haben können. Zugleich konnte sie der ganzen Affäre auch etwas Gutes abgewinnen, nämlich dass sie den Status einer ledigen Frau behielt und weiterhin in ihrer Werkstatt arbeiten konnte.

Jacques liebte den gesellschaftlichen Aufstieg und sah in den aufrührerischen Veränderungen seine Chance. Bei den Jakobinern, einem politischen Club, dessen Name sich von ihrem Versammlungsort, dem Pariser Jakobinerkloster Saint-Honoré, ableitete, fand Jacques Gleichgesinnte. Die Unruhen im Land waren nicht mehr zu ignorieren. Sie rumorten hauptsächlich im dritten Stand, hervorgerufen durch den verschwenderischen Lebensstil des Ancien Régime. Hinzu kamen die Gelder, die der Siebenjährige Krieg, der amerikanische Unabhängigkeitskrieg und der Unterhalt der französischen Armee verschlungen hatten. Steuern wurden erhoben, die das einfache Volk zahlen musste. Die Arbeiter und Bauern sollten den finanziellen Ausgleich wiederherstellen, was schlichtweg unmöglich war. Unter den Menschen herrschten Hunger und Not, und das Volk wurde immer unzufriedener. Wie in einem Hexenkessel begann es in ganz Frankreich zu brodeln – auf den Straßen, in den Schenken, auf Feldern, in Gärten und Häusern. Nur in Versailles ignorierte man die Entwicklungen und spazierte weiter vergnügt durch den Schlosspark, amüsierte sich und trank teuren Kakao und Kaffee.

Im Frühling 1789 hielt der Jakobinerclub eine Veranstaltung für alle Interessierten ab, bei der Jean Paul Marat, einer der neuen Freunde von Jacques, eine Rede halten sollte. Jacques lud Marie ein, zu dieser Veranstaltung zu kommen, da seine Frau unpässlich sei und sich zudem nicht für Politik interessiere.

Marie war aufgeregt, denn sie war noch nie zu einer öffentlichen Veranstaltung zusammen mit Jacques erschienen. Sie hielten ihre Liaison nach wie vor geheim. Der Kutscher brachte sie noch bis zum Eingangstor des Klosters und verabschiedete sich dann höflich.

An der Tür zum Veranstaltungssaal blieb sie stehen und hielt nach Jacques Ausschau. Er überraschte sie von hinten, drehte sie zu sich um und verbeugte sich formvollendet. Dann reichte er ihr den Arm, damit sie sich einhängen konnte. Mit der anderen Hand zückte Marie ihren Fächer und wedelte damit so vornehm, wie sie es sich von den Damen bei Hofe abgeschaut hatte. Ein Diener kam mit einem Tablett, auf dem verschiedene Getränke standen. Jacques reichte Marie eine Limonade und nahm für sich selbst einen Cognac vom Tablett.

»*Santé.* Auf die bezaubernde junge Dame«, sagte er.

»*Santé*«, erwiderte sie.

Ein Gong ertönte. Das Gemurmel und Geschnatter verstummte, und die Blicke richteten sich auf die Bühne. Der erste Redner trat nach vorn, begrüßte die Anwesenden und sprach dann ausufernd von der zunehmenden Unruhe im Land. Im anschließenden Beifall lag mehr Erleichterung über das Ende seiner Rede als Anerkennung.

Es folgten weitere Redner. Marie schmerzte allmählich der Rücken vom langen Stillstehen. Wie gut wäre doch jetzt ein Stuhl ohne Lehne, dachte sie. Doch dann trat Jean Paul Marat ans Rednerpult und wurde mit großem Applaus begrüßt. Marie war von seinem äußeren Erscheinungsbild enttäuscht. Sie hatte sich diesen einflussreichen Mann ganz anders vorgestellt. In leicht gebückter Haltung kam er ans Pult, als hätte er größte Schmerzen beim Gehen. Seine Haut war fahl und mit überpuderten Flecken übersät, aber als seine Rede begann, so war es, als sammelte sich alle Kraft in seiner Stimme. Allein seine Begrüßung, die von einer geballten Faust am ausgestreckten Arm begleitet wurde, löste leidenschaftliche Begeisterungsstürme aus. Marat verstand es, die Menge zu steuern. Eine winzige Handbewegung genügte, um Ruhe im Saal einkehren zu lassen. Seine Aussagen waren Aufforderungen, geschickt verpackt in rhetorische Raffinesse, seine Ziele klar formuliert. Marat wollte den Sturz der Monarchie und sprach von der Befreiung des unterdrückten und ausgebeuteten Volkes. Seine Stimme wurde immer lauter, und das Ende seiner Rede entfachte lautstarke Begeisterung und stehende Ovationen. »Freiheit, Gleichheit, Brüderlichkeit!«, brüllte er in die Menge, die jubelnd die Arme schwang und kräftig applaudierte.

Jacques stellte sein Glas beiseite, um ebenfalls Beifall zu klatschen. Marie wollte nicht auffallen und tat es ihm gleich. Marat sprach aus, was das geknechtete Volk wollte. Allerdings war der königliche Hof Maries Arbeitgeber. Würde die Monarchie tatsächlich gestürzt, so verlöre sie ihre gut bezahlte Arbeit und wäre nicht mehr in der Lage, selbst für ihr Auskommen zu sorgen. Das hieße, dass sie gezwungen wäre zu heiraten, nur um versorgt zu sein.

»Ist er nicht großartig?«, begeisterte sich Jacques.

Marie ließ diese Frage unbeantwortet und schenkte ihm nur ein zögerliches Lächeln.

Während Marat durch die Reihen ging, warf ihm das Publikum anerkennende Worte zu. An einem Tisch blieb er stehen und unterhielt sich mit der Frau, die dort saß. Es dauerte nicht lange, und zwei Herren mit einer Dame gesellten sich dazu.

»Komm«, sagte Jacques leise und stellte Maries Glas beiseite, »ich möchte dir Monsieur Marat vorstellen.«

Zu Hause hatte sie noch überlegt, ob sie die Brillantohrringe von Prinzessin Elisabeth tragen wollte, aber weil es furchtbar schwere Steine waren, hatte sie sich dagegen entschieden. Jetzt, da sie den neugierigen Blicken der Gäste ausgesetzt war, hätten sie sich gut gemacht, aber womöglich auch auf der Stelle eine Revolution ausgelöst, wenn sie mit dem Geschenk des Erzfeindes protzte.

»Jacques, mein Freund, kommen Sie her zu uns«, rief Marat, als er Jacques erblickte. »Die Herren diskutieren erregt über die Gründung einer konstitutionellen Monarchie, aber wie Sie wissen, kann man mich davon nicht überzeugen.«

Er legte seinen Arm um Jacques. »Meine Herren, darf ich Ihnen Monsieur Jacques David vorstellen? Jacques ist ein aufstrebender Jakobiner und ein großartiger Künstler. Herrscher über alle Leinwände, Pinsel und Farben. Und wie ich sehe, haben Sie jemanden mitgebracht!«

Die Frau, die am Tisch saß, hatte ihren Fächer zusammengefaltet und verfolgte das Gespräch aufmerksam.

»Darf ich Ihnen meine Begleitung, Mademoiselle Grosholtz, vorstellen?« Jacques deutete auf Marie.

Marat nahm ihre Hand. »Ich bin erfreut, Sie kennenzulernen, Gnädigste.«

Sie knickste. »Die Freude ist ganz meinerseits.«

»Grosholtz ist ein seltener Name. Klingt gar nicht französisch, eher … preußisch.«

»Meine Mutter stammt aus dem Elsass.«

»Aha. Und Ihr Vater?«

»Mein Vater ist im Krieg gestorben, noch vor meiner Geburt.«

»Oh, eine Halbwaise also. Interessant, interessant.« Er deutete auf die sitzende Frau am Tisch. »Meine Lebensgefährtin Simone Évrard, das Juwel unter den Hausfrauen.«

Wieder knickste Marie. »Ich bin sehr erfreut.«

»Dann dürfen Sie heute also unseren umschwärmten Jacques begleiten«, sagte Simone Évrard mit einem giftigen Unterton, den Marie schon von der Comtesse Clermont kannte.

»Und er darf mich begleiten«, konterte sie.

»Hört, hört!« Marat lachte, und die Herren am Tisch taten es ihm gleich. »Da haben Sie aber ein resolutes Frauenzimmer an Ihrer Seite.«

Jacques stimmte in sein Lachen mit ein. »Bevor sich Missverständnisse auftun – Mademoiselle Grosholtz ist lediglich eine Kollegin.«

Maries Lächeln gefror. Warum musste Jacques so explizit behaupten, dass ihr Verhältnis rein platonisch sei? Dann rief sie sich zur Vernunft. Was hatte sie erwartet? Schließlich war Jacques mehrfacher Familienvater und würde sich letztlich immer für sein unpässliches, unscheinbares Eheweib entscheiden, das brav in seinem stillen Kämmerlein saß und auf ihn wartete.

»Ach, wie interessant«, bemerkte Simone Évrard. »Dann malen Sie ebenfalls? Auch so wunderbare Gemälde wie unser Jacques?«

Marie beschloss, ihr den Hals umzudrehen, wenn sie noch einmal *unser Jacques* sagte. »Nein, ich …«, setzte sie an.

»Marie ist Wachsbildnerin«, wurde sie von Jacques unterbrochen, »eine echte Könnerin ihres Fachs. Ausgebildet vom Meister Doktor Curtius höchstpersönlich. Das wollten Sie doch sagen, Marie, nicht wahr?«

»Nein! Ich wollte sagen, dass ich durchaus in der Lage bin, für mich selbst zu sprechen!«

Marat klatschte in die Hände vor Erheiterung. »Und Humor hat sie auch.«

Jacques lachte mit. Dann nahm Marat ihn am Arm. »Mademoiselle Grosholtz, erlauben Sie mir bitte, Jacques für einen kurzen Moment zu entführen, ich möchte gerne ein paar persönliche Worte mit ihm wechseln.«

Die beiden Männer gingen zu einem ungestörten Platz am Fenster, wo Marat auf Jacques einredete. Dabei hielt er den Kopf etwas geneigt und tippte ihm immer wieder auf den Oberarm. Das also war der große Revolutionär: ein Angst einflößendes Männlein, das seine Gefolgschaft zu radikalen Handlungen aufrief und seine Lebensgefährtin ein Juwel nannte, weil sie seinen Gesetzen gehorchte. Marat war gegen die Unterdrückung des Volkes, solange sie im eigenen Haus Bestand hatte. Sollte man nicht erst das Kleine bewegen, wenn man das Große verändern wollte?

Simone Évrard hatte den Fächer wieder entfaltet, wedelte nachlässig damit und wandte sich der anderen Dame zu.

»Nun, Madame Sériziat, wie geht es Ihrer lieben Schwester Marguerite?«

Maries Atem stand still. Das war also Jacques' Schwägerin, von der er ihr bereits häufiger erzählt hatte. Die entzückende Émilie Sériziat, die für ihn immer ein offenes Ohr und ach so viel Verständnis hatte. Er hatte sie schon mehrfach gezeichnet, doch warum hatte er Marie nicht mit ihr bekannt gemacht? Verheimlichte er ihr etwas? Verbargen sich hinter den netten Gesprächen mit der Schwägerin etwa ganz andere Absichten?

Marie war die Freude an diesem Abend vergangen. Sie knickste und entschuldigte sich, doch bevor sie den Saal verließ, um mit der Kutsche nach Hause zu fahren, wollte sie noch einen Cognac trinken wie ein Mann. Nach dem stundenlangen Stillstehen und den prüfenden Blicken der Damen Seriziat und Marat hatte sie sich das wahrlich verdient. Wie war Jacques eigentlich auf die Idee gekommen, ihr einfach ein Glas Limonade in die Hand zu drücken?

Zielstrebig trat sie auf einen Diener zu, der mit einem Tablett voller Gläser vorbeilief, griff sich ein Glas Cognac und nahm einen kräftigen Schluck.

»Jawohl. So ist es richtig!«, sagte eine junge Frau neben ihr und lächelte sie an. Sie trank ebenfalls einen Cognac und hob solidarisch ihr Glas. »*Santé!* Auf die Politik, das Leben und die Liebe!«

»*Santé!*« Marie trank das Glas in einem Zug leer.

»Hat Sie Ihr Mann allein zurückgelassen?«, fragte die Frau, die lässig mit einem Arm an der Anrichte lehnte.

»Mein ...? Oh, er ist nicht mein Mann. Er ist, nun, wir sind ... Kollegen.«

Die Frau schmunzelte. »Dafür machen Sie beide aber einen sehr vertrauten Eindruck. Ich stehe schon eine Weile hier und hatte viel Zeit, die Leute zu beobachten.«

»Sind Sie denn nicht in Begleitung hier?«

»Mit einem Mann etwa, der mir vorschreibt, was ich trinken oder wann ich etwas sagen darf? Gott bewahre!«

Die junge Frau war schlank und von hohem Wuchs und hatte ihr kräftiges, dunkles Haar leger zu einem Knoten im Nacken gebunden.

»Welcher Arbeit gehen Sie denn nach?«, erkundigte sie sich.

»Nun, ich modelliere Wachsfiguren, und Monsieur David ist Künstler. Er hat bedeutende Gemälde erschaffen und ist Mitglied der königlichen Akademie.«

Die Frau schien sich wenig für Jacques zu interessieren. »Warum sagen Sie das so?«, fragte sie.

»Ich verstehe nicht, was Sie meinen.«

»Sie haben gesagt, dass Sie Wachsfiguren modellieren, während Monsieur David Künstler sei. Ist die Wachsbildnerei etwa keine Kunst?«

»Nein, es ist ein Handwerk. Weiter nichts.«

»Und die Malerei ist kein Handwerk?«

»Nein, natürlich nicht. Das ist Kunst!«

»Wenn Sie meinen.« Die junge Frau zuckte mit den Achseln und nahm wieder einen Schluck Cognac. »Und wie arbeiten Sie konkret zusammen? Sie modellieren die Figuren, und er bemalt sie?«

»Nein. Nein, das verstehen Sie falsch. Wir arbeiten nicht

zusammen, wir hatten nur einen gemeinsamen Auftrag…« Wieder musste sie lügen, um Jacques' heilige Ehe zu schützen.

»Und dabei haben Sie sich kennengelernt? Dafür, dass Ihr Kollege heute Abend Ihre Begleitung ist, vernachlässigt er Sie aber sehr.« Sie deutete mit dem Glas in der Hand zu Jacques, der sich immer noch intensiv mit Marat unterhielt.

»Sind Sie auch ein Freund Marats?«, wollte die junge Frau wissen.

»Ich habe ihn heute Abend zum ersten Mal gesehen«, antwortete Marie diplomatisch.

»Und? Wie ist Ihr erster Eindruck? Sie dürfen ehrlich sein, ich werde es niemandem verraten.«

Marie überlegte genau, was sie sagen sollte. Comtesse Clermont hatte sie kuriert. Sie sah zu der schönen Frau auf und sagte: »Er ist ein kluger Mann, der sehr wohl weiß, was er tut.«

»Immerhin«, sagte sie und las jeden einzelnen von Maries unausgesprochenen Gedanken, »mit dieser Antwort können Sie keinen Fehler machen. Er trifft auf ungefähr fünfzig Prozent aller Männer zu.«

»Nur fünfzig Prozent?«

»Wenn überhaupt!«

Marie lachte. Für einen Moment war Jacques vergessen.

»Welche Art von Figuren modellieren Sie denn? Wer sind Ihre Auftraggeber?«

Wieder überlegte Marie, ob sie ihrem Gegenüber wirklich davon erzählen sollte. Schließlich befand sie sich auf feindlichem Terrain und befürchtete, hier und jetzt in Stücke gerissen zu werden. Doch die junge Frau wirkte vertrauenerweckend. War nicht auch Jacques ein gern gesehener Gast am königlichen Hof und verkehrte zugleich in diesen Kreisen?

»Ich habe keine Auftraggeber. Ich bestimme selbst, wen ich modelliere. Es sind Politiker, Philosophen und, nun ja, der französische Hochadel.«

»Wie aufregend! So etwas habe ich noch nie gehört, geschweige denn gesehen. Erzählen Sie mir mehr davon! Wie kommt man auf die Idee, Menschen in Wachs nachzubilden?«

»Mein Onkel Philippe hat mir das Handwerk beigebracht. Ihm gehört der Salon de Cire im Boulevard du Temple. Wenn ich ehrlich bin – ich liebe das Modellieren! Ich kann mir nicht vorstellen, jemals etwas anderes zu tun.«

»Das merkt man Ihnen an. Ich finde das wunderbar. Und wie kann ich mir das vorstellen? Ist das wie bei einem Maler? Die Frauen ziehen sich aus und verharren so lange in vorgegebener Position, bis der Meister ihnen erlaubt, sich wieder anzuziehen? Oder sich auch nicht anzuziehen, weil er danach noch etwas anderes mit ihnen vorhat?«

Marie fragte sich, wie Jacques wohl Emilie Seriziat gemalt haben mochte. »Nun, die Menschen, die ich modelliere, sind alle angezogen.«

»Wie schade. Unser König in nacktem Zustand – das wäre doch mal erheiternd.«

»Was bin ich froh, dass dies nicht der Fall ist! Ich muss ja genau Maß nehmen wie eine Schneiderin.«

»Und die Kleider malen Sie den Figuren auf – oder malt sie Ihnen Monsieur David?«

»Weder noch. Die Kleider sind nicht gemalt, sondern echt. Ich bekomme sie in der Regel von den Modellen selbst.«

»Da gehen Sie wirklich einer interessanten Tätigkeit nach. Sollten sich Marats Pläne durchsetzen, wird es nicht lange dauern, bis es dem Adel an den Kragen geht. Wer weiß, vielleicht wird Versailles dem Erdboden gleichgemacht, und dann sind Ihre Figuren ein wichtiges Zeugnis des Lebens auf dem Schloss vor der Revolution.«

»Ja, vielleicht. Aber ich tue es gar nicht aus diesem Grund. Es macht mich einfach glücklich.«

»Das ist doch wunderbar! Wissen Sie, die meisten Menschen glauben, dass das Glück von außen kommen muss. Das hat Marat erkannt. Er instrumentalisiert sie und würde sie sogar zu seinem persönlichen Kanonenfutter machen, mit dem er den Adel zu Fall bringen will.«

Die fremde Frau wirkte völlig ungekünstelt – ganz anders als die Damen bei Hofe, mit denen Marie oft zu tun hatte. Ihr Kleid, unter dem sich die Konturen eines schmalen Oberkörpers abzeichneten, hatte einen spitzen Ausschnitt, ohne Rüschen oder Verzierungen, so wie es ihrer ganzen Art entsprach. Wer war sie eigentlich? Wie kam es, dass eine Frau wie sie allein zu dieser Veranstaltung kam, sich für Politik interessierte und Cognac trank?

»Es ist mir eine große Freude, Sie kennengelernt zu haben«, sagte die Frau. »Und wer weiß, vielleicht werden Ihre Figuren ja eines Tages berühmt, dann sind Sie es auch, und ich werde voller Stolz sagen können, dass ich mit Ihnen schon mal ein Glas Cognac getrunken habe.« Ihr Lächeln berührte Maries Herz.

»Ich wünsche Ihnen alles Gute«, entgegnete Marie. »Vielleicht begegnen wir uns ja mal wieder. Das wäre sehr schön.«

»Ja, vielleicht. *Au revoir.*«

Anmutig und selbstsicher verließ sie den Saal. Marie war beeindruckt von dieser Frau, die keinen Mann brauchte, um zu einer Veranstaltung zu gehen, die Cognac trank und sich nicht scheute, ihre Meinung offen darzulegen. *Sie* war die wahre Revolutionärin.

Jacques stand immer noch bei Marat, und Madame Seriziat unterhielt sich angeregt mit Simone. Marie hatte sich den Abend ganz anders vorgestellt. Nachdem sie an der Garderobe ihren Umhang geholt hatte, machte sie sich auf den Heimweg in die Rue Saint-Honoré. Da kam Jacques ihr hinterhergerannt.

»Marie! Was ist passiert? Warum gehst du einfach?«, fragte er.

»Weil ich genug habe, Jacques«, entgegnete sie knapp und ging weiter.

»Aber der Abend fängt doch gerade erst an. Jetzt habe ich Zeit für dich. Ab jetzt bin ich nur noch für dich da!«

»Ja, bis heute Nacht. Dann steigst du aus meinem Bett und fährst wieder zu deiner Frau.«

Erschrocken blickte er sich um, ob sie auch niemand hören konnte.

»Ach, Marie, jetzt sei doch nicht so …«

»Ich will das alles nicht mehr, Jacques. All die Jahre habe ich mich nur nach dir gerichtet. Ich muss mir Zeit nehmen, wenn du gerade Zeit hast. Ich bin es leid, Lügen zu erfinden, um dich zu schützen. Ich bin es leid, zuzusehen, wie andere Frauen in meinem Alter heiraten und Mütter werden und ich auf eine eigene Familie verzichten muss, weil ich meine Jahre an eine Liaison verschwende, die doch ohnehin keine Zukunft hat. Damit ist jetzt Schluss! Ich möchte ab sofort selbst über mich und meine Zeit bestimmen!«

»Was redest du da? Hast du etwa getrunken?«

»Ja, ich habe Cognac getrunken – und ich gedenke nicht, mir vorschreiben zu lassen, ob ich Alkohol zu mir nehme oder nicht.«

Inzwischen war ihr Gespräch auf der ganzen Straße zu hören. Jacques hatte Mühe, ihrem schnellen Schritt zu folgen.

»Was ist nur in dich gefahren! Du würdest doch ohnehin niemals heiraten wollen, weil die Wachsbildnerei dir wichtiger ist als alles andere! Kein Mann außer mir würde das akzeptieren. Glaub mir, ich kenne die Männer.«

Abrupt blieb sie stehen. »Und die Frauen kennst du noch besser. Was ist mit Émilie? Warum hast du uns nicht vorgestellt? Darf sie nicht wissen, wer ich bin, oder darf ich nicht wissen, was wirklich zwischen euch beiden ist?«

»Warum? Was hat sie gesagt?« Sein Blick hatte ihn verraten. Glaubte er allen Ernstes, dass Marguerite nichts von dem Doppelleben ihres Mannes wusste?

»Mein Gott, Jacques! Das ist nicht dein Ernst. Sie ist deine Schwägerin!« Marie stöhnte. »Die Comtesse Clermont hatte recht. Ich bin so einfältig!«

»Warum, was hat Isabelle damit zu tun?«

»Die Comtesse hatte mich damals … Moment – Isabelle? Du nennst sie beim Vornamen? Ihr habt doch nicht etwa …« Sie hielt sich die Hand vor den Mund und erstarrte. Allmählich fügte sich alles zusammen.

»Marie, das ist doch schon lange her. Es war vor deiner Zeit und auch nur eine ganz kurze Affäre.«

»O bitte, verschone mich!«

Er hielt sie fest und wollte sie beruhigen, doch sie sträubte sich und kämpfte mit den Tränen.

Er streichelte ihre Wange. »Marie, nun sei nicht so streng mit mir, was soll ich machen? Ich bin nun mal ein Mann.«

»Ja, und zwar ein verheirateter! Weiß eigentlich Marguerite davon?«

»Natürlich nicht! Und du wirst dich unterstehen, ihr irgendetwas zu sagen. Am Ende sitze ich am längeren Hebel, Marie, vergiss das nicht.«

»Du drohst mir? Du beteuerst mir die große Liebe, während du mich betrügst und mich dazu nötigst zu lügen, und dann drohst du mir auch noch? Und du meinst, du dürftest das alles, nur weil du ein Mann bist und ich froh sein muss, dass wenigstens du dich meiner erbarmst?« Sie riss sich los und fauchte: »Meine Arbeit verschafft mir eine Selbstständigkeit, von der auch du profitierst.«

»Deine Wohnung bezahlt Prinzessin Elisabeth, weil du ihr jederzeit zur Verfügung stehen musst, wie es ihr beliebt. Sie zahlt es von unseren Steuergeldern. Gelder, die Bauern und Arbeiter unter Mühen aufbringen müssen und dabei selbst Hunger leiden.«

»Wenn du in meinem von Steuergeldern bezahlten Bett schläfst, scheint dich das aber weniger zu interessieren.«

»Du willst heiraten, ja? Du weißt doch gar nicht, wovon du sprichst! Glaubst du allen Ernstes, außerhalb von Versailles hättest du eine Möglichkeit, ein solches Leben zu führen und dabei so viel Geld zu verdienen?«

Mit energisch ausgestrecktem Arm zeigte sie die Straße entlang. »Dort drüben, im Boulevard du Temple, stehen *meine* Figuren! Die Eintrittsgelder gehören mir zu fünfzig Prozent. Ich will bestimmt nicht heiraten, weil ich Geld brauche. Ich will einzig und allein einen Mann heiraten, der mich liebt und mich deshalb heiratet!«

»Du scheinst es immer noch nicht verstanden zu haben. Ehefrauen gehen keiner eigenen Arbeit nach! Mit mir dagegen hast du beides: Liebe und Freiheit.«

»Freiheit?«, platzte sie heraus. »Indem ich sagen muss, was du von mir verlangst?«

»Ich spreche von der Freiheit, deinen Beruf auszuüben und trotzdem mit mir zusammen zu sein.«

»Das heißt, wenn wir miteinander verheiratet wären, dürfte ich nicht mehr arbeiten?«

Jacques verdrehte die Augen und wandte sich schließlich von ihr ab.

»Dann ist es jetzt vorbei, Jacques. Ich bin nicht länger deine heimliche Geliebte.«

Versailles, 1789

Mit der Trennung von Jacques hatte sich Marie ein großes Herzeleid zugefügt. Natürlich war es vernünftig gewesen, die Liaison mit Jacques zu beenden. Dennoch vermisste Marie die anregenden Gespräche mit ihm und natürlich auch die körperliche Nähe. Ihr wurde bewusst, dass er ihr weitaus mehr bedeutete, als sie gedacht hatte. Einige Wochen lang ging es ihr so schlecht, dass sie sich morgens zum Aufstehen zwingen musste. Es ärgerte sie, dass sie sich ohne Jacques nicht vollständig fühlte, und sie fragte sich, wie sie das Leben vor ihm überhaupt hatte bewältigen können. Diesmal klopfte Jacques nicht mehr an ihre Tür, worüber sie trotz allem dankbar war, denn sie hätte nicht gewusst, ob sie standhaft geblieben wäre.

Prinzessin Elisabeth bemerkte als Erste Maries Verstimmung.

»Meine liebe Freundin«, sagte sie und legte die Wachsarbeit an einer neuen Miniatur des heiligen Jakobus zur Seite. »Sie sind so blass. Fehlt es Ihnen an etwas? Ist Ihnen nicht gut?«

Marie konnte die Tränen nicht mehr zurückhalten und senkte den Kopf. »Ach, Königliche Hoheit, es geht mir in der Tat nicht gut.«

»Sehen Sie mich an. Sind Sie in guter Hoffnung?«

Marie schüttelte den Kopf. »Nein, das ist es nicht. Ich bin

nicht in guter Hoffnung, aber ich bin, nun, ich bin unglücklich verliebt.«

Prinzessin Elisabeth musste schmunzeln. »Geht es vielleicht um einen verheirateten Mann, der zuweilen auch hier am Hof verkehrt? Ein Künstler?«

Marie nickte und konnte die Tränen nicht mehr zurückhalten.

Die Prinzessin strich ihr sanft über den Rücken. »Ich gebe Ihnen die nächsten zwei Monate frei.«

Erstaunt sah Marie auf.

»Es ist Sommer«, fuhr die Prinzessin fort. »So viele Jahre waren Sie mir eine treue Bedienstete. Ich werde ohnehin viel in Montreuil sein. Fahren Sie weg, erholen Sie sich. Das ist jetzt wichtiger. Gott hat uns die Liebe gegeben, dass sie unser Herz erfreut, und nicht, dass sie uns krank macht. Sie können noch heute gehen.« Dann reichte sie Marie ihr königliches Spitzentaschentuch, um die Tränen zu trocken. »Es ist sicherlich schmerzhaft, aber Sie wachsen daran, und Wachstum verursacht zuweilen Qualen. Nehmen Sie sich die Zeit, und ruhen Sie sich aus.«

Marie fuhr noch am selben Tag nach Paris zu Maman und Onkel Philippe. Das Donnerwetter ihrer Mutter war groß, was Marie nicht anders erwartet hatte, doch Onkel Philippe reichte Marie einen Brief, der am Tag zuvor in seiner Ausstellung für sie abgegeben worden war. Die Handschrift war Marie unbekannt, und sie öffnete den Umschlag. Auf einem edlen Briefbogen stand in zierlicher Schrift:

Ich hatte gehofft, Sie hier wiederzusehen. Was halten Sie davon, wenn wir unser Gespräch vom Jakobinerclub fortsetzen? Wenn Sie Interesse haben, so treffen Sie mich

morgen Abend vor Notre-Dame zum Angelusläuten.
Ich werde dort sein und auf Sie warten.
Mein Herz grüßt Sie, die Wachskönigin,
Ihre Charlotte Corday

Die schöne Fremde wollte sie wiedersehen. Marie empfand den Brief wie einen Kuss, der Wunden heilen konnte und Kummer vergessen machte, der das Licht in ihre Seele zurückholte und ihr das Gefühl gab, geliebt zu werden. Das Leben kehrte zurück.

Als Marie und Charlotte sich trafen, war es immer noch hell, und sie spazierten durch halb Paris.

»Erzählen Sie mir doch, wie kamen Sie dazu, Wachsbildnerin zu werden?«

»Angefangen hat alles mit Jeanne Dubarry.«

»Tatsächlich?«, entfuhr es Charlotte lachend. »Und ich glaubte immer, sie habe nur Männer verleitet.«

»Ich war noch ein Kind, als Onkel Philippe eine Wachsfigur von ihr angefertigt hat. Damals waren Maman und ich erst kürzlich bei ihm eingezogen, und ich durfte seine Werkstatt nicht betreten. Eines Tages, als ich allein war, läutete es an der Haustür. Die königliche Kutsche stand vor unserem Haus, und ein Bote übergab mir ein Kleid für Doktor Curtius. Damals dachte ich, es sei das Kleid der Königin, und ich zog es heimlich an. Es war aus feinster Seide und golden wie die untergehende Sonne. Der Rock war weit und die Ärmel mit weißer Spitze besetzt. Das ganze Kleid war mit glitzernden Perlen übersät und erinnerte an das Firmament.«

»Wie haben Sie als Kind in ein solches Kleid gepasst?«

»Es hat natürlich überhaupt nicht gepasst, sondern hing an

mir herab, so schwer wie ein Theatervorhang. Aber ich schritt damit unsere Treppe hinab, hatte Mamans beste Schuhe angezogen und spielte Königin von Frankreich. Natürlich musste ich dabei den Rock anheben, um nicht zu stürzen, und ich stellte fest, dass Königin zu sein ein anstrengender Beruf war. Am Ende der Treppe stand der König und streckte die Hand nach mir aus, um mich zu Tisch zu begleiten. Doch Maman schaffte es, mich mit einer Ohrfeige wieder auf den Boden der Tatsachen zurückzuholen.«

»Und dann?«

»Onkel Philippe hatte Mitleid mit mir und bestellte mich zum ersten Mal in seine Werkstatt. Ich glaube, mir stand vor Staunen der Mund offen. Mir kam es vor, als würde ich eine andere Welt betreten. Überall standen unfertige Tonköpfe, fertige Büsten, Puppen, Holzgestelle. Es war wie ein unheimliches Märchenland, das mich von Anfang an faszinierte. Am einprägsamsten war wohl die Leine, an der Hände und Füße hingen.«

»Na, das ist ja genau das richtige Spielzeug für ein Kind.«

»Damals wusste ich noch nicht, dass alles aus Wachs war. Onkel Philippe hatte mich geholt, weil er wollte, dass ich seiner neuen Figur das Kleid anziehe. Dabei handelte es sich nämlich keineswegs um die Königin, sondern um Jeanne Dubarry. Außerdem erlaubte er mir, ihr rotblondes Haar zu kämmen. Die Wachsfigur war so wunderschön! Für mich war sie die schönste Puppe auf der ganzen Welt. Von diesem Moment an wusste ich, dass ich denselben Beruf ergreifen wollte wie Onkel Philippe. Ich wollte Wachsbildnerin werden.«

»Also haben Sie schon als Kind die große Liebe gefunden?«

»Das kann man so sagen, aber bis zu Mamans Erlaubnis war es noch ein weiter Weg.«

»Nämlich?«

»Maman tat alles, um aus mir eine fleißige Hausfrau zu machen, aber ich wollte lieber bei Onkel Philippe in der Werkstatt sein. Immer musste ich mir anhören, dass Wachsbildnerei kein Beruf für Frauen sei.«

»Immer diese ungerechte Geschlechterverteilung.«

Marie blieb stehen. »Wissen Sie eigentlich, was sich auf der Place Louis XV, auf der wir gerade stehen, im Mai 1770 zugetragen hat?«

Charlotte runzelte die Stirn. »War da nicht dieses schlimme Unglück?«

Marie nickte. »Ganz Paris war damals auf den Beinen, um das große Feuerwerk anlässlich der Hochzeit unseres Dauphins mit der jungen Österreicherin zu sehen. Mein Onkel hätte an diesem Tag eine Wachslieferung bekommen sollen, auf die er dringend gewartet hatte, doch sie traf nicht ein. Deshalb lief ich für ihn zum Wachshändler, um wenigstens zwei Wachsblöcke zu holen. Auf dem Rückweg geriet ich in den Menschenstrudel, der sich auf die Place Louis XV zubewegte, und wurde mitgeschoben. Das Reiterstandbild auf dem Platz war meine einzige Orientierung. Wo heute die Palastgebäude stehen, befanden sich damals tiefe Baugruben, die durch den Regen der letzten Tage mit Schlamm und Matsch gefüllt waren. Als einige Feuerwerkskörper von ihrer Bahn abwichen, geriet die Menge in höchste Aufregung. Es entstand ein gefährliches Gedränge, weil jeder sein Leben zu retten suchte. Dabei erstickten etliche Menschen oder wurden zu Tode getreten.«

»Und was geschah mit Ihnen?« Besorgt hatte Charlotte nach Maries Hand gegriffen.

»Ich fiel in eine der Baugruben und verlor dabei einen Block Wachs.«

Charlotte winkte ab. »Mein Gott, das Wachs war doch völlig unwichtig! Konnten Sie denn wieder herauskommen?«

»Das Wachs war nicht unwichtig. Jedenfalls nicht für mich. Ich krabbelte durch die Grube, um den Block zu finden, aber dann stürzte plötzlich eine tote Frau auf mich und erstickte mich fast. Ich konnte mich unter ihr nicht mehr bewegen. Dann hörte ich aufgeschreckte Pferde, die durchgingen. Eines davon fegte geradewegs über mich hinweg. Letztlich bin mit einer gebrochenen Rippe davongekommen.«

»*Mon Dieu!*«

»Als ich wieder aufwachte, hatte ich immer noch einen Block Bienenwachs an meine Brust gedrückt. Ich konnte mich nicht bewegen, und die tote Frau über mir drohte mich noch in ihrem Tod zu zerquetschen. Maman und Onkel Philippe hatten sich auf die Suche gemacht und stiegen die halbe Nacht über Tote und Sterbende hinweg, bis sie mich schließlich fanden.«

»Mein Gott – wie furchtbar!« Charlotte hatte Maries Hände genommen. »Aber letztlich hat die tote Frau Ihnen das Leben gerettet.«

»Nein. Das Wachs hat mir das Leben gerettet. Ich hatte es zufällig an die Stelle gehalten, wo mich der Pferdehuf traf. Als mich Onkel Philippe lebend in der Grube entdeckte, weinte er vor Glück. Ich aber schämte mich, dass ich den einen Wachsblock verloren hatte. Von da an durfte ich ihm in der Werkstatt helfen.«

Die beiden jungen Frauen sprachen so vertraut miteinander, als würden sie sich schon ewig kennen. Marie erzählte Charlotte alles von dem Verhältnis mit Jacques, und mit jedem Wort fühlte sie sich leichter. Bisher war Marianne der einzige Mensch in ihrem Umfeld gewesen, mit dem sie über solche

Dinge hatte reden können. Doch Marianne führte eine glückliche Ehe und ein gänzlich anderes Leben als Marie. Letztlich standen für sie die Bedürfnisse ihrer Kinder und ihres Mannes im Vordergrund. Erst im Gespräch mit Charlotte wurde Marie bewusst, wie wichtig der Austausch zwischen zwei Gleichgesinnten war.

Charlotte war eine unkomplizierte und eigenwillige Frau, die sich vom Leben nahm, was sie wollte, so gut sie es konnte. Gesellschaftliche Konventionen waren ihr egal. Gänzlich ohne Umschweife fragte sie Marie, ob sie nicht Lust hätte, sie für ein paar Wochen nach Deauville in der Normandie zu begleiten, wo ihre Eltern ein Haus am Strand hatten. Da Marie von Madame Elisabeth freibekommen hatte, nahm sie Charlottes Angebot an, ohne zu zögern. Alles war besser, als unternehmungslos im eigenen Schmerzenssud ranzig zu werden.

Normandie, 1789

Während Marie eine Tasche für die Reise packte, hörte sie, wie ihre Mutter leise mit Onkel Philippe sprach.

»So tu doch etwas, das Kind wird verrückt! Du musst es aufhalten. Marie kann doch nicht einfach in die Normandie fahren.«

»Marie ist siebenundzwanzig«, entgegnete Onkel Philippe. »Sie hat genug gearbeitet und in den letzten Wochen auch mehr als genug gelitten. Es gibt keinen Grund, dieses Angebot nicht anzunehmen oder es ihr nicht zu gönnen.«

»Immer hast du Verständnis für sie«, schimpfte Maman. »Aber was erwarte ich überhaupt …« Dann verschwand sie in die Küche.

Die Kutschfahrt nach Deauville dauerte eine knappe Woche. Charlotte kannte Gasthäuser, in denen sie übernachten konnten, und übernahm Maries Reisekosten. In Deauville erwartete sie ein kleines Häuschen direkt am Meer. Die beiden Frauen befreiten die Möbel von den weißen Decken, die sie gegen Staub geschützt hatten, und machten es sich gemütlich. Alles war so unbeschwert.

Charlotte war adlig und stolz darauf, dass sich ihre Vorfahren nicht von dem Wahnsinn des Sonnenkönigs hatten anstecken lassen und ihr Hab und Gut verkauft hatten, nur um in Versailles mitspazieren und mitreden zu können. Manche Angehörige des Landadels hatten sich mit Geld in die Riege eingekauft, der die Ehre zuteilgeworden war, dem König beim Toilettengang die Kerze halten zu dürfen.

Jeden Tag gingen die beiden Frauen an den Strand. Marie erlebte zum ersten Mal das Meer und verliebte sich in die Laute der Möwen, den Salzgeruch und die gute Luft. Charlotte brachte ihr sogar das Schwimmen bei. An einem dieser traumhaften Tage, die sie in den Dünen verbrachten, legte sich Charlotte neben sie und fing an, ihr über die Schultern zu streichen und dann bis hinunter zur Hüfte. Marie verspürte ein Kitzeln im Bauch, das sie genoss, aber zuerst nicht zulassen wollte. Schon länger hatte sie bei Charlotte ein Interesse bemerkt, das über das einer Freundin hinausging, und auch Marie fühlte sich zu Charlotte hingezogen.

»Gib mir einen Kuss, meine liebe Freundin«, sagte Charlotte leise.

Marie küsste sie auf die Wange, auch wenn sie ahnte, dass das nicht der Kuss war, den sie gemeint hatte.

»Nein«, sagte Charlotte, »gib mir einen richtigen Kuss. Küss mich auf den Mund, Marie. Ich verlange danach.«

Marie wusste nicht, ob sie sich der Neigung zu einer Frau so sicher war wie die Freundin, doch Charlotte kam immer näher, bis ihre Lippen so dicht an ihren waren, dass Marie die Augen schloss und bereit war, die Freundin gewähren zu lassen.

Das neue Gefühl der Lust war wie eine flackernde Kerze, die immer kräftiger und strahlender wurde. Unter Charlottes kalter Haut spürte Marie eine heiß pulsierende Wärme. Ihre Lippen schmeckten fruchtig wie eine Kirsche, und Marie öffnete den Mund ganz leicht. Als sie Charlottes Zunge an ihrer fühlte, durchfuhr sie ein Stöhnen. Charlottes Hände berührten ihren Körper und streiften Maries Badegewand ab. Als beide nackt waren, schmiegten sie sich aneinander und ließen nicht mehr voneinander ab. Marie dachte nicht an Moral oder Gesetz, sondern gab sich ganz und gar dem hin, was auf sie einströmte.

Die beiden verlebten eine wunderbare Zeit in der Normandie. Tagsüber spazierten sie am Strand entlang oder durch das Dörfchen, lachten miteinander, redeten und schwiegen. Die aufrührerische Politik war weit entfernt. Nachts kamen sie einander körperlich näher und erkundeten Neues, das sie beide bis zur Ekstase führte.

Doch nach zwei Wochen Erholung begann Marie ihre Arbeit zu vermissen. Charlotte überließ ihr die Kutsche für die Heimreise und versprach, ihr zu schreiben. »Wir werden uns in Paris wiedersehen«, sagte sie zum Abschied. Doch als sich die Kutsche in Bewegung setzte und Marie diesen himmlischen Ort verließ, ahnte sie, dass sie nie wieder eine so unbeschwerte Zeit erleben würde wie diese Wochen mit dem sanften Meeresrauschen, den stimmungsvollen Sonnenuntergängen und dem weichen Sand der Dünen, in denen sie sich mit Charlotte liebte.

Auf dem Rückweg blieb die Kutsche plötzlich stehen. Marie lugte aus dem Fenster und sah zunächst nur Wald. Dann entdeckte sie eine weitere Kutsche, die am Wegesrand stand. Der Kutscher mühte sich gerade damit ab, sein Gefährt anzuheben. Zum Glück schien er keine Gäste zu transportieren.

Maries Kutscher zog die Zügel der Pferde fest.

»Was ist los?«, fragte Marie.

»Eine Radpanne«, erklärte der Kutscher. »Ich helfe dem Kollegen.«

Im nächsten Moment war er abgestiegen. Der Kollege war sichtlich erleichtert, dass er Unterstützung bekam. Marie öffnete das Fenster und lauschte dem Gespräch der beiden.

»Ich hätte nicht gedacht, dass in diese Richtung zurzeit noch jemand freiwillig fährt. Hier geht es nach Paris«, sagte der fremde Kutscher.

»Da wollen wir ja auch hin.«

»Wissen Sie denn gar nicht, dass in Paris gerade alles drunter und drüber geht?« Der Fremde nahm seinen Hut ab und wischte sich mit dem Ärmel den Schweiß von der Stirn.

»Wie meinen Sie das?«

»Na, das Volk hat sich durchgesetzt. Wir haben jetzt eine Nationalversammlung. Ein paar Adlige und Kirchenmänner sind sogar auch dabei.«

»Das hat der König zugelassen?«

»Er konnte nicht anders. Sie sind alle zusammen ins Ballsporthaus nach Versailles marschiert und haben darauf bestanden, dass der König ihre Verfassung unterschreibt. Der Druck war zu groß, also hat er klein beigegeben. Aber jetzt hat er Paris mit seinen Truppen besetzt, weil er es wieder so haben will, wie alles war.«

»Eine eigene Verfassung? Da verlässt man einmal Paris, und schon steht die Welt kopf.«

»Lafayette soll sie aufgesetzt haben. Der hat ja Erfahrung, war ja damals bei der amerikanischen Unabhängigkeitserklärung mit dabei.«

Beide Kutscher stemmten die Kutsche an, der Fremde schob einen großen Stein unter die Achse, um das kaputte Rad von der Achse herunterschieben zu können.

»Und warum geht es dann drunter und drüber?«

»Plötzlich ist so ein junger Anwalt aufgetaucht, Desmoulins

oder so ähnlich heißt der. Er hat sich zum Anführer aller Aufständischen gemacht, zum Prediger des Widerstands. Neulich sind sie durch die ganze Stadt gezogen und haben alle Gebäude nach Waffen durchsucht. Ich kann Ihnen sagen, da war was los.«

»Und jetzt?«, fragte Maries Kutscher, während er dem anderen das neue Rad hinrollte.

»Jetzt wird der König keine ruhige Minute mehr haben. Das Volk lässt sich nicht mehr beruhigen. In Paris tragen sie jetzt alle ein Baumblatt an ihren Hüten. Das hat dieser Desmoulins eingeführt.«

»Und warum?«

»Na, das ist das neue Symbol des Widerstands. Wenn die jetzt schon Waffen plündern, dann wird es nicht mehr lange dauern und es kommt zum großen Knall. Die sprechen ja jetzt schon alle von Revolution.«

»Aber man kann doch in die Stadt fahren, oder nicht?«

»Ja, ja. Rein kommen Sie schon. Die Frage ist eher, was Sie erwartet. Wundern Sie sich nicht, wenn Sie mit Waffen bedroht oder zur Rede gestellt werden.«

Nachdem das neue Rad an der Kutsche war, stemmten sie die Kutsche erneut an, um den Stein wieder zu entfernen. Der Fremde holte einen alten Lappen hervor und wischte sich daran die fettverschmierten Hände ab. Er hob zum Gruß an: »Vielen Dank, das war sehr freundlich! Allein hätte ich das nicht geschafft. Na dann. Alles Gute in Paris!«

Der Kutscher schaffte es, Marie unversehrt zurückzubringen, wenngleich an allen Wegrändern der Stadt kampfbereite, bewaffnete Männer jeden Alters saßen, standen, miteinander sprachen. Ein neues, beunruhigendes Stadtbild. Zurück in der

Rue Saint-Honoré, wurde Marie von Maman lediglich wegen ihres braunen Teints beleidigt. »Wie ein Bauernmädchen!«, kommentierte sie kopfschüttelnd. »In Versailles wird man sich das Maul über dich zerreißen.«

Lächelnd schmetterte Marie diese Bemerkung ab. Sie hatte noch ein paar freie Tage, bevor sie wieder bei Prinzessin Elisabeth sein musste, und Curtius hatte sie darum gebeten, diese in seiner Ausstellung im Boulevard du Temple zu verbringen. Als Wachsbildner und Besitzer eines Wachsfigurenkabinetts war es schwierig, die Arbeit des Modellierens mit dem Beaufsichtigen der Wachsfiguren zu vereinbaren. Marie hatte ihm immer von Versailles aus zugearbeitet und ihre Figuren, in gepolsterten Holzkisten verpackt, mit der Kutsche nach Paris bringen lassen. Daher hatte sie nichts von der organisatorischen Herausforderung mitbekommen, die Curtius zu meistern hatte. Nun endlich konnte er in Ruhe modellieren, während sie im Salon de Cire die Ausstellungsstücke beaufsichtigte.

Als es am Abend des 12. Juli 1789 stürmisch an die Pforte des Wachsfigurenkabinetts klopfte, war die Atmosphäre in Paris schon seit Wochen angespannt. Marie hatte die Ausstellung bereits geschlossen und zunächst einen Besucher vermutet, der etwas vergessen haben könnte, doch als sie öffnete, wurde sie fast überrannt. Der Menschenzug, der die Waffenlager der Stadt plünderte, stand nun auf dem Boulevard du Temple. Für einen Moment befürchtete sie, mitsamt dem Gebäude gestürmt zu werden.

»Geben Sie uns die Figur des Königs und zwei Büsten dazu!«, forderte einer der Männer. Marie betrachtete die Menge, die vor allem aus einfachen Leuten bestand: Handwerkern, Bauern und Tagelöhnern in schlichter Kleidung.

»Was wollen Sie damit?«

»Wir marschieren damit durch die Stadt, um zu protestieren!«

»Und dafür brauchen Sie unsere Figuren?«

»Der König lässt uns hungern. Wir können unsere Familien nicht mehr ernähren, obwohl wir uns zu Tode schuften. Und Marie Antoinette schmeißt das Geld zum Fenster raus. Wir machen das nicht länger mit! Wir wollen Mitspracherechte und frei sein von Frondiensten. Und wir wollen dem König zeigen, wen wir an der Regierung haben wollen!«

»Ihr wollt die Büsten als Fahnen tragen? Als Sinnbild?«

»Jawohl! Außerdem soll er ruhig wissen, dass wir seinen ganzen reichen Adel aufspießen, wenn er nicht einlenkt.« Die Sprache war so gewöhnlich wie sein Auftreten, aber er wurde von der Menge lautstark unterstützt.

Die Figur des Königs war eines der jüngsten Modelle, die Marie geschaffen hatte. Beim Gedanken daran, wie anstrengend die Sitzung mit dem König gewesen war, der dabei nicht ein Wort mit ihr gesprochen hatte, und wie lange sie daran gearbeitet hatte, weil sie nicht in Ungnade fallen wollte, verweigerte sie nun den Wunsch des fremden Mannes.

»Ich kann Ihnen den König nicht geben!«

»Warum nicht?«

»Er würde … auseinanderfallen. Die lebensgroßen Figuren sind alle nicht stabil genug.« Es war eine Lüge, aber eine glaubhafte. Jetzt nützte es ihr doch, dass sie durch Jacques notgedrungen gelernt hatte zu schwindeln.

»Dann geben Sie uns Necker und den Herzog von Orléans!«

Necker, immer wieder Necker. Der Finanzminister hatte erst kürzlich einen Großteil seines eigenen Vermögens verpfändet, um für zwei Millionen Livres Getreidelieferungen für das hungrige französische Volk zu erwirken. Auf Wunsch des Königs hatte er nun im Stillen das Land verlassen müssen, doch der Verzweiflungsschrei nach ihm war groß.

Marie zögerte nicht lange und hielt die Bereitstellung von Büsten noch für das geringere Übel. Sollte das der Anfang einer Revolution sein, die Marat so sehr befürwortete, dann wollte sie nicht der Stolperstein für eine politische Veränderung sein. Der Zorn Marats wäre ihr sicher, und diesem Mann traute sie alles zu.

Geschwind nahm sie die Büsten von den Ausstellungsplätzen und reichte sie dem Redner, der sie unverzüglich auf zwei spitze Stangen aufspießte. Die Büste des Mannes, den das Volk auf Händen tragen wollte, auf einer Stange aufgespießt. Da waren sie nun, ihre schönen Wachsarbeiten – missbraucht, aber immerhin für eine gute Sache.

Sogleich machte sich die johlende Menge wieder auf den Weg. Marie gab dem Hausbesitzer die Anweisung, als Vorsichtsmaßnahme das Tor zu schließen. Dann folgte sie dem Klang der Trommeln, die die Menge durch die Straßen begleitete. Es war ein unheimlicher Anblick, wie ihre Wachsköpfe aufgespießt durch die Stadt getragen wurden.

An der Place Louis XV wurde der Zug von königlichen Wachen aufgehalten. Der Anführer des Umzugs, der eben mit Marie gesprochen hatte, forderte von ihnen, die Büsten zu begrüßen und sich vor ihnen zu verneigen, was die Wachen jedoch ablehnten. Da Marie weit hinten stand, konnte sie wegen ihrer geringen Größe nicht viel sehen, bekam aber mit, dass es zum Streit zwischen den Wachen und dem Anführer kam. Beinahe schämte sie sich, dass ihre ganze Sorge den beiden Büsten galt.

Einige Dragoner kamen angeritten und boten den Wachen

Verstärkung. Einer von ihnen zog einfach seinen Säbel und schnitt einen Teil von Neckers Wachskopf ab. Danach traf sein Säbel den Träger der Büste. Der Mann starb noch am Platz. Eine Wache hatte denjenigen, der die Büste des Herzogs trug, mit einem Bajonettstoß in die Magengrube verwundet. Das Geschrei war groß, und Marie fühlte sich an das furchtbare Unglück bei dem Feuerwerk erinnert, das sich seinerzeit just auf diesem Platz ereignet hatte. Die Menge sah sich von den Wachen geschlagen und stob auseinander. Die Demonstration war beendet, doch Marie wartete noch hinter einer Häuserecke, bis auch die Wachen gegangen waren, die den Toten mit sich geschleift hatten.

Die Büste des Herzogs war unbeschädigt, aber die von Necker zeigte mehrere Säbelschläge im Gesicht. Nach und nach hatten sich Neugierige zur Place Louis XV begeben und sprachen mit Entsetzen über das, was geschehen war. Marie kniete am Boden, hielt die Büsten in ihrem Schoß und wusste nicht, ob und worüber genau sie weinen sollte.

Paris, 1789

Marie traf sich seit langer Zeit wieder einmal mit Marianne auf dem Markt. Eine beängstigende Anspannung lag über der Stadt. Ihr Weg führte an königlichen Truppen vorbei, die mit schweizerischen und deutschen Soldaten auf den Straßen kampierten. Es roch nach Pulver und Pferden.

»Es war längst an der Zeit, dass sich etwas ändert«, sagte Marianne, während sie drei Äpfel in ihren Korb klaubte. »Und das ist noch lange nicht das Ende, das sage ich dir. Desmoulins hat nämlich eine Bürgermiliz gegründet. Über vierzigtausend Mann sind sie inzwischen. Louis überlegt auch schon, ob er sich ihr anschließt.«

»Dein Mann?«, fragte Marie verwundert.

»Ja. Warum auch nicht? So, wie es jetzt ist, kann es doch nicht mehr weitergehen. Das findest du doch auch, nicht wahr?«

Marie dachte an Prinzessin Elisabeth, in deren Dienst sie stand, und daran, dass es ihr an nichts fehlte. Dass Marianne für eine Veränderung war, konnte Marie verstehen. Sie hatte inzwischen vier Kinder, und das Geld reichte oft nicht, um alle satt zu bekommen.

»Hast du gestern Abend auch die Schüsse gehört?«, wollte Marie wissen, während Marianne gerade um einen frischen Spinat feilschte.

»Gehört nicht. Aber ich weiß, dass es Desmoulins Bürgermiliz war. Das war bei den Tuilerien. Aber keine Angst, das waren nur Warnschüsse.«

Marianne band ihre Haube zu und musste schon wieder nach Hause. Flüchtig gab sie Marie einen Kuss auf die Wange. »Ich habe es eilig. Louis ist allein mit den Kindern. Pass gut auf dich auf. Freiheit – Gleichheit – Brüderlichkeit!«, triumphierte sie stolz, bevor sie ging.

Marie und Curtius waren gerade in der Ausstellung, als von draußen Lärm hereindrang. Sie unterbrachen ihre Arbeit und eilten zum Eingangstor. Auf der Straße drängte sich eine Menge von Menschen, die Heugabeln und kräftige Holzstecken in die Höhe hielten. Viele von ihnen trugen ein grünes Blatt an ihrem Hut. Im Getümmel entdeckte Marie den Mann ihrer Freundin Marianne, Louis Tournay. Aufgeregt verließ sie die Ausstellung und drängte sich zu ihm durch.

»Louis! Was haben Sie vor?«

»Marie, was tun Sie hier? Bringen Sie sich in Sicherheit! Was wir vorhaben? Der König akzeptiert die Forderungen seines Volkes nicht und umstellt die Stadt mit seinen Truppen. Doch wir kämpfen für unsere Freiheit! Ich bin hier, weil meine Familie Hunger leidet. Die Steuerlast erdrückt uns.«

Dass Mariannes Familie Hunger litt, war Marie nicht bewusst gewesen, und sie schämte sich, weil sie ihre Freundin immer nur mit ihrem eigenen banalen Kummer behelligt hatte. Erschrocken musste sie sich eingestehen, dass auch sie die Bedürfnisse der einfachen Menschen aus dem Blick verloren hatte.

»Vor zwei Tagen haben wir mit Desmoulins die Waffenlager der Stadt geplündert, damit wir uns verteidigen können«, fuhr

Louis fort. »Im Zeughaus lagern noch Gewehre, Artilleriegeschütze und Kanonen, aber wir haben keine Munition.«

»Und wo wollen Sie hin?«

»Zur Bastille – dort hat der König das Pulver für die Kanonen hinbringen lassen. Wir haben eine Bürgermiliz gegründet, aber wie sollen wir uns verteidigen, wenn wir keine Waffen und keine Munition haben? Der König hat geglaubt, wir würden aufgeben, doch er muss sich unseren Forderungen beugen und uns ein Waffenrecht für unsere Verteidigung zusichern.«

»Können Sie denn überhaupt mit Waffen umgehen?«

Er lachte arglos. »Nein, woher denn? Ich war nie beim Militär. Niemand von uns war beim Militär. Aber wir sind viele. Der Kommandant der Bastille wird uns die Munition geben müssen!«

Marie kannte den Kommandanten der Bastille nur aus Erzählungen von Curtius, der öfter zu den Gefangenen gegangen war, um die Maße für Wachsfiguren abzunehmen. De Launay war dort seit dreizehn Jahren Kommandant und führte hinter den dicken Mauern ein ruhiges Leben auf seinem ererbten Posten. Curtius war stets gut mit ihm zurechtgekommen und hatte von ihm den Eindruck eines freundlichen, gemütlichen und durchaus gutmütigen Amtsträgers, der zuweilen zusammen mit den wenigen Gefangenen an seinem eigenen Tisch speiste, weil sie so interessante Gesprächspartner waren.

Weitere Menschen schlossen sich dem Zug an, insbesondere Männer mit Heugabeln. Marie spürte in dem Gedränge, wie die alte Angst von damals an der Place Louis XV wie eine große, langbeinige Spinne ihren Rücken hochkrabbelte. Diesmal würde sie sich gleich aus der Menschenmenge herauskämpfen. Louis zog ein frisches Lindenblatt aus seinem Rock hervor und gab es ihr.

»Hier, stecken Sie es sich an. Das grüne Blatt steht für unsere Revolution. Es ist die Farbe der Hoffnung.«

Sie nahm das Blatt in Empfang. »Passen Sie auf sich auf, Louis. Denken Sie an Ihre vier Kinder und Ihre wunderbare Frau!«

»Deswegen bin ich ja hier«, rief er. In seinen Augen strahlte die Begeisterung einer Nation, die endlich Freiheit, Gleichheit und Brüderlichkeit wollte.

Mit zitternder Hand hielt Marie das Lindenblatt, während sie gegen den Strom zum Boulevard du Temple zurücklief. Curtius hatte schon auf sie gewartet und zog sie energisch am Arm von der Straße weg.

»Gott sei Dank bist du zurückgekommen. Ich war in großer Sorge! Wo wollen die Menschen denn alle hin?«

»Sie wollen zur Bastille, um Munition zu fordern«, berichtete Marie.

»Zur Bastille? Hatten sie nicht neulich erst das Zeughaus gestürmt?«

»Ja, um an die Waffen zu kommen, aber der König hat die gesamte Munition zur Bastille bringen lassen.«

Nach kurzer Überlegung sagte Curtius: »Wir schließen alle Türen und bleiben hier. Im schlimmsten Fall kommt es zum Blutvergießen, sollte Launay nicht einlenken. Er hatte in seiner bisherigen Amtszeit noch nie eine solche Herausforderung zu meistern. Gut möglich, dass er Fehler macht. Wollen wir es nicht hoffen.«

In nervenaufreibender Langsamkeit verging die Zeit in den stillen Ausstellungsräumen. Schweigend und angespannt saßen die beiden da, während der rebellische Lärm der Straße die ganze Stadt erfüllte. Was, wenn es zum Äußersten käme und die königlichen Truppen, verstärkt von Soldaten der Schweizer

Garde, mit Kanonen auf Handwerker und Bauern schössen, die lediglich mit Heugabeln bewaffnet waren? Voller Sorge dachte Marie an Maman, die ganz allein zu Hause war, und an Marianne, deren Mann in den Unruhen womöglich sein Leben lassen würde.

Es mochten zwei Stunden vergangen sein, als plötzlich ein Schuss zu vernehmen war. Marie sprang auf, um zur Tür zu rennen, doch Curtius packte ihre Hand.

»Du bleibst hier!«

»Aber Onkel Philippe, da draußen ist Mariannes Mann!«

»Und noch unzählige andere Männer, die Familie haben. Ich schicke dich nicht noch einmal in eine solche Situation.«

Sie wusste, dass er auf das Unglück damals an der Place Louis XV anspielte.

»Ein zweites Mal halte ich diese Angst um dich nicht mehr aus!«, fuhr er fort.

Marie war von seiner Entschlossenheit berührt. Sie wusste, dass ein leiblicher Vater nicht mehr Sorge um sie hätte haben können. So blieb sie bei ihm sitzen und wartete ab. Das Geräusch verriet nicht, ob der Schuss von einem Gewehr oder einer Kanone gekommen war. Noch immer war die Straße zur Bastille voller Menschen. Marie fiel ein Mann mit buschigen Koteletten auf, der eine Uniform und einen Säbel trug. Neben ihm wurden zwei Kanonen zur Bastille geschoben, über die er das Kommando führte.

Seit dem Schuss kamen aus allen Winkeln und Gassen weitere Menschen herbeigeströmt und reihten sich in den Zug zur Bastille ein. In ihren Gesichtern lag so viel Wut, als wollten sie den Königshöfen ganz Europas den Garaus machen. Not war ein schlechter Diplomat, dachte Marie, aber ein Entzündungsherd für Gewalt.

Nachdem Curtius ein Fenster geöffnet hatte, erfüllten die wütenden Stimmen von draußen die Stille des Salons. Es fielen immer mehr Schüsse, und hasserfüllte Schreie waren zu hören. Das Geschrei verstummte für eine Weile, um dann wieder frenetischer zu werden.

»Ich finde, es klingt fast wie Jubel«, sagte Marie. »Vielleicht hat Launay doch eingelenkt?«

»Bleibt zu hoffen, dass das Ganze doch noch ein mildes Ende genommen hat«, erwiderte Onkel Philippe. »Aber ob die Menschen mit Munition glücklicher sind?«

»Und die Munition bringt ihnen auch kein Brot«, bemerkte Marie.

Als sich der große Tross wieder zurück in die Stadt bewegte, strahlten die Gesichter der Menschen voller Glückseligkeit. Curtius trat mit Marie vor die Tür, um zu erfahren, was passiert war. Doch dann sah Marie voller Schrecken, dass einer der Männer einen abgesägten, bluttriefenden Kopf auf seiner Heugabel aufgespießt hatte. Diesmal war es keine Wachsbüste, frisches Blut hatte bereits den Griff besudelt und tropfte unaufhörlich herab. Niemand störte sich daran – offenbar gehörte das zum Siegeszug. Auch Curtius wurde bei diesem Anblick blass und fasste sich an die Brust.

»Mein Gott!«, entfuhr es ihm. »Das ist Launay, der Kommandant der Bastille!« Entsetzt lief er auf die Straße hinaus und wandte sich an einen der Männer. »Ihr habt Launay … geköpft?«

»Ja! Er hat es nicht anders verdient! Launay hat das Feuer eröffnet. Seine Soldaten schossen von ihren Türmen auf uns Wehrlose. Viele wurden getroffen und mussten sterben. Doch dann kam Hullin …«

»Hullin?«

»Ja, Pierre Hullin.« Der Mann zeigte auf den Uniformierten mit den buschigen Koteletten. »Früher diente er dem französischen Regiment und der Schweizer Garde, hat sich aber nun unserer Bürgermiliz angeschlossen. Er wusste als Einziger, wie man mit Kanonen umgeht. Zwei Kanonen hat er vor die Tore der Bastille gestellt und dem Kommandanten gedroht, sie in die Luft zu sprengen, sollten sie nicht kapitulieren. Nach einer Weile hat einer von denen einen Zettel durchs Tor vor der Zugbrücke geschoben, dass sie kapitulieren. Aber wir wollten unsere Toten rächen. Da ist ein Wagenbauer gekommen, ich glaube, Tournay heißt der …«

»Louis Tournay?«, hakte Curtius nach.

»Kann schon sein, der hat jedenfalls das Tor aufbekommen. Und dann stürmten wir die Bastille und kämpften mit allem, was uns zur Verfügung stand. Hullin wollte den Kommandanten zwar verhaften lassen, aber dann hat den Kommandanten eine Kugel getroffen. Plötzlich kam einer, der gesagt hat, dass er Fleischer wäre. Er zog eines seiner Fleischermesser aus der Tasche, packte die Haare des toten Kommandeurs und sägte ihm den Kopf ab. Jetzt läuft er damit durch die Stadt. Das soll der König ruhig wissen. In Zukunft wird das mit allen passieren, die sich uns in den Weg stellen!«

Curtius bedankte sich für die Auskunft und kehrte zu Marie zurück, die besorgt in der Tür stehen geblieben war.

»Die Menschen befinden sich im reinsten Blutrausch«, meinte sie, nachdem Onkel Philippe ihr von den neuesten Ereignissen berichtet hatte. »Wie soll das nur weitergehen?«

Zwei Tage lang hielt sich in der Stadt der Freudentaumel über die Stürmung der Bastille. In jeder Schenke wurden die neue Freiheit und die Erhebung des einfachen Mannes zum Helden gefeiert. Die Veränderung der Machtverhältnisse wurde als so bedeutend empfunden, dass man die Opfer, fast hundert Tote und über siebzig Verletzte, als notwendiges Übel hinnahm.

Durch einen Beschluss der Nationalversammlung endeten die Sonderrechte von Adel und Klerus, und die Bauern wurden von der Leibeigenschaft befreit. Mit der Erklärung der Menschen- und Bürgerrechte am 26. August 1789 wurden die Bürger vor dem Gesetz gleichgestellt. Der König zögerte lange, bevor er unterschrieb, wohl wissend, dass er damit an Macht verlieren würde.

Nach der Stürmung der Bastille begannen Steinmetze damit, das Gefängnis Stein um Stein abzutragen, um Miniaturbastillen daraus zu gestalten. Marie hingegen hatte das Lindenblatt, das ihr Louis Tournay gegeben hatte, in einem dicken Buch gepresst. Statt eines grünen Baumblatts steckten sich die Anhänger der Revolution bald dreifarbige Kokarden an ihre Mützen, Hüte oder Kleider. Das Weiß in der Mitte war die königliche Farbe und wurde von einem roten und einem blauen Ring umgeben, den beiden Farben des Pariser Wappens. So konnte jeder erkennen, dass das Volk die Macht des Königs eingeschränkt hatte.

Marie hatte in der letzten Zeit häufig an Maximilien de Robespierre denken müssen. Jetzt hatte sich einer seiner größten Wünsche erfüllt – die Einführung einer konstitutionellen Monarchie. Ob er wohl glücklich war?

Und Jacques? Der hatte sich seit ihrem Streit von ihr ferngehalten, was sicher vernünftig war, aber Marie zerfloss dennoch vor Sehnsucht, auch wenn sie alles tat, um es nicht zuzulassen. Sie sehnte sich nach Charlotte ebenso wie nach Jacques und fragte sich dabei, ob es wohl möglich war, zwei Menschen gleichzeitig zu lieben. Doch wenn sie in sich ging, dann spürte sie, dass in ihrem Herzen nur Jacques war. Jacques und nur Jacques.

Wenige Wochen nach ihrer Rückreise von Deauville erreichte sie ein Brief von Charlotte, die um Maries Sicherheit besorgt war und sie inbrünstig bat, Versailles zu verlassen.

Liebste Marie,
ich habe darum gebetet, dass du gut zurückgekommen bist. Jeden Tag muss ich an dich denken und an die wunderbare Zeit, die wir hatten. Ich danke dir so!
Von den Unruhen in Paris habe ich gehört. Jetzt hat begonnen, was nicht mehr aufzuhalten ist. Die Zeit ist reif. Wie du weißt, stehe ich als Adlige nicht gerade auf der Liste der Sympathisanten, dennoch bin auch ich für eine Änderung des Regimes. Oh, meine geliebte Wachskönigin, lass mich dir sagen, wie besorgt ich um dein Wohlergehen bin. Versprich mir, geh nicht mehr nach Versailles zurück. Prinzessin Elisabeth ist eine kluge, warmherzige Frau, sie wird deine Gründe verstehen. Versailles ist zu gefährlich geworden. Die Stürmung der Bastille sorgt selbst hier in meinem Heimatort Caen für aufwühlende Gespräche. Jeder weiß, dass das erst der Anfang ist. Man wird bis nach Versailles vordringen, und das Volk wird nicht zimperlich mit dem Adel umgehen. Es ist das Beste, du bleibst in Paris. Versprich mir, auf dich aufzupassen.
In Liebe,
Charlotte

Selbst Maman und Onkel Philippe, der inzwischen auch dem Jakobinerclub beigetreten war, legten Marie den Umzug nach Paris nahe, da Versailles inzwischen zu gefährlich geworden sei. Maman mit ihrem Hang zu Übertreibungen sah Marie schon auf dem dunklen Weg vom Schloss nach Saint-Louis heimtückisch von einem Monarchiehasser gemeuchelt.

»Prinzessin Elisabeth zählt aber auf mich«, wandte Marie ein. »Ich habe ihr viel zu verdanken und werde deswegen so lange bei ihr bleiben, wie sie es wünscht.«

»Hat sie denn nach all den Jahren nicht endlich dieses Modellieren gelernt?« Maman versuchte sich mit dem Arm eine Strähne aus dem Gesicht zu streichen, während sie in einer Schüssel einen Hefeteig knetete. »Ist sie eine so schlechte Schülerin, oder bist du eine so schlechte Lehrerin? Sie wird doch wohl in der Lage sein, ihren heiligen Antonius mal allein zu modellieren. Meine Güte, das kann doch nicht so schwer sein.«

Marie wusste nicht, ob sie lachen oder weinen sollte. Da lebte ihre Mutter seit Jahren mit zwei Wachsbildnern unter einem Dach und sagte solche Dinge!

»Gewiss doch, Maman«, sagte sie und beschloss, die Sache von der humorvollen Seite zu nehmen. »Wachsmodellierung ist das Einfachste überhaupt. Fragen Sie Onkel Philippe!«

Marie ging auf ihr Zimmer und packte ihre Sachen, um am nächsten Tag nach Versailles zu fahren.

Versailles, 1789

Selten hatte die Prinzessin Marie so geherzt wie nach ihrer Rückkehr aus Paris. Wie froh war sie, dass sie ihr die Treue hielt. Die Forderung des dritten Standes nach mehr Rechten und Gleichstellung war für sie eine Überraschung. Aus Sicht von Prinzessin Elisabeth war der König ein gutmütiger Herrscher, der keinerlei böse Absichten hegte. Hätte man nicht einfach um eine Audienz bitten können, anstatt einen zuverlässigen Amtsträger zu enthaupten?

»Aber das Volk leidet Hunger, Königliche Hoheit«, wagte Marie zu erwidern.

»Hunger?« Die Prinzessin blickte verständnislos, als kenne sie die Bedeutung des Wortes nicht.

»Meine Freundin zum Beispiel hat vier Kinder und einen Mann, der Handwerker ist. Sein Lohn reicht nicht aus, um die hohen Getreidesteuern zu zahlen.«

»Das tut mir sehr leid für Ihre Freundin, aber der König musste die Getreidesteuer erhöhen. Wir hatten zwei trockene Jahre mit entsetzlichen Missernten in Folge. Der König wollte die Lasten auf die Schultern aller verteilen.«

Wie die Prinzessin ihren Bruder verteidigte, war vorbildlich, dachte Marie und beließ es dabei. Sie verkniff sich eine Bemerkung über die Spielschulden der Königin, der Frankreich einen Großteil der Misere zu verdanken hatte. Auch dass die Bauern, die das Getreide ernteten, sich ihr eigenes Mehl nicht leisten konnten, während der Königshof all seine Perücken damit bestäuben ließ, schluckte Marie herunter. Sie war hier schließlich nur als Kunstlehrerin der Prinzessin gefragt.

Doch selbst Prinzessin Elisabeth war um Maries Wohl besorgt, und auch sie hielt es in diesen wirren Zeiten für besser, wenn sie erst mal in Paris bliebe, bis sich die Wogen wieder geglättet hätten. Marie jedoch sah keinerlei Gefahr und versicherte, dass sie gerne bei ihr am Hof bleibe.

»Natürlich habe auch ich Sie gerne hier, wenn es denn Ihr Wunsch ist. Doch vielleicht sollten Sie sich erst Ihre Haut bepudern, denn Sie scheinen mir für eine Dame bei Hofe zu sehr gebräunt. Und Sie möchten doch der Comtesse Clermont keinen Anlass zur Häme geben«, bemerkte sie augenzwinkernd.

Marie genoss es, wieder mit Prinzessin Elisabeth zu verkehren und auch wieder in ihrer Werkstatt zu arbeiten, wo einige Tonköpfe auf ihre Fertigstellung warteten. Gleich am ersten Tag knetete und formte sie, gipste und goss Formen aus, bis die Hände müde wurden. Sie war ganz in ihrem Element und vergaß die Zeit. Erst bei Anbruch der Dämmerung packte sie ihre Sachen und machte sich auf den Weg nach Hause. Als sie durch ein kleines Waldstück lief, knisterte es hinter ihr, als wäre jemand auf einen Stock getreten. Erschrocken drehte sie sich um und sah einen Mann hinter einem Baum hervortreten, der auf sie zukam. Ihr Herz blieb stehen. Es war Jacques.

»Bitte erschrick nicht, und schick mich nicht gleich wieder weg, Marie. Meine Kutsche steht am Waldrand. Ich bitte dich, fahr mit mir nach Paris.«

»Nicht erschrecken? Grundgütiger! Du hast dich angeschlichen wie ein Dieb!«

»Verzeih, aber ich möchte von niemandem entdeckt werden…«

»Dann ist noch alles so wie immer, nicht wahr?«

»Mir ist nicht nach Scherzen zumute, Marie!«

»Mir auch nicht, Jacques. Es war mein erster Tag heute in Versailles, und ich bin müde. Ich wollte nach Hause, und du hast mich zu Tode erschreckt.«

»Nein, Marie, geh nicht nach Hause. Aber kehr auch nicht mehr an den Hof zurück, um für die Prinzessin zu arbeiten.«

»Aber warum nicht? Was ist passiert?«

»Wir befinden uns mitten in einer Revolution. Das ganze Land ist in Aufruhr. Der Adel ist in Gefahr, und zwar in höchster Gefahr. Das ist passiert!«

»Ach, was redest du da? Seit der Erklärung der Menschen- und Bürgerrechte durch die Nationalversammlung, die der König unterschreiben musste, hat das Volk jetzt mehr und der König weniger Rechte. Wer sollte denn jetzt noch in Gefahr sein?«

»Marie, bitte! Ich weiß es aus verlässlichen Quellen. Es wird nicht lange so bleiben, aber es würde zu weit führen, dir alles zu erklären. Ich bitte dich heute nur um eines: Fahr mit mir nach Paris und bleib bei Monsieur Curtius. Hier ist nichts mehr sicher. Außerdem habe ich Angst um dich!«

Für einen kurzen Moment drohte sie schwach zu werden. Trotz aller Ärgernisse während der Liaison mit ihm hätte sie sich am liebsten in seine Arme geworfen und ihn nie wieder losgelassen. Bewies es nicht seine Liebe, dass er sie aufsuchte und beschützen wollte? Doch dann rief sie sich Charlottes Worte ins Gedächtnis zurück. *Die Geliebte ist nicht die Betrügerin, sondern die Betrogene*, hatte sie gesagt, als sie ihr von Jacques erzählt hatte.

»Deine Angst um mich ehrt dich, aber sie ist nicht nötig. Mir geht es gut. Wer sollte mir denn etwas anhaben? Ich bin eine Wachsbildnerin, die den ganzen Tag in ihrer Werkstatt Figuren modelliert.«

»Ja! Die Figuren des Königs, der Königin, des ganzen Adels. Marie! Ich bitte dich ein letztes Mal, fahr mit mir nach Paris, und zwar jetzt.«

»Nein, Jacques. Ich fahre mit dir nirgendwohin!«

Noch einmal sah sie ihm tief in die Augen. Sie wollte seinen Anblick in ihren Gedanken, in ihren Gefühlen und im geheimen Buch der Erinnerungen aufbewahren. Dann wandte sie sich ab und schritt davon.

Die folgenden Tage in Versailles verstrichen in gewohnter Art, als hätte es nie einen Aufstand in Paris gegeben. Als sie bald darauf wieder einmal spät nach Hause lief, hatte sie erneut das Gefühl, jemand sei in ihrer Nähe oder lauere ihr gar auf. Diesmal würde sie nicht mehr darauf hereinfallen.

»Komm hervor, Jacques. Falls du mich wieder nach Paris mitnehmen willst – meine Antwort ist immer noch Nein.« Sie hatte keine Lust mehr auf Jacques' Versteckspiele. Doch kaum hatte sie den Satz beendet, da wurde sie von hinten überwältigt. Eine kräftige Hand hielt ihr den Mund zu und drückte ihr dabei fast die Luft ab. Ihr Korb fiel auf den Boden, als sie mit beiden Händen an dem Arm des Fremden zerrte, der viel stärker war und sie rückwärts mit sich schleifte, bis sie an eine Kutsche kamen. Es war so dunkel, dass sie das Gesicht des Angreifers nicht erkannte. Sie wusste nur, dass es nicht Jacques war.

Sie versuchte um Hilfe zu schreien, doch im nächsten Moment wurde ihr ein Stofffetzen in den Mund gestopft und ein Sack über den Kopf gestülpt, bevor ihr die Hände vor dem Körper verschnürt wurden. Der Fremde hob sie hoch und setzte sie in die Kutsche, die alsbald losfuhr. Anfangs versuchte sie noch die Tür aufzubekommen, um herauszuspringen, aber sie musste von außen verriegelt worden sein, und das Pferd trabte nicht, sondern galoppierte. Jeder Widerstand war zwecklos.

Sie war wie erstarrt vor Angst. Vielleicht war es nur ein schlimmer Traum und sie würde gleich aufwachen? Vielleicht erfüllten sich jetzt aber auch die schlimmen Angstfantasien ihrer Mutter. Oh, hätte sie doch die Warnungen ernst genommen!

Es dauerte die ganze Nacht, bis die Kutsche zum Stehen kam. Das Pferd musste am Ende seiner Kräfte sein. Mit dem Öffnen der Kutschentür wurde Marie der Sack vom Kopf gezogen. Der Mann bedeutete ihr, zu schweigen, indem er seinen Finger vor den Mund hielt. Sie wusste nicht, warum, aber er machte – so seltsam das auch war – keinen gefährlichen Eindruck auf sie.

»Ich will dir nichts Böses«, sagte er plötzlich.

Sie überlegte, woher sie die Stimme kannte. Der Mann war groß und kräftig, und sie sah von seinem Gesicht im Dunkeln nur die Konturen.

»Versprich mir, nicht zu schreien, und ich nehme dir den Stoff aus dem Mund.«

Marie nickte und wurde sofort vom Knebel befreit. Dann packte sie der Mann und trug sie wie einen Sack Mehl in ein Haus. Dort verriegelte er wieder die Tür, nahm ihr stumm die Fesseln von den Händen und führte sie in ein geräumiges Zimmer. Er entzündete einen Leuchter, den er ihr auf den Tisch stellte. Das Licht fiel auf einen Schrank, einen Waschtisch, eine

Truhe und ein frisch überzogenes Bett. Der Blick des Mannes war nach unten gerichtet, als wolle er unerkannt bleiben.

»Ich bringe dir gleich noch etwas zu trinken, damit du gut schlafen kannst nach dieser Aufregung. Ach ja, und versuch nicht, zu fliehen. Ich würde es sofort merken. Paris ist meilenweit weg. Ich komme gleich wieder.«

Er schloss sie ein und kehrte bald mit einem Krug zurück, den er Marie zum Trinken hinhielt. »Willst du etwas essen?«

Marie trank den Krug fast in einem Zug leer, stellte ihn ab und schüttelte den Kopf. »Nein. Ich will wissen, warum ich hier bin.«

»Dir wird nichts geschehen. Vertrau mir. Morgen erkläre ich dir alles. Schlaf jetzt.«

Als er ging, verschloss er wieder die Tür hinter sich, und es dauerte nicht lange, bis Marie fest schlief.

Es war fast Mittag, als sie erwachte und erneut erschrak, weil der freundliche Entführer an ihrem Bett saß und sie anschaute. Nun wusste sie, woher sie ihn kannte. Die kristallklaren blauen Augen, die so traurig blickten, der schwere, aber bestimmte Gang – es war niemand anderer als ihr Vater, der sie damals mit Maman fortgeschickt hatte. Der Vater, der sich für tot erklären ließ. Der Vater, der behauptet hatte, sie sei nicht seine Tochter, aber dass er sie liebe wie sein eigenes Kind.

Sollte sie ihn nach all den Jahren umarmen, den Vater, den sie so sehr vermisst hatte? Oder sollte sie ihm besser nur als dem Mann begegnen, der sie gewaltsam entführt hatte? Er schien bemerkt zu haben, dass Marie ihn erkannt hatte, doch offenbar bevorzugte er die unausgesprochene Erkenntnis gegenüber der ausgesprochenen Wahrheit.

»Ich habe dir frisches Wasser gebracht. In der Truhe liegen

Wäsche und Kleider für dich. Du kannst später in die Küche kommen, denn ich habe uns etwas zu essen gemacht, und dann möchte ich dir alles erzählen.«

Marie schloss die Augen und ließ den Klang seiner Stimme über die alten Narben streichen, achtsam und sanft, wieder und wieder. Ihr Vater hatte sie nicht vergessen. Was auch immer er mit ihr vorhatte – der Tod wartete hier jedenfalls nicht auf sie.

Sie aß mit gesundem Appetit, denn allein das Gefühl, dass sie neben ihrem Vater saß, versöhnte sie mit allem.

»Warum haben Sie mich entführt?«, fragte sie gänzlich ohne Angst und reckte ihren Arm über den Tisch, um sich ein weiteres Stück Weißbrot zu nehmen.

»Ich hatte Angst um dich, Marie.«

»Und ich hatte Angst in der Kutsche! Warum haben Sie nicht einfach mit mir gesprochen?«

»Weil ich mir nicht anders zu helfen wusste. Wärst du mir denn gefolgt, wenn ich dich höflich gebeten hätte, mit mir zu fliehen?«

»Nein, wahrscheinlich nicht.«

»War ich zu grob?«

»Ein bisschen, nun ja, eigentlich ... Mein Gott, ich hatte Todesangst! Warum darf ich nicht wissen, wo ich bin? Warum bin ich überhaupt hier?«

»Bitte erschrick jetzt nicht, aber seit der Stürmung der Bastille beobachte ich dich, weil ich um dein Wohl besorgt bin. Dieser Mann, der dir neulich im Wald auflauerte, hatte ganz recht, denn du bist in Gefahr! Alles, was sich jetzt in Versailles tummelt, ist in Gefahr. Der Aufstand ist längst nicht zu Ende, Marie, er hat gerade erst begonnen. Ein winziger Fehler des Königs – und Versailles wird es so nicht mehr geben. Wer in der Lage ist, einem harmlosen Kommandanten den Kopf abzusäbeln, wird am königlichen Hof keinen Unterschied mehr zwischen Dienern und Herrschern machen. Für das einfache Volk ist Versailles nicht nur die Quelle allen Übels, sondern auch ein parasitärer Vielfraß, der vernichtet werden muss.«

»Und was heißt das für mich? Soll ich jetzt etwa hierbleiben, bis alles vorbei ist? Was ist mit Maman und Onkel Philippe? *Mon Dieu,* sie kommen um vor Sorgen.«

»Onkel Philippe? So nennst du ihn also?«

Fast schon tat es ihr leid, dass sie ihn verletzt haben könnte. Andererseits war er der Letzte, dem es zustand, Forderungen zu stellen.

»Warum haben Sie uns damals weggeschickt?«

»Ich hatte meine Gründe.«

»Ich habe Sie gehört, damals in der Nacht. Sie haben etwas von einem Stand erzählt, der uns alles verbauen könnte, und davon, dass Sie …« Marie brachte es nicht fertig, auszusprechen, dass er behauptet hatte, nicht ihr Vater zu sein.

»Du hast uns gehört?« Eine seiner Augenbrauen war bedenklich weit hochgezogen.

»Was ist das für ein Stand, der alles verbauen kann?«

»Nichts, was du wissen musst. Stell nicht zu viele Fragen. Und was das andere angeht, nun, du bist das Kind, das ich bis zu seinem sechsten Lebensjahr großgezogen habe und das ich liebe. Das ist alles, was du wissen musst, und alles, was zählt. Wie geht es deiner Maman? Ist sie glücklich?«, lenkte er ab.

»Ja, ich denke, schon. Sie kocht gern und sehr gut und benimmt sich, als gehöre ihr nicht nur das Haus, sondern ganz Paris.«

Er lachte. »Dann hat sich Anna also kein bisschen verändert. Und Monsieur Curtius? Behandelt er dich gut? Dass er Anna gut behandelt, weiß ich ja.«

»Oh, er behandelt mich sehr gut! Er hat mich alles über Wachsmodellierung gelehrt und mich bei Mamans Wutausbrüchen häufig in Schutz genommen. Er ist beliebt in Paris und hoch angesehen, und außerdem hat er einen eigenen Wachssalon und …«

Ihr Vater hörte ihr zu, während sie von Curtius und ihrer Arbeit berichtete, von den Persönlichkeiten, die sie modellierte, und von den Besuchern in den Ausstellungen. Je mehr sie erzählte, umso breiter und wärmer wurde sein Lächeln.

»Prinzessin Elisabeth muss erfahren, wo ich bin«, sagte sie schließlich. »Sie müssen ihr unbedingt Bescheid geben. Bestimmt macht sie sich große Sorgen!«

»Das werde ich tun«, sagte er und umschloss ihre Hände. »Aber jetzt musst du mir versprechen, dass du noch eine Weile bei mir bleibst, bis sich die Wogen geglättet haben und dir niemand mehr im Wald auflauern wird. Versprich mir außerdem, dass du nicht mehr in Versailles bei Prinzessin Elisabeth arbeiten wirst und wieder nach Paris zu deiner Maman ziehst. Und versprich mir auch, dass du in der Zeit, in der du dich hier aufhältst, dieses Haus und den Garten nicht verlässt. Ich habe dir den Sack über den Kopf gestülpt, damit du nicht weißt, wo du bist, und das soll auch so bleiben.«

»Aber warum?«

»Frag nicht, Marie. Je weniger du weißt, umso besser. Es darf dich hier niemand sehen, verstehst du? Niemand!«

»Aber das Haus steht doch ganz allein da, weit weg von anderer Bebauung.«

»Das Haus steht am Rand eines Dorfes. Es kann schon mal sein, dass hier jemand vorbeikommt. Wenn das passiert, gehst du sofort ins Haus. Versprich mir das, Marie!«

Notgedrungen lenkte sie ein. »Ich verspreche es Ihnen.«

»Und ich verspreche dir, dass ich dich wieder unversehrt nach Hause bringe.« Er streckte seine Hand aus, und sie schlug ein.

Fast vier Wochen blieb Marie bei ihrem Vater. Trotz des Ausgangsverbots ging es ihr gut, und sie war geradezu glücklich, bei dem Mann zu sein, den sie als ihren Papa sah. Wie ein Schwamm saugte sie seine Nähe auf, seine Fürsorge, seinen Schutz. Das Zusammensein mit ihm gab ihr die verlorenen Jahre ihrer Kindheit zurück und glättete die Narben alter Wunden, doch das Wichtigste wurde ihr weiter vorenthalten. Sie erfuhr auch nichts darüber, was er machte, welchem Beruf er nachging und ob er wieder verheiratet war.

Auch wenn sie die gemeinsame Zeit mit ihm schätzte und sie als Wiedergutmachung sah, fehlte ihr doch die Arbeit mit Onkel Philippe, fehlte ihr Maman mit ihren Launen, fehlte ihr die Gesellschaft von Prinzessin Elisabeth. Sie vermisste das Leben in Paris, die Gespräche mit Marianne und die intensive Freundschaft mit Charlotte. Am meisten fehlte ihr jedoch Jacques, wie sie sich insgeheim eingestehen musste. Seit er ihr im Wald aufgelauert hatte, verdrängte ihr Verlangen nach ihm immer stärker die Vernunft.

An einem der letzten Tage in dem fremden Ort, dessen Name vor ihr geheim gehalten wurde, saß sie im Garten auf der Seite, die zum Wald zeigte, damit sie auch niemand sehen konnte. Anfangs beobachtete sie noch die Wolken beim Vorbeiziehen und gab ihnen Namen wie damals als Kind, und dachte sich Geschichten dazu aus. Schließlich schlief sie ein. Als sie aufwachte, war sie froh, dass ihr Vater nicht zu Hause war und es nicht mitbekommen hatte. Sie hielt es auch für besser, ihm nichts davon zu sagen. Hoffentlich hatte sie niemand gesehen.

Einen Tag später fuhr sie ihr Vater mit der Kutsche zurück nach Paris, wo sie in der frühen Dämmerung ankamen. Die Stadt sonnte sich im warmen Abendlicht und wirkte so friedlich, als hätte es nie einen Aufstand gegeben. Die Glocken von Notre-Dame schlugen zur vollen Stunde. Ein Bauer führte zwei Kühe an eine Tränke und schöpfte Wasser aus dem Brunnen nebenan. Er trug eine der neuen Kokarden an der Mütze.

Marie war glücklich, wieder in ihrer Heimatstadt zu sein. Sie war dankbar, dass sie noch einmal Zeit mit ihrem Vater verbringen durfte. Es lebte sich leichter, jetzt, da sie wusste, dass er sie liebte. An der Querstraße zur Rue Saint-Honoré verabschiedete er sich von ihr und nahm sie fest in den Arm. Dann setzte er sich ohne ein Wort wieder auf den Kutschbock, ließ die Zügel schnalzen und fuhr davon. Sie sah ihm nach, bis er hinter der nächsten Ecke verschwunden war.

Als Marie nach Hause kam, stieß Maman vor Freude und Erleichterung einen Schrei aus und kam ihr eilends mit ausgestreckten Armen entgegen. Die Schüssel, die sie gerade noch zum Bohnenputzen auf ihrem Schoß hatte, fiel scheppernd auf den Boden. Davon aufgeschreckt kam Curtius sogleich aus der Werkstatt, und als er Marie unversehrt wiedersah, tat er es Maman gleich und drückte sie fest an sich.

»O heilige Muttergottes, wir haben sie wieder. Mein Kind ist wieder da!«, jubelte Maman.

Marie erfuhr, dass alle in großer Sorge gewesen waren und dass Prinzessin Elisabeth, die höchstselbst hier gewesen war, veranlasst hatte, die Gendarmerie einzuschalten und Marie mit allen Kräften zu suchen. Doch dann war ein Brief eingetroffen, dessen Handschrift Maman sofort erkannte und der ihr die Gewissheit gab, dass sie sich nicht weiter zu sorgen brauche und nur noch ein paar Wochen abwarten müsse. Marie wollte die Wiedersehensfreude nicht trüben, indem sie ihre Mutter nach der Antwort fragte, die ihr der Vater eisern verweigert hatte.

Während die Worte aus Maman nur so heraussprudelten, nahm sie Marie immer wieder in ihre Arme, legte dabei ihren Kopf an ihren und wiegte sie, als wäre sie wieder ein kleines Kind. Curtius musste sich mit einer kurzen Umarmung begnügen. Auf einmal hielt Maman ihre Arme fest und sagte erschrocken: »Du hast sicher Hunger! Wie konnte ich das vergessen? Ich habe dir noch gar nichts zu essen angeboten!« Aufgeregt lief sie in die Küche.

»Ich habe aber gar keinen Hunger, Maman. Wirklich nicht. Es geht mir gut.«

»Dann hat er dich also gut behandelt?«, fragte Maman leise, als sie mit Marie allein war.

»Du weißt, wo ich war?«

»Ich kenne doch die Schrift dieses Mannes genauso wie seine Schnüffeleien. In diesem Falle hat er endlich mal das Richtige getan. Wenn die Entführung auch ein großer Schreck für uns alle war, so war es doch besser, als wenn du in Versailles geblieben wärst. Es ist inzwischen wirklich viel zu gefährlich. Eine Entführung vortäuschen, pfff!« Maman schüttelte ärgerlich den Kopf. »Das passt zu ihm. Aber jetzt musst du erst was essen.«

»Ich habe auf der Fahrt hierher noch etwas gegessen. Wirklich, ich brauche jetzt nichts.«

Lange hatte sie überlegt, ob sie nach Jacques fragen sollte, aber sie wusste, dass Maman nicht allzu gut auf ihn zu sprechen war.

»Ist ein Brief für mich gekommen?«, fragte sie stattdessen.

»Einer?« Maman hatte schon angefangen, Weißbrot aufzuschneiden. »Tausende! Alle von dieser Charlotte. Dieses feine Briefpapier und diese grazile Schrift – da hast du wirklich eine edle Freundin. Marianne war auch fast jeden Tag hier und hat immer wieder nachgefragt, ob wir schon etwas von dir wissen. Und Monsieur David hat…« Sie hielt inne, und es war mehr als offensichtlich, dass sie sich am liebsten auf die Zunge gebissen hätte.

»Was ist mit Jacques?«

»Nichts.« Behände schnitt sie die vierte Scheibe Brot ab und vermied es, aufzusehen.

»Was ist mit Jacques, sagen Sie schon!«

Onkel Philippe stand in der Tür. »Jacques war hier und hat nach dir gefragt. Er war in großer Sorge«, sagte er.

Marie nahm ihren Umhang und lief zur Tür.

»Nein, Marie! Das tust du nicht!«, schrie Maman ihr vergeblich hinterher.

Noch nie hatte Marie Jacques in seinem Appartement im Louvre aufgesucht, aber diesmal war das Bedürfnis, ihn zu sehen, so stark, dass es sie umbringen würde, gäbe sie ihm nicht nach. Sie umrundete das große Gebäude und suchte auf den Schildern vor den Eingängen nach seinem Namen, bis sie ihn gefunden hatte. Stürmisch rannte sie die Stufen hoch, und als sie vor seiner Tür stand, atmete sie noch einmal tief durch, bevor sie an der Glocke zog. Wenn Marguerite ihr jetzt öffnete, dann würde sie schnell einen Vorwand erfinden, um Jacques sehen zu dürfen. Doch ihr öffnete ein kleiner Junge mit hübschen Locken die Tür. Als er sie mit seinen dunklen Augen arglos ansah, hasste sie sich für das, was sie vorhatte. Jacques war ein verheirateter Mann und Vater von vier Kindern. Was sie tat, war Sünde.

Wortlos drehte sie sich wieder um und ging. Auf der Treppe hörte sie Jacques' Stimme: »Wer ist es denn, Charles?«

»Ich weiß nicht, sie geht wieder«, sagte der Junge und schloss die Tür.

Marie war fast schon die erste Treppe hinuntergelaufen, als die Tür noch einmal geöffnet wurde. Sie sah bewusst nicht hin.

»Ich habe noch etwas im Atelier vergessen. Ich bin gleich wieder da«, rief Jacques, bevor er die Tür schloss und ihr hinterherlief. Sie blieb stehen und sah zu ihm hoch. Ihre Blicke versanken ineinander. Der Verstand riet ihr, zu gehen, doch ihre Beine bewegten sich ganz von selbst, Stufe für Stufe, die Treppe hinauf und Jacques entgegen. Er nahm sie an die Hand und führte sie in ein Zimmer, das er hinter ihnen absperrte. Die letzten Strahlen der Abendsonne fielen durch das Fenster. Es roch nach Leinöl und Harz, kleine Töpfe mit frischen Ölfarben standen auf einem Tisch.

»Ich wollte dir nur sagen, dass ich wieder da bin«, durchbrach Marie die Stille. »Aber ich werde jetzt gehen. Es ist das Vernünftigste.« Auffordernd sah sie ihn an und hoffte zugleich, dass er alles tun würde, um sie davon abzuhalten.

»Ja, das ist wohl das Vernünftigste«, murmelte er, doch es klang mehr als unglaubwürdig.

»Und das Beste ist es auch. Immerhin …«

»Ja?«

»Immerhin bist du verheiratet und im Grunde viel zu alt für mich.«

»Ja, und du bist im Grunde viel zu jung für mich.«

Er stand so dicht vor ihr, dass ihre Lippen sich beinahe berührten.

»Dann sind wir uns also einig.«

»Ja, das sind wir wohl.«

Da küsste er sie, und sie küsste ihn zurück, wild und hemmungslos. Ungeduldig knöpften sie sich gegenseitig die Kleidung auf und rissen einander die Sachen vom Leib, die auf dem Weg zum Sofa auf den Boden zwischen die Farbtöpfe fielen.

Paris, 1789

Ende Oktober 1789 suchte Marie wieder Prinzessin Elisabeth in Versailles auf und war erschrocken, in welch furchtbarem Zustand sich der Schlossgarten und die Parkanlagen befanden, in dem die Sansculotten wie herrenlose Hunde herumstromerten. Das Schloss und jeder einzelne Schritt der dort wohnenden Adligen wurde beaufsichtigt. Die Prinzessin war sehr erleichtert, dass Marie unversehrt war. Aufgebracht erzählte sie von dem Zug der Marktweiber und Huren nach Versailles, die gekommen waren, um die Königsfamilie nach Paris zu holen.

»Sie können sich nicht vorstellen, welche Schmach uns allen hier angetan wurde«, sagte sie kopfschüttelnd. »Tausende Dirnen und Marktweiber mit einem Jargon aus der tiefsten Gosse sind zu einem Hungermarsch nach Versailles gezogen. Das Schloss hat tagelang gestunken. Die zwielichtigen Damen wurden von Nationalgardisten begleitet, bewaffnet mit Spießen und Kanonen, angeführt von Lafayette.«

»Von Lafayette?«

»Sehr wohl, von Lafayette. Wir wollten es selbst nicht glauben. Wie konnte er nur so abtrünnig werden! Schließlich hat er die Militärakademie in Versailles absolviert und in der königlichen Garde gedient. Was soll aus diesem Land werden, wenn der König von den eigenen Vertrauten hintergangen wird?«

»Und die Frauen?«

»Oh, sie waren allesamt in höchstem Maße betrunken, und ihre furchterregenden, geradezu kannibalischen Sprüche richteten sich gegen die Königin. Gewiss wurde diese hinterhältige Handlung vom Herzog von Orléans angefacht, denn es trägt ganz und gar seine Handschrift. Am Schlosstor fielen die Dirnen unseren Wachen um den Hals und machten sich an die Arbeit, für die sie bezahlt worden waren. Sie schwankten allesamt betrunken durch den Park und lachten ordinär. Eine rief immer wieder, dass Robespierre seine Unschuld an sie verloren habe. Ach, es war fürchterlich!«

»Robespierre?«, wiederholte Marie verwundert.

»Kennen Sie diesen Robespierre? Haben Sie etwa die Seiten gewechselt? Dann möchte ich Sie hier nicht mehr sehen!«

Doch Marie konnte sie beruhigen, behielt allerdings für sich, dass Robespierre ihr einst einen Antrag gemacht hatte – der hübsche, aber gefühlskalte Anwalt, Eliteschüler und Politikfanatiker. Warum beteiligte er sich an einem Marsch mit Frauen aus der Gosse? War er nicht dem König freundlich gesinnt gewesen und hatte seine Reformen einst begrüßt? Dass er sich dazu herabließ, ausgerechnet an eine Dirne seine Unschuld zu verlieren, war fast nicht denkbar. Die Vorstellung, wie der schmutzigste Teil von Paris betrunken, stinkend und gewöhnlich durch das Schloss getorkelt war und die Königsfamilie nötigen wollte, mit nach Paris zu kommen, war peinlich und beschämend.

Prinzessin Elisabeth begleitete Marie noch einmal in die Räume, die ihre Werkstatt gewesen waren, und half ihr beim Packen. Eine unfertige Büste des Pariser Bürgermeisters Jean-

Sylvain Bailly stand noch auf dem Tisch, neben zwei Tonköpfen, die sie vor der Entführung angefangen hatte.

Der Abschied fiel nicht nur Marie, sondern auch Prinzessin Elisabeth schwer. Die Zeit war endgültig vorbei, in der sie miteinander gearbeitet, sich unterhalten hatten und spazieren gegangen waren. Die Revolution hatte Versailles einen Stich ins Herz versetzt, und noch wusste man nicht, ob die Monarchie daran sterben würde.

»Sie waren mir immer eine gute Freundin«, sagte die Prinzessin und streckte ihre Arme Marie entgegen. »Erlauben Sie mir, einmal die Etikette zu brechen und Sie zu umarmen. Dieser Abschied verlangt danach.«

Marie ließ sich von ihr umarmen. Dabei befiel sie eine düstere Vorahnung, die sich wie ein Kettenhemd um ihre Brust legte.

»Ich wünsche Ihnen von Herzen alles Glück der Welt. Mögen Sie es, sofern Sie es gefunden haben, festhalten. Gott schütze Sie«, verabschiedete sich die Prinzessin von ihr. Das Blatt hatte sich gewendet, und die Zukunft der Königlichen Hoheit sah weitaus trüber aus als die von Marie.

Beim Hinausgehen rempelte einer der Sansculotten Marie so heftig an, dass sie beinahe gestürzt wäre, und bedachte sie mit einem schmierigen Grinsen. Seine Zähne waren auffällig schlecht, und in der vorderen Reihe klaffte eine große Lücke. Am Eingangstor, in dessen Stäbe die Sonne von Versailles geschmiedet war, standen keine Torwächter mehr, und auch die Truhe mit den Perücken und Degen zum Ausleihen war verschwunden.

Seit dem Zug der Marktweiber nach Versailles hatte die Königsfamilie die Räume in den Tuilerien im Herzen von Paris bezogen, im Glauben, dass durch die Nähe zum Volk nun wieder Frieden einziehen würde, doch das Gegenteil war der Fall. Die Lage spitzte sich immer mehr zu. Die königliche Familie war nun den Peinigungen der Wachen und dem Mob der Straße ausgesetzt. Schließlich wagte die Königsfamilie 1791 einen Fluchtversuch nach Metz, der allerdings schon auf dem Weg kläglich scheiterte. So auffällig waren Kutsche und Insassen verkleidet, dass sie von einem Postmeister erkannt und unter Geleitschutz wieder zurück nach Paris gebracht wurden. Nun waren sie Flüchtlinge in ihrer eigenen Stadt, machtlos und angreifbar.

Paris, 1792

Aufgewühlt kam Curtius nach Hause und warf seinen Dreispitz auf die Garderobe. Er kam gerade von einer Versammlung des Jakobinerclubs.

»Was ist denn los?« Maman hatte sich wieder ihre Haube aufgesetzt, die sie hasste, weil sie sie angeblich verunstaltete.

»Die Tuilerien wurden gestürmt, und Robespierre ließ den König gefangen nehmen.«

»Robespierre?«, fiel Marie ein, die ihrer Mutter gerade in der Küche half. »Aber warum? Ich dachte, er ist für den König, nur eben gegen das absolutistische Herrscherregime?«

»Robespierre ist der neue Vorsitzende des Jakobinerclubs und kennt keine Gnade. Unterstützt wird er von Danton, Desmoulins und Marat.«

Danton war der neue Justizminister und Marat, den Marie ja schon persönlich kennenlernen durfte, der Herausgeber und Verfasser politischer Magazine.

»Sie tun alles, um die Mordlust des Volkes noch aufzuheizen«, fuhr Curtius fort, »und propagieren energisch die Stürmung der Gefängnisse.«

»Warum das denn?«, wollte Maman wissen.

»Um alle zu ermorden, die den Eid auf die neue, republikanische Verfassung verweigern.«

Maman hielt sich vor Entsetzen die Hand vor den Mund. »Mein Gott, das ist ja furchtbar! Aber das wird doch hoffentlich nicht passieren.«

»Mit einem Marat und einem Robespierre an der Spitze wird es passieren, glaub mir.«

Curtius schöpfte sich ein Glas Wasser aus dem Bottich. Selten hatte ihn Marie so durcheinander und unglücklich erlebt. Aber sie war damals bei Marats Rede dabei gewesen und traute ihm alles zu.

Onkel Philippe setzte sich und sah zu Marie auf. »Wir werden jetzt viel Arbeit bekommen in unserem Kabinett. Und wir müssen jetzt umso vorsichtiger sein, wen wir ausgestellt lassen. Vielleicht müssen wir manche Figuren wieder einschmelzen. Wenn nicht, dann zumindest gut verstecken. Alles, was an Königstreue erinnert, lebt gefährlich.«

Marie verschwand in die Werkstatt und schloss die Tür hinter sich. All meine schönen Figuren, dachte sie traurig.

Der Aufruf von Marat und Danton hatte gefruchtet. Im September wurden über eintausend angebliche Gegner der Revolution brutal ermordet. Am 21. September 1792 proklamierte der Nationalkonvent die erste französische Republik.

Seit Ausbruch der Revolution hatten Marie und Curtius alle Hände voll zu tun, um ihre Wachsfiguren der aktuellen politischen Situation anzupassen. Etliche Büsten wurden eingeschmolzen, Könige und einstige Helden mussten verschwinden und neue Helden modelliert werden, wenn das Wachsfigurenkabinett unbeschadet die Revolution überleben wollte. Und das hungernde, aber mordlustige Volk liebte das Kabinett.

Jacques' politische Laufbahn hatte mit der Wahl in den Nationalkonvent an Fahrt aufgenommen. Über ihn erfuhr Marie aus erster Hand von den Ereignissen und Beschlüssen der jungen Republik. Sie liebte ihn trotz aller äußeren Hindernisse. Oft sahen sie sich wochenlang nicht, dann kreuzte Jacques irgendwann wieder auf, und sie liebten sich überall da, wo gerade keine Menschen waren, wo nicht marschiert und nicht gemordet wurde: in Jacques' Atelier, in seiner Kutsche oder im Gebüsch an der Seine. Wenn sie zusammen waren, gab es keine Revolution. Marie genoss ihre Begegnungen, auch wenn sie dabei immer wieder an seine Familie dachte und sich für ihren Mangel an Züchtigkeit schämte. Sie konnte seiner Ausstrahlung einfach nicht widerstehen.

Eines Abends, als die Besucher bereits nach Hause gegangen waren, lief Marie mit ihrem Reparaturwerkzeug durch die Ausstellung, um kleine Schäden auszubessern. Es war ein lauer Spätsommerabend, und das Licht fiel so schön ins Gebäude, dass Marie die Türen noch offen gelassen hatte. Plötzlich stand die Comtesse Clermont im Raum. Marie legte den Pinsel weg, mit dem sie eben noch die Nasenspitze von Rousseaus Büste betupft hatte, und knickste. Die Comtesse tat es ihr gleich.

»Ich kann nicht unbedingt sagen, dass es mich freut, Sie hier zu sehen, aber überrascht bin ich in der Tat«, meinte Marie.

Das Lächeln der Comtesse hatte an Hochnäsigkeit eingebüßt. »Das dachte ich mir schon. Ich bin gekommen, um mir Ihre Ausstellung einmal anzusehen.«

»Das ehrt mich, Comtesse Clermont, auch wenn wir eigentlich schon geschlossen haben. Aber kommen Sie doch morgen wieder, und ich nehme mir Zeit, Sie durch die Ausstellung zu führen.«

»Nein, morgen habe ich leider keine Zeit. Im Grunde bin ich gekommen, um mich bei Ihnen für mein Verhalten damals zu entschuldigen. Sie wissen schon, was ich meine. Ich war einfach nur rasend vor Eifersucht. Ich hatte nämlich eine Zeit lang sehr nette – nun, wie soll ich sagen – Begegnungen mit Jacques. Ich hatte mich sogar in ihn verliebt, wie sich wohl alle Frauen in ihn verlieben. Doch dann hat er Sie entdeckt, an jenem Abend, als dieser Magier uns Voltaire vorgaukelte. Kurzum, ich konnte es einfach nicht ertragen, dass er mich Ihretwegen sitzen ließ. Aber was hätte ich denn für Rechte gehabt? Ich bin ja genauso verheiratet wie er. Lange Zeit habe ich geglaubt, dass das mit Ihnen nur ein kleines Strohfeuer sei und dass er eines Tages wieder in meine Arme zurückkommen werde, aber da hatte ich mich wohl getäuscht. *Ich* war das Strohfeuer. Lassen Sie mich eines in aller Aufrichtigkeit sagen: Jacques hat noch nie eine Frau so sehr geliebt wie Sie. Glauben Sie mir. Mit der Liebe und den Männern habe ich meine Erfahrungen gemacht und weiß, wovon ich spreche. Dennoch wird er seine Frau nicht verlassen. Niemals, was auch immer er an dieser langweiligen Person finden mag …«

Da war sie wieder, die alte Comtesse. Doch hatte Marie nicht selbst schon genauso abfällig von Marguerite gesprochen? Wozu Eifersucht doch imstande war …

»Ich habe mich in Ihnen getäuscht, Marie Grosholtz. Vielleicht ist es Ihre Unabhängigkeit, Ihre Stärke, die ihn anzieht, Ihre ganz und gar eigenwillige, unerschrockene Art, Ihren Weg zu gehen. Was auch immer es sein mag – Jacques liebt Sie. Marguerite hat er geheiratet, weil er ein Mauerblümchen an seiner Seite brauchte, das vor Dankbarkeit darüber, dass sie den großen Meister haben darf, alle seine Affären duldet. Außerdem ist sie wohlhabend und kommt aus einer angesehenen Familie, was für Jacques nicht unerheblich ist. Es ist offensichtlich, dass Jacques den gesellschaftlichen Glanz genießt.«

Die Comtesse betrachtete die Büste Rousseaus und fuhr mit dem Finger die Konturen nach.

»Sie sind wahrlich eine Künstlerin. Wenn Sie sich nicht von den Männern dieser Welt einschüchtern oder kleinhalten lassen, dann können Sie es zu Großem bringen. Vertrauen Sie auf Ihre Kraft.« Sie knickste und senkte sogar den Kopf. »Ich empfehle mich.«

Noch in derselben Nacht floh die letzte Gruppe von Adligen ins Ausland, darunter auch die Comtesse Clermont mit ihrem Mann.

Paris, 1793

Im Dezember 1792 hatte der Prozess gegen König Ludwig XVI. begonnen, unter der Federführung Robespierres, der den Angeklagten keine Verteidigung mehr zugestand. Er hatte die Gewaltenteilung abgeschafft und sich zum Vorsitzenden des sogenannten Wohlfahrtsausschusses gemacht, der die Aufgaben verschiedener Instanzen in einem übernahm. Am 21. Januar 1793 wurde Frankreichs König mit der Guillotine hingerichtet. Es hieß, dass trotz der ausgefeilten Technik des neuen Mordinstruments die Enthauptung eine grausame Angelegenheit gewesen sei, weil der König so einen dicken Nacken hatte, dass das Messer der Guillotine dreimal fallen musste. Marie hatte dem Spektakel bewusst nicht beigewohnt, doch sie musste in der Stadt etwas besorgen und begegnete auf dem Rückweg einer Gruppe Sansculotten. Einer von ihnen rief plötzlich über die Straße: »He da! Du bist doch auch eine von denen!«

Marie beschleunigte ihre Schritte und ging zielstrebig weiter, doch die Männer rannten ihr hinterher. Schon hatte einer von ihnen sie fest am Arm gepackt und zu sich umgedreht. Es war derselbe Mann, der sie im Park von Versailles angerempelt und so unangenehm angegrinst hatte. Sie war umzingelt von den Männern der Bürgermiliz. Alle trugen sie eine rote

Mütze, an der die Kokarde mit den neuen Farben steckte. Zwei von ihnen hatten einen Säbel, die anderen Gewehre. Es wäre unklug gewesen, jetzt davonzurennen.

»Schön hiergeblieben, Madame!«, rief der Mann mit der Zahnlücke. »Oder soll ich lieber Comtesse sagen oder Königliche Hoheit? Und soll ich mich verbeugen?« Er lachte schmutzig.

»Mademoiselle genügt.«

»Oh, sieh an! Sie ist ja nicht mal verheiratet. Männer, wir haben es mit einer Jungfrau zu tun!« Das Lachen wurde hässlicher, und Marie schnürte es bald die Luft ab.

»Was wollen Sie? Ich gehöre nicht zum Adel.«

»Ja, ja, und das sollen wir glauben? Ich habe dich gesehen, wie du mit zwei Koffern in einer Kutsche Versailles verlassen hast. Hältst du mich für dumm?«

»Sie irren sich, ich bin nicht adlig. Ich habe dort lediglich gearbeitet und mein Werkzeug geholt. Ich arbeite im Salon de Cire, denn Philippe Curtius, dem die Ausstellung gehört, ist mein Onkel. Er ist ein einflussreiches Mitglied des Jakobinerclubs, und jetzt lassen Sie mich los!« Sie staunte selbst, woher sie die Kraft nahm, sich zu verteidigen.

»Und das sollen wir dir glauben?«

»Ja! Ich bin keine Adlige, ich bin die Wachsbildnerin Marie Grosholtz!«

»Das stimmt!«, rief ein anderer Mann, der sich nun nach vorn drängte. »Du kannst sie loslassen, Gaston.« Er stellte sich direkt neben den Grobian.

Marie stutzte. Irgendwo hatte sie die Sommersprossen, die aussahen wie Dreckspritzer, schon einmal gesehen, aber das musste lange her gewesen sein.

»Sie gehört zu Curtius und kämpft für unsere Sache«, fuhr

er fort. Sein Blick bedeutete ihr, dass sie besser schwieg. Doch der Mann mit der Zahnlücke, der offenbar Gaston hieß, blieb misstrauisch.

»Und warum war sie dann in Versailles?«, fragte er.

»Das hat sie doch gesagt.«

Gaston ließ ihren Arm wieder los und stieß sie von sich weg.

»Ich habe eine bessere Idee«, sagte ihr Retter. »Sie könnte doch eine Maske vom abgeschlagenen Kopf des Königs machen. Der Konvent würde sich freuen.«

Gaston grinste breit. »Wie lange brauchst du denn dafür?«

»Für eine Totenmaske? Drei Wochen mindestens.«

»So lange?«

»Wenn sie gut werden soll, ja.«

»Na gut. Dann fang mal an.«

»Dazu brauche ich aber den Kopf.«

»Von unserem König? Kannst du haben.«

»Dann bringt ihn in meine Werkstatt, in die Rue Saint-Honoré.«

Gaston wandte sich an die anderen Männer: »Los, einer soll schnell zu Sanson laufen und sich den Kopf des Königs geben lassen, bevor er verbuddelt wird.« Dann wandte er sich wieder Marie zu. »Befehlen kannst du jedenfalls wie eine von denen«, brummte er. »Und jetzt bringe ich dich höchstpersönlich in deine Werkstatt.«

»Lass mich das doch machen«, mischte sich der Sommersprossige erneut ein. »Ich pass schon auf, dass sie nicht abhaut.«

»Na dann.« Gaston spuckte neben Marie aus. »Nimm sie mit. Aber eines sage ich dir, Mademoiselle, wehe, du hast gelogen, dann gnade dir Gott.«

Marie wurde am Arm durch die Straße gezerrt, als wäre sie eine Schwerverbrecherin. Als Maman sie mit dem Sansculotten kommen sah, war ihr das Entsetzen ins Gesicht geschrieben. Curtius war nicht zu Hause, da seine politischen Aktivitäten ihn immer unabkömmlicher machten. Marie schloss die Werkstatt auf und ließ den Mann mit herein. Beim Anblick von Wachs, Ton und Gips und dem Geruch von Balsam wurden seine Augen größer und zeigten fast ein wenig Bewunderung.

»Pass auf«, sagte er zu Marie, »bevor Gaston wieder zurückkommt, rate ich dir, dass du tust, was er sagt. Er versteht nämlich keinen Spaß, und wenn ich jetzt nicht dabei gewesen wäre, hätte er dich kurzerhand verhaften lassen.«

»Sie haben doch gar keine Ahnung, mit wem Sie es zu tun haben! Ich habe einflussreiche Freunde im Konvent, die mich schneller entlasten, als Sie das Wort Guillotine aussprechen können.«

»Für Royalisten hat aber niemand mehr was übrig. Freunde hin oder her. Robespierre lässt alles köpfen, was nicht niet- und nagelfest ist.«

»Und warum helfen Sie mir dann überhaupt?«

»Weil ich dich wiedererkannt habe. Kannst du dich nicht mehr erinnern?«

Obwohl sie sich die größte Mühe gab, fiel es ihr nicht mehr ein.

»War ja klar. An solche wie mich erinnert man sich ja auch nicht.«

»Dann helfen Sie mir doch auf die Sprünge.«

»Es war auf dem Jahrmarkt, ich hatte das Geld aus deiner Kasse gestohlen. Aber du hast mich dabei erwischt, und trotzdem hast du mich vor der Frau in Schutz genommen. Mein Gott, sie hätte mir fast das Ohr abgerissen. Aber du hast behauptet, du hättest das Geld genommen.«

Nun kehrten die Bilder von damals wieder in Maries

Gedächtnis zurück. Es war der erste Jahrmarkt gewesen, auf dem Curtius ausgestellt hatte. Maman hatte ihr damals nur kurz die Aufsicht über die Kasse erteilt, weil sie austreten musste. Doch Maries Interesse für die Figuren hatte sie abgelenkt, und just in diesem Moment war dieser Junge gekommen und hatte sich die Münzen in die Taschen gestopft. Marie war ihm noch nachgerannt, doch seine Flucht hatte in den Röcken von Maman geendet, die gerade zurückgekommen war. Sie hatte ihn so heftig an den Ohren gezogen, dass Marie aus purem Mitleid behauptet hatte, sie selbst habe das Geld gestohlen. Der Junge, der etwa gleichaltrig gewesen war, hatte ihr einen respektvollen Blick geschenkt. Seine Sommersprossen waren es, die sie sich gemerkt hatte.

»Damals bin ich stehlen gegangen, weil wir Hunger hatten«, erklärte er nun. »Als kleiner Junge war ich noch niedlich. Da hat man mir manchmal noch von selbst ein bisschen was gegeben, aber je älter ich wurde, umso mehr Prügel musste ich einstecken, wenn ich erwischt wurde.«

»War eure Not denn wirklich so groß?«

»Das fragst du noch? Mein Vater war todkrank, und Mutter musste sich um uns Kinder kümmern. Wir waren zu fünft, und ich war der Älteste. Wir hatten kein Einkommen und nichts zu essen. Wir haben alle in einem Zimmer gehaust wie die Ratten im Kanal. Meine Schwestern sind anschaffen gegangen, sobald sie alt genug waren. Die haben alles mit sich machen lassen, nur für eine Mahlzeit am Tag.«

»Aber sie hätten doch auch als Magd arbeiten können.«

»Und den feinen Herren den Dreck wegputzen?«

»Immer noch besser, als sich wie Dreck behandeln zu lassen.«

»Was weißt du schon! Mit dem goldenen Löffel im Mund

geboren und es besser wissen wollen, wie? Vielleicht sollte ich dich doch noch verhaften lassen.«

»Nein. Nein! Ich verstehe Sie ja. Ich habe auch als Dienerin gearbeitet und weiß, wie es ist, rund um die Uhr für einen anderen da sein zu müssen.« Innerlich bat sie Prinzessin Elisabeth für diese Aussage um Verzeihung. Wie eine Verräterin kam sie sich vor.

»Als Dienerin in Versailles. Das ist ja wohl was anderes.«

»Dienen bleibt dienen.«

Seine Hände waren schmutzig, die Haare fettig, und Marie überlegte, wie oft er sich in seinem Leben wohl gewaschen haben mochte. Dabei musste sie an die marmornen Bäder in Versailles denken.

»Egal jetzt. Von dem gestohlenen Geld konnten wir uns damals zwei Wochen satt essen und dem Arzt die Rechnung bezahlen. Du warst die Einzige in ganz Paris, die mir in meiner Not beigestanden hat. Du hast mich vor der Gendarmerie gerettet. Und ich rette dich heute vor dem Gefängnis. Wir sind quitt.«

Wenig später kam Gaston in Begleitung eines zweiten Mannes, der Marie einen erstaunlich schweren, in Lumpen eingewickelten Ball zuwarf. Sie ahnte schon, was sie da in Händen hielt, legte das Bündel auf die Werkbank und begann, die klebrigen Lumpen abzuschälen. Der Anblick des ausgebluteten Kopfes des Königs, mit verschmierter, fahler Haut, halb geschlossenen Augenlidern und herabhängenden Mundwinkeln, ließ sie entsetzt aufschreien. Die drei Männer hielten sich den Bauch vor Lachen.

Nie hätte sie gedacht, dass sie dem König jemals so schaurig nah sein würde. Noch vor wenigen Jahren hatte sie vor ihm einen tiefen Hofknicks gemacht und ihn mit »Eure Majestät« angesprochen. Von dem Blutgeruch wurde ihr schlecht.

»Nun mach schon!«, befahl Gaston.

Marie hoffte, dass Curtius bald kommen würde. Maman hatte sich gleich auf den Weg gemacht, um ihn zu holen. Da sie die unangenehmen Sansculotten, die sie mit Gewehren bei ihrer Arbeit bewachten, so schnell wie möglich wieder loswerden wollte, machte sie sich zügig an die Arbeit. Konzentriert rührte sie Gips an und gipste damit den gesamten Kopf des Toten ein. Trotz ihrer Angst achtete sie darauf, möglichst sorgfältig vorzugehen. Sie versuchte auszublenden, wen oder was sie da eigentlich in der Hand hielt.

Die drei Männer sahen ihr interessiert zu. Als der Gips so fest war, dass man ihn aufschneiden konnte, erklärte sie: »Alle weiteren Arbeiten dauern länger. Es würde sich nicht lohnen, zu bleiben. Sie können die Büste nächste Woche abholen.«

»Na also«, murmelte Gaston und machte sich mit den anderen beiden auf den Weg. Den Kopf des toten Königs ließen sie bei Marie zurück.

Als sie allein war, fiel sie erschöpft auf den Stuhl und fing an zu weinen. Sie zitterte am ganzen Körper, als die Anspannung nachließ. Was passierte da eigentlich gerade mit Frankreich? So viele Minister waren in Versailles gewesen. Warum hatte es keiner von ihnen geschafft, das Land ohne Gewalt aus Hungersnöten und Schuldenkrisen zu führen? War der Hunger allein wirklich in der Lage, Menschen zu Bestien zu machen?

Als Curtius in die Werkstatt trat, hielt er sich beim Anblick des abgeschlagenen Kopfes erschrocken die Hand vor den Mund. Marie fiel ihm in die Arme und weinte sich aus.

»Ich fürchte, das wird nicht der letzte abgeschlagene Kopf sein, den ich nun modellieren muss«, sagte sie schließlich. »Es war furchtbar, Onkel Philippe. Die Sansculotten haben mich wie eine Verbrecherin behandelt, weil sie glaubten, dass ich auch zum Adel gehöre.«

»Wie kommen sie denn dazu?«

»Einer von ihnen hat mich in Versailles gesehen, als ich mich von Prinzessin Elisabeth verabschiedet hatte. Sie müssen etwas tun, Onkel Philippe, die können mich doch nicht so behandeln!«

Er strich ihr tröstend über den Rücken. »Ich werde mich darum kümmern. Sei unbesorgt. Es ist ja nichts weiter passiert.«

Sie löste sich aus seinen Armen. »Nichts passiert? Das ist der abgeschnittene Kopf des Königs!«

»Es herrscht Revolution, Marie. Wach endlich auf!«

Weniger als acht Tage hatte Marie für das Wachsmodell des Königs gebraucht. Tag und Nacht hatte sie gearbeitet, weil sie den stinkenden Kopf so schnell wie möglich wieder aus der Werkstatt haben wollte. Sie hatte beschlossen, mit dem abgeschlagenen Kopf und der Wachsbüste selbst zum Nationalkonvent zu gehen. Zwar wusste sie noch nicht, was sie sagen und wie sie es angehen sollte, aber sie wusste, dass sie es allein tun wollte. Von Curtius hatte sie den Termin der nächsten Zusammenkunft in Erfahrung gebracht.

Als sie den Tagungsort betrat, schritt sie mutig durch die voll besetzten Reihen der ehemaligen königlichen Reithalle und ließ sich von niemandem abhalten. Ein dicker Mann mit hässlichem Gesicht stand am Rednerpult und wollte offenbar gerade beginnen. Marie stellte die frisch modellierte Wachsbüste auf das Pult. Sie war mit einem sauberen Tuch bedeckt, das sie nun herunterzog. Den in Lumpen eingepackten, grauenvoll stinkenden Kopf des toten Königs hob sie in die Höhe, dass ihn jeder sehen konnte.

Ein Zischeln ging durch den Saal. Offenbar ahnte jeder, worum es sich handelte. Der Abgeordnete, gänzlich irritiert und ob des Anblicks und Gestanks sprachlos geworden, ließ Marie einfach gewähren. Laut und entschlossen wandte sie sich an den gesamten Nationalkonvent.

»Das ist der Kopf des toten Königs. Die Sansculotten haben mich gezwungen, eine Totenmaske abzunehmen, um für den Konvent eine Büste zu modellieren. Das habe ich getan. Ich bin Marie Grosholtz und neben Philippe Curtius die einzige Wachsbildnerin von Paris, die Ihnen diesen Wunsch erfüllen kann. Wenn ich weitere Porträts von Geköpften modellieren soll, dann werde ich das tun. Aber dann stelle ich zwei Bedingungen. Erstens: Ich möchte anständig behandelt und nicht wie eine Schwerverbrecherin durch die Stadt gezerrt werden. Zweitens: Ich möchte für jede Maske bezahlt werden. Stimmen Sie meinem Vorschlag zu, verzichte ich auf eine Entschuldigung. Ich empfehle mich.«

Sie legte den toten Kopf auf die Stufe neben das Pult und ging wieder hinaus. Es war mucksmäuschenstill. Sie hatte im Konvent weder Onkel Philippe noch Jacques gesehen. Das war ihr auch nicht wichtig. Das Entscheidende war, dass sie sich für ihre Belange selbst eingesetzt hatte, denn dass sie eine Frau war, sollte sie nicht davon abhalten. Am Abend nach der Tagung kam Onkel Philippe mit der Nachricht nach Hause, dass der Konvent ihren Bedingungen zugestimmt hatte.

»Ihr hättet sie sehen sollen«, sagte er zu Maman. »Wie eine Feuerwalze ist Marie hereingekommen und hat es geschafft, dass alle verstummten. Danton stand sprachlos neben ihr. Nach ihrem Auftritt wagte keiner mehr, einen Einwand vorzubringen. Ich muss sagen, das hat mich sehr beeindruckt!«

Paris, 1793

Seit dem Tod Ludwigs XVI. musste der Rest der königlichen Familie dasselbe Schicksal fürchten. Marie war dennoch zuversichtlich, dass sich das Volk mit der Hinrichtung als symbolischem Akt begnügen würde. Für sie gab es keinen Grund, dass großmütige, aufrichtige und durch und durch gutherzige Menschen wie Madame Elisabeth demselben Los zum Opfer fallen könnten. Doch die Einstellung der Bevölkerung dazu war eine andere, auch die ihrer Freundin Marianne, die stark von den Ansichten ihres Mannes geprägt war. Sie sahen Robespierres hartes Durchgreifen als die richtige Entscheidung und als Reinigung des alten Systems. Manchmal war es Marie fast recht, dass sie so wenig Zeit für Besuche bei Marianne und ihrer Familie hatte, denn die letzten Gespräche hatten immer im Streit geendet, bei denen Marie als royalistische Interessenvertreterin gesehen und angefeindet wurde.

Alles war im Umbruch, und es lebte sich äußerst gefährlich, zeigte man auch nur das geringste Verständnis für Adlige. Das oberste Ziel der Regierung war es, die Monarchie mit allen Mitteln zu Fall zu bringen. Schon bald richtete sich die Wut auch gegen die Kirche und ihre Vertreter. Plünderungen von sakralen Gebäuden standen auf der Tagesordnung, und wer sich zu seinem christlichen Glauben und zur Kirche bekannte, musste genauso um sein Leben bangen wie der Klerus und der Adel.

Es war ein lauer Hochsommerabend, als Jacques den Salon de Cire betrat und Marie bat, zu ihm in die Kutsche zu steigen. Curtius lächelte wissend und nickte, was so viel wie eine Erlaubnis bedeutete.

Als sie am Louvre angekommen waren, hielt die Kutsche. Jacques reichte Marie die Hand und ließ sie auch nicht mehr los, bis sie vor seinem Appartement standen. Sie befreite sich aus seinem Griff und trat einen Schritt zurück.

»Was tust du da? Möchte Marguerite mich etwa kennenlernen? Deswegen soll ich meine Arbeit unterbrechen? Nein, Jacques, ich werde diese Wohnung nicht betreten! Du bringst mich auf der Stelle wieder zurück!«

Doch Jacques begegnete ihrem Widerstand mit einem Lächeln, und schon hatte er sie in die Wohnung gezogen, die erstaunlich leer aussah. Nur ein paar wenige Möbel standen darin. Ein Fenster war geöffnet, durch das das Treiben von der Straße hereindrang. Außer ihnen schien gerade niemand da zu sein. Jacques legte beide Arme um ihre Taille und drückte sie an sich. Dann küsste er ihren Hals, zog ihre Haarnadeln heraus und fuhr durch ihre Locken, bis Marie ihn sanft wegschob und fragte: »Was ist nur in dich gefahren?«

Er nahm sie an beiden Händen, drehte sich mit ihr im leeren Raum und lachte sie an. Sein schiefer Schneidezahn blitzte im Sonnenlicht. »Die Freiheit! Die Freiheit ist in mich gefahren! Ich bin jetzt ein geschiedener Mann, Marie. Ich bin frei! Wir sind frei!«

Marie blieb ungläubig stehen. »Du lügst mich auch ganz gewiss nicht an?«

»Aber nein! Tanz mit mir, Marie, und feiere mit mir! Jetzt gibt es nur noch uns.«

Die Freude überwältigte sie so heftig, dass ihre Hände gar nicht mehr wussten, was sie tun sollten. Auch waren die ersten Freudenschreie nur lautloses Keuchen. Immer wieder fasste sie sich ans Herz und wusste nicht, wie sie das Glück am besten festhalten konnte. Die Jahre des Versteckspielens, der Lügen und der Eifersucht waren vorbei. Jetzt war sie die Frau an seiner Seite. Wie lange hatte sie sich das schon gewünscht!

Jacques öffnete eine Flasche Schaumwein und reichte Marie ein Glas des perlenden Getränks. »Auf die Frau, die ich liebe!«

Es war der schönste Sieg, den die Revolution hervorgebracht hatte, dachte Marie.

Im Juli hatte sich Charlotte zu einem Besuch angekündigt. Seit dem Sommer 1789, kurz vor der Erstürmung der Bastille, hatten sie sich nicht mehr gesehen, standen aber in regem Schriftverkehr. Charlottes letzte Briefe waren vor allem von politischen Themen geprägt gewesen. Ihre Verachtung für Marats Gräueltaten hatte sich mittlerweile zu einem regelrechten Fanatismus ausgewachsen.

Maman bestand darauf, die Verfasserin der Briefe auf dem edlen Briefpapier endlich kennenlernen zu dürfen. Gemeinsam mit Marie bereitete sie zu ihrer Ankunft ein Abendessen vor. Als Charlotte kam, fiel es Marie schwer, ihr in der Öffentlichkeit nur die Wange küssen zu dürfen, denn ihre Anwesenheit weckte sofort Maries Begehren, das sie in der Normandie entdeckt hatte.

Die vier Jahre hatten Charlotte rein äußerlich nichts anhaben können. Sie stand in der Blüte ihres Lebens und war wunderschön. Beim Abendessen machte sie durch ihre gewählte

Sprache großen Eindruck auf Maman. Onkel Philippes Sympathien hingegen stockten ein wenig, als Charlotte erklärte, sie sei überzeugte Girondistin. Während die Jakobiner radikale Methoden befürworteten, wollten die Girondisten eine gemäßigte Erneuerung der Monarchie und des gesamten Regimes. Nicht zuletzt, weil in ihren eigenen Reihen viele Adlige waren, die weiterhin in der konstitutionellen Monarchie eine Zukunft sahen, die es seit der Gründung der Republik nun aber nicht mehr gab. Marie zuliebe wollte Curtius die Gastfreundschaft nicht gefährden, erlaubte es aber nicht, dass Charlotte bei ihnen nächtigte.

»Aber Onkel Philippe«, protestierte Marie. »Ich war doch in der Normandie Charlottes Gast!«

Doch Curtius blieb eisern. Charlotte nahm Maries Hand und lächelte. »Es ist schon in Ordnung. Ich habe mir ohnehin ein Zimmer im Hotel de la Providence genommen. Außerdem habe ich nicht vor, lange in Paris zu verweilen.« Sie lächelte Curtius schelmisch an und fügte hinzu: »Die Konterrevolution sollte man nicht warten lassen.«

Beim Abschied knickste sie formvollendet. »Ich bedanke mich sehr für Ihre Gastfreundschaft. Ihr Essen, Madame Walder, verdient höchste Auszeichnung. Ich empfehle mich.«

Die beiden Freundinnen hatten sich für den nächsten Tag verabredet. Marie wollte Charlotte im Hotel abholen, doch die war noch auf ihrem Zimmer und hatte es nicht besonders eilig.

»Ein Wiedersehen nach so langer Zeit verlangt nach einem Kuss.«

Obwohl Marie sich vorgenommen hatte, stark zu bleiben, ergab sie sich der Verlockung und erwiderte den Kuss, der immer noch fruchtig wie eine Kirsche schmeckte. Doch diesmal wollte Marie es bei dem Kuss belassen.

»Jacques hat sich scheiden lassen, Charlotte.«

Diese Nachricht schien Charlotte weder zu überraschen noch zu beunruhigen. Sie knotete ihr Halstuch auf und nahm es ab, dann legte sie sich anmutig wie eine Göttin auf das Bett.

»Und du glaubst, das hat er für dich getan, Marie?«

»Darüber habe ich noch nicht nachgedacht, aber ja, ich glaube schon. Jacques liebt mich.«

»Versprich mir, dich ihm nicht zu unterwerfen. Ich kenne ihn ja nur aus deinen Erzählungen, deswegen glaube ich auch, dass er dich liebt. Aber ich glaube nicht, dass er dich heiraten wird, denn als Ehefrau bist du ihm zu stark.«

»Was redest du da?«

»Du brauchst ihn nicht, um dich groß zu fühlen oder um im Licht zu stehen. Du bist keine von den Frauen, die sich für den großen Künstler ausziehen, weil sie auf eine Belohnung hoffen. Nein, du hast deine eigene Kunst! Das macht dich groß. Und Jacques weiß das. An deiner Seite wäre die öffentliche Aufmerksamkeit nicht mehr allein auf ihn gerichtet. Und ich glaube nicht, dass Jacques bereit ist, gerade diese Aufmerksamkeit mit einer Frau zu teilen. Lass deine Wachsfigurenausstellung beliebter werden als seine Gemälde – dann würde er dich zerstören. Er würde dich an den Herd ketten und dir deine ehelichen Pflichten predigen. Am Ende bist du nicht mehr die reizvolle Geliebte, sondern die betrogene Ehefrau.«

Dieser Gedanke war nicht nur betrüblich und schmerzhaft, sondern bestätigte ein Gefühl, das Marie ohnehin schon hatte.

»Außerdem macht er ja gerade ziemlich Karriere, nicht wahr?«, fuhr Charlotte fort. »Ist er immer noch mit Marat befreundet?«

»Warum fragst du?«

»Weil Marat das Verderben Frankreichs ist. Er ist keinen

Deut besser als Robespierre. Schlimmer noch, Robespierre steht wenigstens zu dem, was er tut, während Marat im Hintergrund auf subtile Weise die Fäden zieht und diejenigen die Drecksarbeit machen lässt, die seinen wahnhaften Hasskrieg mit ihrem Blut bezahlen. Ich begrüße die Republik, ja, aber man muss einem Massenmörder wie Marat das Handwerk legen. Er tut außerdem alles, um uns Girondisten aus dem Weg zu räumen, weil wir ihm zu adlig und nicht radikal genug sind. Wir werden im Konvent einfach ausgeschaltet. Führende Girondisten wurden auf seinen Befehl verhaftet und hingerichtet, weil er sie für Revolutionsgegner hält. Und er hört nicht auf damit. In seinen letzten Veröffentlichungen hat er die Hinrichtung von zehntausend Gegnern und mehr gefordert. Mit einem blutsaugenden Tyrannen wie ihm marschiert unser Land geradewegs in einen Bürgerkrieg. Ihm haben wir die Septembermorde zu verdanken. Er ist neben Robespierre das größte Übel der Revolution!«

Es war erstaunlich, mit welcher Vehemenz Charlotte aufrührerische Reden hielt und dabei trotzdem besonnen blieb. Sie konnte hassen, ohne laut zu werden.

»Frankreich muss von dem Gift, das sich Marat nennt, befreit werden, sonst steuert unsere Nation auf eine Katastrophe zu, die grausamer sein wird als jeder Krieg«, erklärte Charlotte.

»Man könnte meinen, du möchtest ihm am liebsten selbst das Handwerk legen.«

»Am liebsten, ja.«

Marie lachte. »Charlotte, du bist eine Frau. Du glaubst doch nicht etwa, dass dich irgendjemand anhört. Du bist nicht Maria Theresia von Österreich, die ihre Kriege führte, wie sie wollte, weil sie die Erzherzogin war.«

Charlotte wurde sogleich wieder anschmiegsam. »Habe ich dir nicht selbst beigebracht, dass Frauen genauso viel Verstand und Willenskraft haben wie Männer? Dass ihnen derselbe Platz in der Gesellschaft zusteht? Ich schrecke nicht davor zurück, Dinge zu tun, die auch ein Mann kann.«

Marie setzte sich zu ihr ans Bett und schmunzelte. »Ich weiß.«

»Lass uns Marat für heute vergessen und lieb mich noch einmal, Marie. Ich bitte dich darum. Vergiss für einen Moment deinen Jacques.«

Marie küsste sie auf die Stirn. »Nein, Charlotte. Ich liebe dich, ja, aber Jacques liebe ich auch. Ginge ich meinen Gefühlen jetzt nach, würde ich ihn betrügen, und das möchte ich nicht.«

Charlotte streichelte ihr sanft über den Arm. »Wie überaus schade, aber ich verstehe das.« Sie nahm ihre Hände und küsste Maries Handflächen. »Ich liebe deine Hände, die für die Welt Gesichter formen, die jeder bewundert. Du bist eine Schöpferin, Marie. Du bist meine Wachskönigin.«

»Und was ist mit dir? Hast du noch nie das Bedürfnis nach einem Mann verspürt?«

Charlotte legte sich auf den Rücken und hielt die Hände hinter dem Kopf verschränkt. »Ach, manchmal schon. Aber die Männer, die sich für mich interessierten, wollten mich immer gleich heiraten.«

»Haben sie dir denn nicht gefallen?«

»Doch, manche sogar sehr.«

»Und warum hast du abgelehnt?«

»Ich bin eine Adlige, Marie. Bei den meisten von ihnen wusste ich nie, wie viel ehrliche Absichten wirklich dahintersteckten oder ob sie nur auf den Titel aus waren. Außerdem ist mir die Vorstellung ein Graus, mich für den Rest des Lebens auf einen einzigen Mann festlegen zu müssen. Davor möchte ich mich schon noch ein wenig amüsieren.«

Marie warf ein Kissen auf Charlotte. »Dann lass uns heute Abend noch etwas unternehmen. Lass uns ins Café Procope gehen. Da dürfen inzwischen auch alleinstehende Frauen rein.«

»Und dann? Liebst du mich nach einem Kaffee?«

»Sei nicht albern, Charlotte. Ich hole dich um sechs Uhr ab.« Sie gab ihr einen Kuss. *»Au revoir.«*

Marie ließ sogleich einen Brief an Jacques schicken, mit dem sie ihn ebenfalls ins Café Procope einlud. Dann würde Charlotte ihn endlich kennenlernen und konnte sich selbst ein Bild von ihm machen.

Als Charlotte im Café eintraf, trug sie wieder ein schlichtes Kleid, das ihre Konturen erahnen ließ, ohne anzüglich zu wirken. Ihr Schal war von feinster Atlasseide. Sie war die Vertreterin eines Adelsstandes, dem es nicht darum ging, nach außen zu demonstrieren, wer man war. Dass Jacques sofort von ihr angetan war, ließ sich nicht übersehen. Sie unterhielten sich im Café nur wenig über Politik. Wahrscheinlich wollte Charlotte ihnen den Abend nicht verderben, und Jacques, von Marie vorgewarnt, gab ihr galanterweise keinen Anlass zu heftigen Debatten. Auch wenn auf den Straßen die Sansculotten herumlungerten und die Stadt voller Anspannung auf die österreichisch-preußischen Truppen wartete, die Paris jederzeit zu erstürmen bereit waren, so schien doch im Procope Frieden zu herrschen.

Die drei tranken nicht nur Kaffee, sondern auch das ein oder andere Glas Rotwein. Die Stimmung wurde zusehends gelöster, das Lachen lauter, das Verhalten ungezwungener. Jacques brachte Marie nach Hause, und Charlotte nahm die Kutsche zum Hotel. Als Marie sich von Jacques verabschiedet hatte und ins Bett ging, hielt sie eine plötzliche Lust auf Charlottes Körper wach. Sie hatte ihre Freundin so lange nicht mehr gesehen, und nach vier Gläsern Wein konnte sie gar nicht mehr verstehen, warum sie sich Charlottes Wunsch entzogen hatte. Ob die Intimität zwischen zwei Frauen auch Betrug war? Immerhin war sie mit Jacques nicht verheiratet.

Marie stand wieder auf und zog sich an. Heißblütig und hungrig nach Charlotte lief sie durch die schwach beleuchteten Straßen zum Hotel. Der Nachtportier gewährte Marie anstandslos Einlass. Zielstrebig ging sie auf Charlottes Zimmer zu und konnte es kaum erwarten, die Überraschung in ihren Augen zu sehen, ihr in die Arme zu fallen und ihren Körper mit Küssen zu bedecken. Sie klopfte zaghaft, dann drehte sie am Türknauf.

Doch als Marie eintrat, bot sich ihr ein Bild, das sie nie vermutet hätte. Sie ertappte Charlotte in einer unmissverständlichen Situation. Der Mann unter ihren nackten Schenkeln war kein anderer als Jacques.

Paris, 1793

Marie hatte schon viele Tragödien erlebt, doch diese war mit Abstand die größte gewesen. Auch wenn Jacques sogleich den Liebesakt mit Charlotte unterbrochen hatte und Marie, um Verzeihung flehend, nachgerannt war, so blieb der Vorfall doch unverzeihlich. Die Erkenntnis, dass Jacques sie weiterhin betrog, machte sie krank, als würde ein tödliches Geschwür in ihrem Herzen heranwachsen, das alles lähmte, zerstörte und auffraß. Sie konnte Jacques nicht mehr sehen, ertrug seine Treulosigkeit nicht mehr, hielt die zweifelhaften Reuebekundungen nicht aus. Einen ganzen Tag lang hatte er vor ihrer Tür gestanden, um sich zu entschuldigen, doch Marie wollte ihn weder sehen noch sprechen. Auf den Schlachtfeldern Frankreichs konnte es nicht schlimmer aussehen als in ihrem Herzen.

Charlotte hatte ihr einen Brief schicken lassen, den sie immer wieder las.

Geliebte Marie,
ich weiß, dass du mir nicht verzeihen kannst, auch wenn es mir alles bedeuten würde, bevor ich in den Tod gehe. Es lohnt sich nicht, zu erklären, was aus einer dummen Laune heraus entstanden ist. Du wirst uns ja doch ver-

urteilen. Zu Recht. Ich wünsche dir, dass du die Sanftmut, die in meiner Liebe lebt, erkennst, wenn ich sie dir schicke und du bereit bist, sie anzunehmen, wenn sie die Hand nach dir ausstreckt.
Ich liebe dich und verehre dich, meine Wachskönigin.
Für immer
Charlotte

Warum Charlotte jetzt schon vom Tod sprach, konnte sich Marie nicht erklären, doch dann überschlugen sich die Ereignisse in einer Geschwindigkeit, dass sie nicht einmal die Gelegenheit hatte, die Wunden ihrer größten Verletzung zu lecken.

Schon am nächsten Tag kam Curtius mit drei Gendarmen ins Haus. Er war blass wie eine Kalkwand und suchte nach Marie, die phlegmatisch bei Maman in der Küche saß und aus dem Fenster stierte wie ein verstörtes Kind.

»Marie? Das sind die Herren der Gendarmerie. Sie sind gekommen, um dich zum Haus von Marat zu bringen.«

Sie drehte sich zu den Männern um. »Zu Marat? Warum soll ich denn zu Marat gebracht werden?«

Ein Gendarm verbeugte sich. »*Bonjour,* Mademoiselle. Marat ist in seinem Haus erstochen worden. Bevor der Leichnam weggebracht wird, sollen Sie nach dem Willen des Konvents eine Totenmaske von ihm machen und dann für das Revolutionsmuseum ein Porträt modellieren.«

Maman zog einen Stuhl heran, auf den sie sich vor lauter Schreck setzen musste, während Marie einen Stich in der Herzgegend verspürte, der sich in seiner Heftigkeit kaum von denen unterschied, die Jacques ihr zugefügt hatte. Die Ahnung, wer es gewesen sein könnte, schnürte ihr die Stimmbänder zusammen.

»Marat ist erstochen worden? Weiß man denn, wer es war?«

»Ja. Eine Girondistin namens Charlotte Corday, aber dank eines Journalisten, der gerade zugegen war und sie bei ihrer Flucht überwältigen konnte, war es uns möglich, sie noch vor Ort zu verhaften. Sie hat sich nicht einmal gewehrt.«

Marie hatte das Gefühl, dass es besser war, nichts zu sagen und den Gendarmen zu folgen. Ausgerechnet jetzt, in der Stunde des größten Herzeleids, war es ihr nicht gestattet, auch nur dem winzigsten Gefühl nachzugeben, und sie fragte sich, wie viel ein Mensch eigentlich aushalten kann, wenn er muss.

»Leider drängt die Zeit, Mademoiselle. Wir müssen sofort los, denn die Sommerhitze setzt dem Leichnam zu. Suchen Sie bitte schnell zusammen, was Sie benötigen. Eine Kutsche wartet draußen auf Sie.«

In der Rue des Cordeliers hatte sich ein riesiger Menschenauflauf gebildet. Die Nachricht von Marats Tod hatte die Stadt in eine kollektive Bestürzung versetzt.

Mithilfe der Gendarmen wurde Marie durch die Meute ins Haus geschoben. Im Erdgeschoss standen zwei Gendarmen, die mit einem Mann sprachen und sich dabei Notizen machten. Vermutlich handelte es sich um den Journalisten, der Charlotte überwältigt hatte. Marats Frau Simone saß heulend in einem Sessel und wurde von einer Dienstmagd betreut.

Marie wurde in den ersten Stock gebracht, wo sich das Bad befand. Als sie eintrat, hätte sie am liebsten gleich wieder kehrtgemacht. Die Luft war heiß und stickig. Der tote Marat lag mit einem Turban auf dem Kopf in blutgefärbtem Badewasser. Ein Messer steckte bis zum Schaft in seiner Brust. Nur noch der Holzgriff ragte heraus. Marat war noch warm. Sein Körper blutete, und der leichenhafte Anblick seiner fast teuflischen Züge bot ein Bild vollkommener Schrecklichkeit.

Doch das Schlimmste kam noch: Jacques stand vor der Leiche und fertigte eine Skizze der Szenerie an. Um es auf gar keinen Fall zu einem Blickwechsel mit Jacques kommen zu lassen, starrte Marie hoch konzentriert auf die Wanne und holte noch einmal tief Luft, bevor sie auf den frisch erstochenen Marat zuging. An diesem furchtbaren Ort ging es um keine verletzten Gefühle, keine gekränkten Eitelkeiten oder gebrochenen Schwüre, sondern es ging nur um die Abnahme einer Totenmaske.

»Das ist übrigens Monsieur David.« Der Gendarm zeigte auf Jacques. »Er gab die Anweisung, dass Sie eine Totenmaske machen.«

»Abnehmen!«, korrigierte Marie in pädagogischer Strenge.

»Wie meinen?«, fragte der Gendarm irritiert.

»Ich nehme eine Totenmaske ab. Ich mache keine Totenmaske. Sie sprechen die ganze Zeit von Totenmaske machen. Es heißt aber abnehmen!«

»Verzeihen Sie, natürlich. Dann geben Sie Bescheid, wenn Sie fertig sind«, meinte der Gendarm. »Ich warte so lange unten.«

Man hörte ihn noch die Treppe zu den anderen hinuntergehen, dann war Marie mit Jacques allein im Raum. Marie ließ das Gipspulver in eine Schüssel rieseln, dann begann sie, Marats Gesicht, Hals und Oberkörper sowie den aus der Wanne herabhängenden Arm einzuölen. Gedanklich formte sie ein fertiges Tableau im Kopf: Sie würde Marat nicht exakt so darstellen, wie sie ihn jetzt vorfand. Vielleicht neigte sie seinen Kopf weiter vor, das würde mehr Spannung erzeugen und den Eindruck erwecken, dass er nicht tot, sondern noch am Sterben sei. Jacques schien mit seiner Skizze schon fertig zu sein.

»Du kannst wieder aufhören, Marie«, begann er, »es gibt keinen Auftrag für dich vom Konvent. Es ist ein furchtbarer

Anlass, aber immerhin ein Anlass, bei dem ich mit dir reden kann. Ich habe dich unter dem Vorwand herkommen lassen, dass der Konvent eine Büste von Marat will, aber in Wirklichkeit wollte ich dich sehen und endlich mit dir reden.«

Marie arbeitete weiter und zeigte keinerlei Gesprächsbereitschaft. Jacques winselte wie ein geprügelter Hund. »Es war ein Fehler, Marie. Ein dummer Fehler, der nie hätte passieren dürfen. Wir hatten alle zu viel getrunken, und die Höflichkeit verlangte, dass ich Charlotte ins Hotel begleitete, doch dann bin ich eben der fleischlichen Lust erlegen. Nun, du weißt doch selbst, wie das ist.«

Ungeachtet seiner Worte rührte sie den Gips an.

»Herrgott, Marie! Ich habe mich nicht scheiden lassen, um mich nun vor dir rechtfertigen zu müssen! Wenn du mir nicht verzeihen willst – bitte, aber wenn du Charlotte nicht verzeihst, dann begehst du eine wahre Sünde. Sie wurde ins Prison de l'Abbaye gebracht. Such sie auf und vergib ihr, und wenn es das Letzte ist, worum ich dich bitte.«

Zitternd begann Marie, den Gips im Gesicht des Toten aufzutragen. Es war alles zu viel – der grausige Mord an Marat, Charlottes Verrat, das Leid, das sie und Jacques ihr zugefügt hatten…

Jacques wartete immer ungeduldiger auf ihre Reaktion, doch sie arbeitete stoisch weiter, bis er schließlich seine Sachen packte.

»Hörst du mir eigentlich zu? Der angebliche Auftrag vom Konvent war ein Vorwand. Nur ich wurde mit einem Gemälde beauftragt. Du kannst dir deinen Gips also sparen.«

Endlich unterbrach sie ihre Tätigkeit. Mit der Schüssel, in der sich die Gipsmasse befand, stand sie direkt vor ihm.

»Ich habe ganz offiziell einen Auftrag erhalten, und zwar

unter Zeugen, und den werde ich ausführen. Und du, Jacques-Louis David, bist der Letzte, der mich davon abhalten wird!«

Als die Kutsche Marie mit den frischen Gipsabdrücken nach Hause brachte, ging sie sogleich in die Werkstatt und fing mit der Arbeit an. Curtius und Maman eilten in großer Aufregung herbei und wollten alles über den Mord an Marat wissen. »Was ist passiert?«, fragte Curtius. »Erzähl uns davon, Marie.«

»Ach, Onkel Philippe«, erwiderte sie. »Wie war das noch schön, als ich nur ein paar erotische Miniaturen in Ihrer Werkstatt fand.«

Paris, 1793

In den nächsten zwei Tagen arbeitete Marie fieberhaft an Marats Tableau und verließ die Werkstatt nur noch zum Schlafengehen. Maman hatte Sorge, sie könne dem Wahnsinn verfallen. Erst als Marie von Curtius erfuhr, dass Charlottes Verhandlung noch an diesem Morgen vor dem Revolutionstribunal stattfinden werde und Robespierre sie köpfen lassen wolle, legte sie die Arbeit aus der Hand. Sie nahm die Schürze ab, ging wortlos an Curtius vorbei und aus der Werkstatt. Dann machte sie sich auf den Weg zum Haus des Tischlers Maurice Duplay, in dem Robespierre eine Wohnung gemietet hatte.

Weder die Dienstmagd noch Madame Duplay konnten sie davon abbringen, zu Robespierre vorzudringen. Entschlossen und zielstrebig wie vor einem halben Jahr auf dem Weg zum Konvent betrat Marie die Wohnung und fand Robespierre an seinem Schreibtisch vor. Er erkannte sie sofort, legte seine Schreibfeder nieder und sah zu ihr auf. Wortlos blickten sie sich an. Nach einer Weile stand er auf, woraufhin Marie knickste. Ohne Umschweife kam sie zur Sache.

»Sie haben Charlotte Corday heute verurteilt?«

»Das Tribunal hat sie verurteilt.«

»Welches Schicksal erwartet sie?«

»Die Guillotine. Heute Abend um neunzehn Uhr auf der Place de la Révolution.«

»Das können Sie nicht machen!«

»Charlotte Corday ist die Mörderin eines Revolutionärs, eines Kämpfers für Gleichheit und Frieden für das neue Frankreich!« Unbeeindruckt nahm Robespierre seine Schreibfeder und schrieb weiter.

»Frieden?« Fast musste sie lachen. »Unter seiner Führung werden ganze Menschenmassen abgeschlachtet wie im Krieg!«

»Frankreich befindet sich auch im Krieg, Mademoiselle Grosholtz, und ich rate Ihnen: Mäßigen Sie sich in dem, was Sie denken, und in dem, was Sie sagen!«

»Nicht Charlotte, ich bitte Sie. Sie ist eine Girondistin. Sie kämpft doch genauso für den Frieden.«

»Ihr Kampf ist nicht unser Kampf. Sie zerstört, was wir versuchen, neu aufzubauen.«

Marie wusste sich nicht mehr anders zu helfen und sank vor Robespierre auf die Knie. Wie zum Gebet waren ihre Hände gefaltet, und mit tränenerstickter Stimme bettelte sie: »Maximilien, ich flehe Sie an, lassen Sie sie am Leben! Nehmen Sie sie gefangen, aber strafen Sie sie nicht mit dem Tod. Ich bitte Sie inständig! Um unserer alten Freundschaft willen.«

Er zog seinen Stuhl zurück und stand auf. »Charlotte Corday wurde das einzig richtige Urteil zugesprochen. Es gibt keinen Grund für eine Amnestie. Kommen Sie nie mehr hierher, um irgendetwas zu erbitten. Und nennen Sie mich nie wieder Maximilien!«

Bevor sie ging, sah sie ihm in die Augen. Darin war nichts mehr von dem kleinen Lächeln zu erkennen, dass Maximilien de Robespierre ihr einst in Ermenonville geschenkt hatte.

»Was in Gottes Namen hat Sie nur so verhärtet?«, sagte

sie leise. »Wenn ich heute Abend für Charlottes Seele beten werde, dann bete ich auch für Ihre.«

»Die Kirche trägt genauso Schuld an der Revolution!«, rief er.

»Das sagen Sie als gläubiger Katholik? Es ist erstaunlich, wie man sich für das Falsche so stark ereifern kann, dass man den Blick für das Gute verliert.«

»Sie sagen mir nicht, was richtig und was falsch ist! Sie nicht! Und nun verschwinden Sie auf der Stelle – oder ich lasse Sie umgehend verhaften!«

Bisher hatte Marie noch nie einer Hinrichtung beigewohnt. Sie hasste diese grausame Form der Massenunterhaltung. Der Mob strömte zur Place de la Révolution wie zu einem Volksfest. Der Platz, den alte Fachwerkhäuser säumten, an deren Giebeln Schilder von Handwerksbetrieben hingen, füllte sich mit Männern, Frauen und Kindern. Die besten Plätze waren die auf der Mauer zum Schlossgarten der Tuilerien. Es wurden sogar Sitzplätze bereitgestellt, für die man ein Entgelt verlangte. Der Andrang war groß. Ein paar dieser Stühle waren schon seit dem Nachmittag von Frauen besetzt, die unentwegt strickten und schnatterten. Die Stimmung hätte nicht kurzweiliger sein können.

Marie hatte schon von diesem Stammpublikum gehört. Gerade bei der Hinrichtung einer Frau wollte man sehen, wie diese im einfachen Büßergewand zur Schau gestellt wurde. Die Weiber aus der Gosse nutzten diese Gelegenheit, um ihr ordinäres Schimpfvokabular ungehemmt hinauszukrakeelen. Männer erregte der Anblick eines spärlich bedeckten Frauenkörpers auf andere Weise. Streunende Hunde schnüffelten am Boden und warteten in großer Vorfreude auf die Bäche frischen Blutes, das an solchen Tagen vom Podest heruntersickerte. Tritte, die sie verscheuchen sollten, nahmen sie dafür geduldig in Kauf.

Der Himmel verdunkelte sich, und Donner grollte, der immer lauter wurde. Marie suchte sich einen Platz am Rand, auf den Stufen einer Schuhmacherwerkstatt. Das war ihre letzte Gelegenheit, Charlotte zu sehen. Die Frau, die sie von Herzen liebte und der sie an Ort und Stelle vergeben hätte, wenn das ihre Verurteilung rückgängig gemacht hätte. Nun begann es zu blitzen, und im selben Moment setzte ein starker Regen ein, der herniederprasselte, als wolle er die Stadt zur Vernunft bringen. Die Massen störte das nicht, sie schoben sich sensationslüstern nach vorn.

Mit einem Mal ertönten laute Rufe. Da kam sie. Ein Pferd zog den offenen Karren mit der Delinquentin holpernd über das Pflaster. Charlotte trug ein rotes Büßerhemd. Ihr kräftiges, ehedem langes Haar war bis zum Nacken abgeschnitten, die Hände auf dem Rücken mit einem Seil verschnürt. Die Menschen johlten wie auf dem Jahrmarkt. Sie bespuckten die Verurteilte oder bewarfen sie mit vergammeltem Essen, das sonst in den Trögen der Schweine gelandet wäre.

Furchterregende Blitze erhellten den Himmel. Charlottes Hemd wurde vom Regen durchweicht, und die Konturen ihres nackten Körpers waren nun für jeden sichtbar. Spott mischte sich mit Beleidigungen und geschmacklosen Kränkungen. Dass Marat das Volk zu furchtbaren Gräueltaten aufgehetzt hatte und verantwortlich für den Tod Hunderter unschuldiger Menschen war, wurde schlichtweg ignoriert.

Marie schnürte es die Brust ab, als sie Charlotte auf dem Karren stehen sah, die gleichmütig all diese Schmach über sich ergehen ließ. Das machte sie nur noch größer. Kurz bevor der

Karren die Hinrichtungsstätte erreichte, verlor das Gewitter an Kraft, der Regen hörte auf, und die Sonne schob gebieterisch die Wolken weg. Die Straßen waren nass, der Staub der Stadt in Rinnsalen weggespült. Soldaten des Revolutionstribunals hielten die aufgebrachte Menge im Zaum.

Auf dem gezimmerten Podest mit dem Fallbeil wartete der verhüllte Henker mit seinem Knecht auf die Delinquentin. Als der Karren an der Hinrichtungsstätte eintraf, griff ein Soldat nach Charlottes Händen, um sie auf das Podest zu führen. Die Rufe aus der Menge wurden immer lauter und unverschämter. Einer der Beamten hielt die Hand in die Höhe und bat um Ruhe. Er las den Absatz zur Erklärung der Hinrichtung vor.

»Im Namen des Volkes wurde über die hier Verurteilte Marie Anne Charlotte Corday d'Armont wegen brutalen Mordes an Jean-Paul Marat die Todesstrafe verhängt. Die Exekution erfolgt durch die Guillotine. Beschluss des Revolutionstribunals vom 17. Juli 1793, dem Jahr eins der Republik.«

Nachdem der Beamte das Urteil verlesen hatte, begann die Menge erneut zu grölen. Marie verfiel in eine innere Starre. Sie konnte nicht weinen, nicht schreien, nicht reden. Stocksteif stand sie an ihrem Platz und ließ Charlotte keinen Moment aus den Augen.

Charlotte stand mit erhobenem Haupt neben dem Beamten, aufrecht und furchtlos. Blass und abgezehrt sah sie aus, ihre Augen blickten in die Ferne. Sie ging in den Tod, wie sie im Leben gewesen war: gefasst, unerschütterlich, willensstark und schöner denn je – trotz des Büßergewandes und der abgeschnittenen Haare.

Der Henker packte die Verurteilte unsanft am Arm und hieß sie, sich auf das Brett zu setzen, auf dem sie anschließend festgeschnallt wurde. Dann wurde das Brett in die Horizontale geführt und Charlotte damit nach vorn geschoben. Der Henker drückte ihren Hals passgenau in die dafür ausgeschnittene Holzform. Mit einer einzigen Handbewegung löste er den todbringenden Mechanismus aus. Das Beil der Guillotine schoss in Windeseile hinab und trennte mit einem lauten Knall Charlottes Kopf von ihrem Leib. Die Meute jubelte auf und feierte die Vollstreckung vermeintlicher Gerechtigkeit. Stolz hielt der Henker den abgetrennten Kopf in die Höhe – ein gängiges Ritual. Der Verbrecher sollte als Demütigung in die schreiende Menge blicken.

Marie schloss die Augen. Bilder aus der Vergangenheit überwältigten sie. Charlotte, die ihr durchs Haar strich. Küsse, so fruchtig wie Kirschen. Ihre gemeinsamen Tage am Meer und in den Dünen. Ihre Freundin in einem weißen Kleid auf einer Sommerwiese, lachend und glücklich. Marie musste blinzeln. Nur noch schemenhaft konnte sie Charlottes Konturen erkennen, und ihr perlendes Lachen verlor sich in der Ferne.

Paris, 1793

Ganz Frankreich war im Blutrausch. Nur wenige Monate nach Charlottes Tod wurde Marie Antoinette, die junge, schöne Königin, ebenfalls mit der Guillotine hingerichtet. Um ihr in den letzten Wochen erträglichere Haftbedingungen zu ermöglichen, war sie in die Conciergerie überstellt worden. Man erzählte sich auf den Straßen, dass sie auf der letzten Stufe des Podests ins Straucheln gekommen und dem Scharfrichter auf den Fuß getreten sei, sich jedoch sofort bei ihm entschuldigt habe. Angeblich hatte sie kurz vor der Hinrichtung noch einmal nach Osten in Richtung des Gefängnisses gesehen, wo sie ihre Kinder wusste, und war zu einem letzten Gebet niedergekniet. Marie wusste, wie viel ihr ihre Kinder bedeutet hatten, denn sie hatte Marie Antoinette im Petit Trianon erlebt, wohin sie sich so gern zurückgezogen hatte, um ein wenig Privatheit zu genießen.

Man schickte den abgeschlagenen Kopf der Königin an Marie und Curtius, damit sie schnellstmöglich eine Totenmaske abnehmen konnten, bevor die sterblichen Überreste auf dem Cimetière de la Madeleine verscharrt wurden.

Marie und Curtius arbeiteten in diesen Zeiten, in denen die Köpfe der Monarchen und ihrer Anhänger in Massenabfertigung von der Guillotine rollten, unter enormem Zeitdruck.

Die einzige Totenmaske, die Marie weder modellieren wollte noch konnte, war die von Charlotte. Deshalb übernahm Curtius das für sie. Ansonsten sorgte auch bei ihr die Gewohnheit dafür, dass sie beim Anblick von Blut, toter Haut und abgeschnittenen Sehnen und Knorpel abstumpfte. Der fertigen Büste von Marie Antoinette legte sie einen seidenen Schal um den Hals, sodass man nicht mehr sehen konnte, wo das Beil ihren Kopf abgetrennt hatte. Der letzte Respekt, den sie der einstigen Königin zollen konnte.

Vor allem aber arbeitete Marie mit unermüdlichem Fleiß am Tableau von Marat. Ihr Ehrgeiz war, es noch vor Jacques' Gemälde fertig zu bekommen. Inzwischen hatte sie sich schon die Requisiten besorgt, die sie am Tatort gesehen hatte: eine Badewanne mit einem Schreibbrett darüber, über das ein grünes Tuch gespannt war, und einen Zettel, den Marat in der Hand gehalten hatte, auf dem angeblich die Namen der Girondisten standen, die er hinrichten lassen wollte. Was Marie gesehen hatte, war ein Mann mit einer Stichwunde in der Brust gewesen, in der das Messer bis zum Schaft steckte und aus der noch letzte Blutstropfen sickerten. Aber so wollte sie ihn nicht darstellen. Das Volk verehrte Marat, deshalb musste sie die Wirklichkeit ein wenig retuschieren. Ihr Marat war leicht nach vorne geneigt, und der rechte Arm hing aus der Wanne heraus. Das Messer ließ sie weg. Eine klaffende Schnittwunde reichte aus – den Rest würde die Fantasie des Betrachters besorgen.

Während sie auf ihre Arbeit konzentriert war, trat plötzlich Jacques in ihre Werkstatt. Maman hatte ihn hereingelassen. Obwohl sie nicht viel von ihm hielt, wusste sie doch, dass Maries Seelenweh nur derjenige lindern konnte, der es verursacht hatte. Jacques' Blick fiel sogleich auf die Darstellung von Marat, dessen Stichwunde sie gerade kolorierte. Sein Interesse für das Tableau war etwas irritierend. Wissbegierig, fast wetteifernd musterte er die Details. Offenbar war er gekommen, um mit ihr zu sprechen, doch sie beachtete ihn nicht und arbeitete schweigend weiter.

Jacques nahm seinen Dreispitz ab. »Auch wenn du immer noch nicht mit mir reden willst, so verlange ich doch, dass du mich anhörst. Ein letztes Mal sage ich dir: Das Tableau, das du gerade anfertigst, ist kein Auftrag des Konvents, und du wirst dafür nicht bezahlt werden. Ich hingegen werde dem Konvent im Rahmen einer Feierlichkeit mein Gemälde überreichen, mit dem ich beauftragt worden bin. Mach mit dem Tableau, was du willst, aber sei gewiss – der Konvent wird es nicht annehmen. Du brauchst dich auch nicht auf Zeugen zu berufen. Als Abgeordneter des Nationalkonvents informiere ich dich hiermit ganz offiziell. Und was den Fehltritt mit Charlotte angeht, so bitte ich dich heute ein allerletztes Mal um Verzeihung. Was ich getan habe, bereue ich zutiefst.« Seine Augenlider wurden rot, als würde er gegen aufkommende Tränen ankämpfen. »Wenn du mir nicht verzeihen kannst, Marie, dann weiß ich nicht, ob mein Herz das überleben wird. Niemand wird dich jemals so lieben wie ich. Du erhellst und erwärmst meine Welt. Auch wenn ich dich so verletzt habe, dass du nicht mehr zu mir zurückkehren willst, so bitte ich dich trotzdem um Vergebung. Und ich werde nicht eher gehen, bis du mit mir sprichst.«

Marie legte den Pinsel beiseite und sah ihn an. Wie gern hätte sie ihm vergeben, aber ihre Gefühle waren wie erstarrt.

»Das werde ich dir nie vergeben können, Jacques, selbst wenn ich wollte. Ihr beiden habt alles zerstört, was mir heilig war.«

»Was hast *du* eigentlich in jener Nacht bei Charlotte gewollt?«

»Das geht dich…« Sie spürte, wie die Tränen aufstiegen. »Sie war meine Freundin! Reicht das nicht?«

»Du verlangst von mir Aufrichtigkeit, Marie, und bedingungslose Treue. Immer muss ich mich erklären, muss Verständnis aufbringen und so ganz nebenbei akzeptieren, dass auch du dir vom Leben nimmst, was du willst. Ich werde mich von dir sicher nicht diskreditieren lassen in Dingen, die du selbst nicht besser zustande bringst!«

»Ich bin aber im Gegensatz zu dir nie verheiratet gewesen!«

»Nein, natürlich nicht! Du bist ja immer das Unschuldslamm! Soll ich dir mal was sagen? Manchmal war es fast erholsam, eine andere Frau nur für eine Nacht zu lieben. Es kamen weder Forderungen noch Vorhaltungen. Alles war flüchtig und unbeschwert. Ehrlich gesagt, wundert es mich nicht, dass noch kein Mann um deine Hand angehalten hat. Wer will schon eine Frau, der ihr Beruf wichtiger ist als ihr Mann und die macht, was sie will?«

»Du wagst, so mit mir zu reden? Eben noch die große Liebesbekundung und nun…?« Sie wusste nicht, warum ihr schon wieder die Tränen kamen, da sie doch eigentlich wütend war. »Verschwinde aus meinem Leben, Jacques! Du bist der letzte Mensch, mit dem ich noch etwas zu tun haben will. Ich will dich nie wiedersehen!«

»Ist das dein letztes Wort?«

»Zum Teufel, ja!«

Ungehalten setzte er den Dreispitz wieder auf. »Dieses Mal ist es endgültig, Marie. Du willst mich aus deinem Leben verbannen? Bitte. Noch einmal renne ich dir nicht mehr hinterher! Zum Teufel mit dir!«

Als er ging, schlug er die Türen so laut hinter sich zu, dass Maman aufgeregt aus der Küche zu Marie gehinkt kam und diese kreidebleich vorfand. Als der Essensgeruch in Maries Nase stieg, wurde ihr mit einem Mal so schlecht, dass sie es gerade noch schaffte, hinauszurennen. Maman folgte ihr und wartete darauf, dass Marie mit ihr sprach, doch diese tupfte sich nach dem Erbrechen den Mund mit einem Tuch ab und wollte wieder zurück in die Werkstatt. Maman hielt ihren Arm fest und zog sie zurück.

»Hiergeblieben! In letzter Zeit ist dir ein bisschen zu oft schlecht, findest du nicht auch? An meinem Essen liegt es nicht. Und sag mir jetzt nicht, dass es an den vielen Leichen liegt! Raus mit der Sprache. Wann war deine letzte Monatsblutung?«

»Vor drei Monaten.« Beschämt sah Marie nach unten.

»Heilige Maria, Muttergottes! Das musste ja irgendwann so kommen. Ist Jacques der Vater?«

»Wer denn sonst?«

»Hast du es ihm gesagt? War er deswegen hier? Habt ihr euch deshalb gestritten?«

»Nein. Er weiß es nicht, und er soll es auch nicht erfahren.«

»Bist du von Sinnen? Du erwartest ein uneheliches Kind! Hast du überhaupt eine Ahnung, was das bedeutet?«

»Ich bin unabhängig genug, um ein Kind auch ohne Vater aufzuziehen.«

»Nein, Marie, das bist du nicht! Du weißt nicht, was auf dich zukommt. Du wärst gesellschaftlich geächtet. Kein Mensch würde mehr in deine Ausstellungen kommen. Diesen tiefen Fall wirst du nicht überstehen!« Sie hatte Maries Arm inzwischen wieder losgelassen, nahm ihre Haube ab und raufte sich die Haare. »Hör zu, Jacques muss zur Verantwortung gezogen werden. Wenn er dich nur ansatzweise so liebt, wie er es behauptet, wird er dich ehelichen. Denn das ist das, was du jetzt brauchst.«

Marie schüttelte den Kopf und heulte drauflos. »Das wird er nicht. Ich habe ihn soeben aus meinem Leben verbannt. Es ist vorbei, Maman. Dieses Mal für immer. Wir haben uns beide zu sehr verletzt.«

»Das werden wir ja sehen.«

»Was haben Sie vor?«

»Im Moment noch nichts, aber ich lasse mir etwas einfallen. Meine Tochter wird nicht zum Gespött der Stadt werden.« Sie nahm ihre Schürze ab und ging wieder ins Haus. »Jetzt gehe ich erst mal zur Muttergottes und zünde eine Kerze für dich und die arme Seele an, die in dir heranwächst.«

»Aber Maman! Die Kirchen sind umstellt von Sansculotten. Man wird Sie verhaften, wenn Sie zeigen, dass Sie eine Gläubige sind.«

»Ich finde schon einen Weg zur Muttergottes.« Mamans Miene verriet feurige Entschlossenheit. »Das lass ich mir von nichts und niemandem verbieten!«

Im November 1793 war es so weit. Jacques sollte dem Nationalkonvent sein Gemälde des toten Marat überreichen. Onkel Philippe hatte Marie eindringlich gebeten, sie zu dieser Veranstaltung zu begleiten, wohl wissend, wie es um sie stand. »Es ist jetzt an dir, ihm zu verzeihen«, hatte er gesagt. »Wenn du es schon nicht für ihn tust, dann tu es für dich und deine Zukunft. Manchmal schadet es nicht, auf Maman zu hören.«

Marie hatte seit dem Bruch mit Jacques und den darauffolgenden Gesprächen mit Maman viel nachgedacht und war inzwischen bereit, Jacques zu vergeben. Ihre Liebe hatte keineswegs aufgehört, und mit seinem Kind wuchs auch eine besondere Verbindung heran, die Versöhnung erforderte. Manchmal war es schwer, über seinen Schatten zu springen, aber immer noch leichter, als stets dickköpfig gegen Gefühle anzukämpfen. Sie brauchte ihre Kraft für andere Dinge, und so folgte sie Curtius' Empfehlung, mit ihm zum Konvent zu gehen. Sollte Jacques sich nicht erweichen lassen, so konnte sie das Kind immer noch allein großziehen, aber sie wollte wenigstens versuchen, sich zu entschuldigen, um später keinem Vorwurf mehr ausgesetzt zu sein.

Für diesen Tag hatte sie ein schönes Kleid gewählt und ihre Haare hochgesteckt. Die Haut hatte sie mit ein bisschen Rouge bepudert, damit ihre Schwangerschaftsblässe nicht so offensichtlich war. Als sie mit Onkel Philippe an ihrer Seite den Konvent betrat, trafen sie ehrfurchtsvolle Blicke. Curtius war ein gern gesehener Mann, aber heute verneigte man sich vor der Wachsbildnerin, die im Januar desselben Jahres vor dem Konvent selbstbewusst ihre Forderungen gestellt hatte. Das Revolutionsmuseum in der Rue de Sévigné war seitdem gefüllt mit den Wachsköpfen, die von ihren Händen modelliert worden waren.

Als die Glocke geschlagen wurde, um Ruhe in den Saal zu bringen, nahmen manche Gäste Platz, andere blieben stehen, darunter auch Marie und Curtius. Jacques trat aus dem Dunkeln ins Licht zum Rednerpult. Hinter ihm an der Wand hing sein Gemälde, das noch verhüllt war. Jacques hielt eine flammende Rede über seinen Freund Marat. Seine Worte verherrlichten ihn und passten zu dem Kult, der seit seiner Ermordung um ihn gemacht wurde. Die Bestie Marat wurde zu einem Heiligen erhoben – die Märtyrerin Charlotte Corday zu einer Bestie erniedrigt. Jacques' Rede endete mit der Aufforderung, Marat die Ehre zuteilwerden zu lassen, ihn ins Panthéon zu überführen, der Ruhmeshalle Frankreichs, wie es französischen Persönlichkeiten und Helden gebühre. Sein Ton war rauer geworden, kompromissloser. Würde jemand wie er auf Maries Bitte um Vergebung eingehen?

Nach einem jubelnden Applaus, wie ihn damals schon Marat bekommen hatte, griff Jacques an den Vorhang, zog mit Schwung daran und gab den Blick auf das Gemälde frei. Das Publikum applaudierte erneut. Doch als Marie das Gemälde sah, blieb ihr der Mund offen stehen. Ihr Klatschen verebbte. Das Motiv war identisch mit dem ihres Wachstableaus, das noch in der Werkstatt stand. Jacques hatte nicht die Version des Tatorts gemalt, sondern ihr Tableau. Curtius bemerkte Maries Unwohlsein und begleitete sie, in Sorge um ihren Zustand, nach draußen.

»Ihr seid eben beide Künstler und habt denselben Blick«, versuchte er sie zu beruhigen. Doch Marie lief rastlos auf und ab. Ihr ganzer Körper zitterte.

»Ich kann da jetzt nicht mehr rein, Onkel Philippe. Sehen Sie das denn nicht? Wieder und wieder werde ich von diesem Mann hintergangen und enttäuscht. Es wird niemals aufhören.«

Curtius wollte sie tröstend in den Arm nehmen, aber sie wandte sich ab und bestand darauf, allein nach Hause zu gehen. Dort angekommen, stieß sie schonungslos die Tür zur Werkstatt auf und trat energisch gegen die Badewanne, die Bestandteil des Tableaus war. Das gesamte Wachsmodell fiel um. Voller Wut riss sie den Arm von Marats Wachsfigur heraus und warf ihn zu Boden.

Maman, die von dem plötzlichen Lärm aus der Werkstatt beunruhigt war, kam hinzu und schrie entsetzt auf. »Was tust du da?«

Gerade zerfetzte Marie Marats Turban und ärgerte sich, dass es nicht so ging, wie sie wollte. »Ich räume auf!«

Schützend stellte sich Maman vor das am Boden liegende, demolierte Kunstwerk. »Hör auf damit! Nicht das Tableau!«, rief sie.

Marie fing wieder zu weinen an. Sie ließ sich auf den Boden sinken und vergrub das Gesicht in den Händen.

»Was hat er denn jetzt schon wieder gemacht?«, wollte Maman wissen.

»Es ist vorbei, Maman. Und jetzt steht ein für alle Mal fest: Mein Kind wird ohne Vater aufwachsen!«

Paris, 1793

»Mademoiselle Grosholtz?«

Die Stimme, die Marie aus der Ödnis riss, die sie seit der Enthüllung von Jacques' Gemälde befallen hatte, war ihr unbekannt.

»Ja, bitte?«

Der junge Mann verbeugte sich tief. »Verzeihen Sie, wenn ich so hereinplatze und Sie direkt anspreche, aber ich bin schon lange auf den Beinen und musste ein wenig suchen, bis ich Ihre Ausstellung fand«, sagte er.

»So?«

»Sie haben wirklich eine großartige Ausstellung. Machen Sie das alles selbst?«

»Zum Teil. Ich arbeite mit Monsieur Curtius zusammen, dem im Übrigen die Ausstellung gehört, nicht mir.«

»Ach.«

Als müsste er von einer Strategie abweichen, überlegte er und fuhr fort: »Sind Sie denn Geschäftspartner?«

»Nun ja, ich denke, schon. Wir sind zumindest Kollegen. Warum fragen Sie?«

Er nahm seinen Hut ab und lächelte geziert. »Oh, verzeihen Sie, wie unhöflich von mir. Dabei bin ich doch nur gekommen, um mir Ihre Ausstellungsstücke anzusehen.«

Sie zeigte einladend in den Raum. »Bitte. Wenn Sie Fragen haben, dann scheuen Sie sich nicht, mich anzusprechen. Die meisten Menschen der hier ausgestellten Büsten kenne oder kannte ich persönlich. Sehr beliebt ist auch die große Diebeshöhle. Sie liegt ein Stockwerk tiefer.«

»Wie überaus freundlich.«

Während er die Figuren betrachtete, beobachtete Marie ihn unauffällig dabei. Er war deutlich jünger als sie und zeigte ein Interesse, das ein wenig bemüht wirkte. Gelegentlich trafen sich ihre Blicke, dann lächelten sie sich höflich zu.

Auch am nächsten und am übernächsten Tag und an den restlichen Tagen der Woche kam der junge Mann und nahm die Figuren in Augenschein. Merkwürdig war das schon. Da war ein junger Franzose, der jeden Tag in dasselbe Museum ging, anstatt Uniform zu tragen und Frankreich vom Feudalismus zu befreien. Meistens kam er zur letzten Öffnungsstunde, als zielte er darauf ab, mit ihr ins Gespräch zu kommen oder gar mit ihr allein zu sein.

Am Freitag schließlich fragte er sie: »Darf ich darauf hoffen, mit Ihnen einen Spaziergang machen zu können? Vielleicht nächste Woche?«

Wenn Marie inzwischen auf etwas gänzlich verzichten konnte, so waren es Spaziergänge mit fremden Männern. Früher oder später hatten sie bisher immer im Desaster geendet. Sie trug Jacques' Kind unter ihrem Herzen, auch wenn noch nicht viel davon zu sehen war. Jede Woche kamen Sansculotten und brachten ihr frisch abgetrennte, bluttriefende Köpfe, von denen sie Totenmasken abnahm und sich anschließend übergeben musste.

»Nein. Sie können nicht darauf hoffen«, sagte sie kühl und ohne Umschweife.

»Oh. Verzeihen Sie, ich dachte, Sie seien noch unverheiratet.«

Seit der Schwangerschaft brachte sie oft der geringste Anlass zu größter Reizbarkeit. Sie entdeckte in ihrem Verhalten Parallelen zu ihrer Mutter, als sie plötzlich die Fäuste ballte und aufstampfte, während sie laut sagte: »Ich bin auch unverheiratet. Aber deswegen kann ich trotzdem immer noch selbst entscheiden, mit wem ich spazieren gehe und mit wem nicht. Da draußen fegt die Revolution durch die Straßen. Auf den Feldern Frankreichs schlachten sich die Menschen gegenseitig ab für Freiheit und Brot, tonnenweise tote Köpfe rollen vom Podest der Guillotine, und Sie kommen hierher und fragen mich allen Ernstes, ob ich mit Ihnen spazieren gehen möchte? Was denken Sie sich dabei? Ist das der Grund, warum Sie jeden Tag herkommen? Was wollen Sie? Und wer sind Sie überhaupt!«

Er senkte den Kopf. »Entschuldigen Sie. Natürlich haben Sie recht. Es ist nur …« Vorsichtig sah er auf. »Ich habe mich in Sie verliebt, und nun suche ich einen Grund, Sie wiederzusehen, und wünschte mir, Sie näher kennenlernen zu dürfen.«

Obwohl die Worte ihr schmeichelten, fühlte sie sich außerstande, darauf einzugehen. Sie schämte sich für ihre unangemessene Reaktion. »Ich bin es, die sich entschuldigen muss. Sie sind wirklich … sehr freundlich, und ich fühle mich geehrt, doch kann ich Ihrem Wunsch nicht nachkommen. Bitte sehen Sie es mir nach.«

»Das ist sehr schade. Doch sollten Sie es sich anders überlegen, so lassen Sie es mich bitte wissen. Ich wohne bis nächste Woche noch in der Pension Michel in der Rue Baillou. Mein Name ist Tussaud. François Tussaud. *Au revoir.*«

Er nahm ihre Hand, und anstatt sich nur darüberzubeugen, küsste er sie. Vielleicht lag es an den revolutionären Zeiten, die die Jugend dazu veranlassten, Manieren zu vernachlässigen.

Marie blieb so ungerührt stehen wie eine ihrer Wachsfiguren. Da keine weiteren Besucher mehr in der Ausstellung waren, schloss sie heute früher und musste auf dem Weg nach Hause zunächst das Kompliment wirken lassen.

Als sie beim Abendessen Maman und Onkel Philippe von den seltsamen Absichten des Dauerbesuchers erzählte, der sich ihr als François Tussaud vorgestellt hatte, ließ Maman ihr Besteck fallen und sagte selig: »Das ist die Lösung, Marie! Die heilige Muttergottes hat meine Gebete erhört!« Sie legte ihre Hand auf Maries Arm und fuhr fort: »Diesen Mann hat uns der Himmel geschickt. Morgen gehst du zu ihm, entschuldigst dich, gehst ein paarmal mit ihm spazieren, und dann, in Gottes Namen, nimmst du seinen Antrag an.«

Irritiert blickte Marie zu Onkel Philippe und hoffte auf seinen Einspruch, doch er tat unbeteiligt und blickte auf seinen Teller.

»Aber Maman, Sie können mich doch nicht einfach …«

»Keine Widerrede! Glaube mir, es ist das Beste für dich. Je schneller er dich heiratet, umso besser. Allerdings müsstest du auf eine schnelle Heirat drängen, denn lange kannst du das Kind nicht mehr verbergen.«

»Ich bin im vierten Monat, Maman! Ich kann es ohnehin nicht mehr verbergen. Und selbst wenn ich ihn heiraten würde, dann werde ich eine Ehe sicher nicht mit einer Lüge beginnen.«

Mamans Faust schlug auf den Tisch und ließ die Gläser klirren. »Dieses Mal, Marie, tust du, was *ich* dir sage! Morgen gehst du zu diesem Tussaud und bist die reizende Marie Grosholtz, die gerne mit ihm spazieren geht und selbstverständlich seinen Antrag annimmt. Du hast keine Zeit mehr, Marie. Dann war es eben eine Frühgeburt – mein Gott, du wärst nicht die Erste. Bedenke doch nur, aus welch misslicher Lage er dich errettet. Und komm mir jetzt nicht wieder mit deiner Arbeit als Wachsbildnerin. Ich kann es nicht mehr hören!«

Nachdem Marie die ganze Nacht über Mamans Anordnung nachgegrübelt hatte, kam sie zu keinem rechten Entschluss. Einerseits hatte Maman recht: Eine schlechte Ehe war tausendmal besser, als wenn sie als alleinstehende Frau ein uneheliches Kind aufziehen würde. Und lieber führte sie eine Ehe ohne Liebe als eine Ehe voller Verletzungen durch die Liebe. Vielleicht sollte sie sich wirklich einen Ruck geben und diesen Tussaud näher kennenlernen. Einen weiteren Vorteil hätte es auch, denn würde sie ihn heiraten, dann erlangte sie dadurch einen wohlklingenden französischen Namen, und keiner würde sich mehr an dem sperrigen Grosholtz stoßen.

Es war ein weiter Weg bis in die Rue Baillou. Die Pension machte keinen vertrauenswürdigen Eindruck, aber das sollte sie jetzt nicht weiter beunruhigen. Sie würde den Mann erst kennenlernen, wenn sie sich auf ihn einließ. Er nahm ihre Entschuldigung mit einem Schmunzeln entgegen, als hätte er damit gerechnet.

Tussaud wirkte über ihren Besuch erfreut, aber nicht überrascht. Die Unterhaltung mit ihm blieb ein wenig oberflächlich. Gewiss, er war freundlich und höflich, doch seine Interessen galten ihrem Stand, nicht ihr als Person. Nach zwei gemeinsamen Spaziergängen folgte Tussaud einer Einladung Maries zum Essen, bei dem Maman nicht nur ihre Kochkünste präsentierte, sondern auch ihr Geschick für ein ansprechendes Ambiente. Stolz reckte sie ihre Brust, wenn sie in gespielter Bescheidenheit von Maries großem Talent und ihren Kontakten sprach. Immer wieder fasste sie sich dabei an die Haare, die unter der Haube hervorschauten, als prüfte sie ihre Frisur. Man hätte meinen können, Maman wäre die Umworbene. Hin und wieder erkannte Marie ein knappes Lächeln, das Curtius dabei um die Mundwinkel zuckte. Als Tussaud erklärte, dass er Ingenieur sei und eine Anstellung in Paris suche, waren selbst die letzten Bedenken Mamans ausgeräumt, ob er denn eine Familie ernähren könne.

Doch als Tussaud beim nächsten Spaziergang den sehnsüchtig erwarteten Antrag stellte, beschloss Marie, ihm die Wahrheit zu sagen, auch auf die Gefahr hin, dass Maman sie aus dem Haus jagen würde.

»Es tut mir wirklich sehr leid, aber ich muss Ihnen vorher etwas sagen. Ich erwarte ein Kind.« Sie ließ seine Hände los, die ihre umfasst hatten, doch er nahm sie sogleich wieder.

»Und der Vater?«

Sie hielt seinem Blick stand. »Den gibt es nicht … mehr.« Sie hätte behaupten können, dass er ein Opfer der Revolution geworden sei, heldenhaft für die gute Sache gestorben, im Kampf um Freiheit für das Vaterland, aber sie befürchtete, dass sie sich diese Lüge nicht merken könnte und sich irgendwann einmal damit verraten würde. »Außerdem bin ich Wachsbildnerin und möchte meinen Beruf auch als Ehefrau und Mutter weiterführen. Wenn Sie mich jetzt immer noch heiraten wollen, nehme ich Ihren Antrag an.«

Tussaud führte ihre Hände an seine Lippen und küsste sie. »Ich bin kein Mann, der seiner Frau verbieten würde, ihren Beruf auszuüben, und ich werde das Kind eines anderen Mannes als mein eigenes annehmen und großziehen. Das verspreche ich. Wenn Sie mich nur heiraten, machen Sie mich zum glücklichsten Menschen der Welt.«

Seine Lippen lagen auf ihrem Mund und vollzogen mit einem Kuss die Verlobung. Es war keiner der Küsse, die nach fruchtiger Kirsche schmeckten oder dem seligen Paradies. Dennoch würde sie sich ab heute Mühe geben, mit François glücklich zu werden.

Paris, 1794

Maman drängte auf eine baldige Eheschließung Maries mit François Tussaud, um ihre Tochter vor der Schande einer unehelichen Schwangerschaft zu bewahren. Da Tussaud noch dringende Geschäfte zu erledigen hatte, wie er sagte, wurde die Hochzeit für das Frühjahr geplant. Als Maman davon erfuhr, trat bei ihr eine heftige Kurzatmigkeit ein, angesichts derer Marie nur lächeln konnte. Schließlich erzählte sie ihr, dass sie François alles offenbart habe und er bereit sei, das Kind als seines großzuziehen.

»Ich habe es doch gleich gesagt«, lautete Mamans erleichterte Reaktion. »Diesen Mann hat uns der Himmel geschickt!«

Als Marie im Frühjahr 1794 ein Mädchen entband, war François immer noch nicht zurück, und die Befürchtung, dass er das Weite gesucht hatte und sich seiner einst zugesicherten Verantwortung entziehen wollte, lag nahe. Doch nach einem Glückwunschschreiben stand er nur wenige Wochen später mit all seinen Koffern vor ihrer Tür. Zunächst wurde er in ein kleines Zimmer einquartiert, in das Maman ein Sofa gestellt hatte.

Diese betete fleißig, dass er Marie bald heiraten möge, und beleuchtete halb Notre-Dame mit ihren Kerzen. Doch François erbat sich noch Zeit, da er erst auf eine Anstellung als Ingenieur warten müsse, bevor er eine Familie ernähren könne.

So lebte er im Hause Curtius, las tagsüber Zeitung, ließ sich Mamans Essen schmecken und ging abends aus. Von ernsthaften Bemühungen um eine Anstellung war nicht viel zu spüren.

Eines Abends, als François gerade angetrunken von einem seiner nächtlichen Ausflüge zurückkam, wartete Marie im Nachtgewand in seiner Kammer auf ihn. Sie hielt ihr Kind im Arm, ihr Gesicht war blass, und ihre Augen starrten ins Leere.

»Was ist mit dir?«, fragte er und zog schwankend an den Ärmeln seines Rockes, um sich des Kleidungsstücks zu entledigen. »Hast du etwa auf mich gewartet? Das ist aber sehr unartig von dir. Schließlich sind wir noch gar nicht verheiratet.«

»Es ist tot.«

»Was ist tot?«

»Mein Kindlein. Es ist tot. Meine kleine Marie. Sie lag einfach tot im Bett.«

François starrte entsetzt auf das Kind. Dann streckte er die Hände aus und wollte das Kleine nehmen, was vorher noch nie der Fall gewesen war.

»Zeig mal her! Bist du sicher?«

Marie stand auf und hielt ihr Kind fest an sich gedrückt. »Wie redest du mit mir!«

»Vielleicht schläft sie ja nur, das meine ich.«

»Sie schläft nicht, François. Sie ist tot! Ich weiß, wie ein Mensch aussieht und sich anfühlt, wenn er tot ist, und ich bin die Mutter. Ich kenne doch mein Kind! Ich habe sie unter meinem Herzen getragen, und jetzt ist sie …«

Marie stieß einen gellenden Schrei aus und begann zu weinen. François nahm sie in seine Arme, anfangs etwas unbeholfen, doch dann ließ er Marie einfach weinen und strich ihr dabei über den Rücken.

Von dem Schrei aufgeschreckt, kamen Maman und Onkel Philippe in ihren Schlafgewändern hinzu. Maman hielt einen Leuchter, und als sie begriff, dass Marie ihr totes Kind in den Armen hielt, stellte Maman den Leuchter beiseite und hielt sich entsetzt beide Hände vor den Mund. Curtius verschlug es die Sprache. Er drehte sich um und ging in die Werkstatt.

Für Marie war der plötzliche Tod ihrer Tochter, die sie nach sich selbst benannt hatte, zugleich der endgültige Tod der Beziehung zwischen ihr und Jacques. Das Wertvollste war ihr genommen worden.

Im Mai 1794 fanden Massenhinrichtungen der letzten Aristokraten, Girondisten und Gemäßigten statt, darunter auch Prinzessin Elisabeth. Sie hätte die Möglichkeit gehabt, wie viele andere ins Exil zu fliehen, doch sie hatte ihrem Bruder Treue bis in den Tod geschworen. Zwei Dutzend Damen und Herren bestiegen am 10. Mai das Schafott. Marie hatte entschieden, den Hinrichtungen nicht beizuwohnen. Später hörte sie von Maman, dass die erste Comtesse, die aufgerufen wurde, vor Prinzessin Elisabeth niedergesunken sei und um die Ehre gebeten habe, die Königliche Hoheit umarmen zu dürfen. Die Prinzessin habe danach all ihre Schicksalsgenossinnen umarmt und den Herren die Hand zum Kuss gereicht. Elisabeth wurde als Letzte auf das Brett gestoßen und schämte sich ob des Anblicks ihres tiefen Dekolletés, denn als man ihr die Hände verschnürt hatte, fiel ihre Stola zu Boden und entblößte ihre Schultern. Als ihr Kopf fiel und »Es lebe die Republik!« gerufen wurde, habe die Menge geschwiegen. Maman, die die Prinzessin persönlich kennengelernt hatte, als diese sich seinerzeit wegen Maries Entführung besorgt erkundigt hatte, war mehr aus Anteilnahme denn aus Neugier zur Place de la Révolution gekommen und war damit sicher nicht die Einzige. Lange Zeit hatte Prinzessin Elisabeth als der Engel von Versailles gegolten, nun war das Volk gekommen, um seinen Engel sterben zu sehen.

Maries Verfassung war seit dem Tod ihres Kindes äußerst bedenklich. Die erste Zeit hatte sie schweigend in ihrem Zimmer verbracht. Sie weinte nicht, sie sprach nicht, sie aß nicht, und sie ließ auch François nicht zu sich. Dieser verließ Paris für eine Weile und versicherte, er werde wiederkommen, wenn es ihr wieder besser gehe.

Im Juni fing Marie wieder an zu arbeiten, sehr zu Curtius' Erleichterung, denn so konnte er seinen politischen Aktivitäten und auch Immobiliengeschäften besser nachgehen. Ein neues Haus in Ivry-sur-Seine hatte es ihm angetan, und er stand kurz vor dem Kaufabschluss. Zunehmend kümmerte sich Marie um seine Ausstellung. Um den Wachssalon zeitgemäß zu halten, tauschte sie kurzerhand die Helden der Vergangenheit gegen die der Gegenwart. Wollte sie als Künstlerin und Ausstellungsleiterin neutral bleiben, so standen neben Königen auch die Königsmörder. Bei anderen Figuren tauschte sie aus Zeitmangel Kleider und Perücken, ordnete Szenen neu an und präsentierte das Gute und das Böse, das Richtige und das Falsche, das Schaurige und das Lustige. Welche der Figuren davon in welche Beurteilung fielen, überließ sie den Betrachtern.

Die Arbeit half ihr, über den Tod ihres Kindes hinwegzukommen. Doch seitdem plagten sie jede Nacht Albträume. Die Bilder kamen immer in derselben Reihenfolge: der Kopf des toten Königs, der ihr in die Hände geworfen wurde, der erstochene Marat im blutigen Badewasser, der Henker, der Charlottes Kopf in die Höhe hielt, ihr totes Kindlein und schließlich eine unbekannte Hand, die nach ihr griff. War es Gott? Holte er sie jetzt auch?

Die Revolution in Frankreich war fünf Jahre alt, und seit Robespierres Machtergreifung im Wohlfahrtsausschuss war nur noch von der »Schreckensherrschaft« die Rede. Über sechzehntausend Menschen waren seitdem in Paris hingerichtet worden – nicht nur Adelige und Geistliche, sondern auch mittleres und oberes Bürgertum. Geköpft wurde jeder, der als Feind der Republik galt.

Frankreich führte nicht nur den sogenannten Koalitionskrieg gegen England, Österreich und Preußen, sondern auch einen Krieg gegen sich selbst. Wer sich, wie die Stadt Nantes, nicht dem neuen Nationalkonvent fügte, wurde barbarisch in die Knie gezwungen. Man erzählte sich auf den Straßen von den unsäglichen Grausamkeiten, die für die Verteidiger mit dem Tod geendet hatten. Priester, Nonnen, Aristokraten, selbst Kinder waren in der Loire ertränkt worden. In Lyon hatten die Revolutionäre die Häuser der Reichen niederreißen lassen und alles, was sich gegen sie stellte, mit Gewehrfeuer und Kanonenkugeln niedergemetzelt. Doch die unerbittliche Brutalität von Robespierres Diktatur wurde selbst dem Nationalkonvent zu viel. Robespierre hatte den Justizminister Danton verhaften und hinrichten lassen, der einer der großen Befürworter der Republik gewesen war. Nach der Verurteilung Dantons wurden die Unruhen innerhalb des Nationalkonvents immer lauter. Schließlich formierten sich verschiedene Abgeordnete des Konvents zu einer Gruppe und stürzten Robespierre. Am 28. Juli 1794 wurde er hingerichtet. Die Tischlerfamilie Duplay, in deren Haus Robespierre zum Schluss mit seiner Schwester gewohnt hatte, war zur gleichen Zeit verhaftet worden. Eine Nacht später fand man

Robespierres Bewunderin, Madame Duplay, erhängt in ihrer Gefängniszelle.

Der Sansculotte mit den Sommersprossen wie Dreckspritzer im Gesicht brachte Marie den eingewickelten Kopf Robespierres. Der einst so hübsche junge Mann, den sie als gläubigen Katholiken und Verehrer des Königs kennengelernt hatte, war zur Bestie Frankreichs geworden und hatte das Leben mehrerer Tausend Menschen auf dem Gewissen. Als Marie seinen Kopf aufdeckte, erschrak sie, als sie eine provisorisch genähte Wunde nahe dem Unterkiefer sah.

»Was ist denn da passiert?«, fragte sie den Sansculotten.

»Das war ein Schuss. Als er im Konvent gestürzt wurde, soll er versucht haben, sich selbst zu erschießen. Man habe ihn noch an Ort und Stelle verarztet. Man erzählt sich aber auch, er habe auf jemand anderen gezielt. Derjenige habe dann seine Waffe gezogen und statt in die Brust, Robespierre ins Gesicht getroffen. Die einen sagen so, die anderen so. Egal.« Der Mann zuckte mit den Schultern. »Jetzt ist er jedenfalls tot.«

Diese Abgebrühtheit des Sansculotten war erschreckend, fand Marie. Doch war es verwunderlich, dass die Menschen abstumpften, wenn täglich die Köpfe von der Guillotine rollten wie Murmeln in einem Kinderspiel? Marie hatte schon begonnen, Gipsbinden aufzulegen, als der Sansculotte immer noch in der Tür stand.

»Ist noch etwas?«

Er trat von einem Bein auf das andere. »Nun, ich wollte nur sagen … das war der letzte Kopf, den ich gebracht habe.«

»Wollen wir hoffen, dass das Köpfen mit Robespierre ein Ende genommen hat.« Konzentriert legte sie Binde um Binde auf das Gesicht.

»Nein, ich meine, ich gehe weg von Paris.«

Sie sah auf und unterbrach ihre Arbeit. Eigentlich war er ein hübscher Mann geworden, der Junge von damals, der ihr das Geld aus der Kasse gestohlen hatte.

»So?«

»Ja.« Ein stolzes Strahlen trat in sein Gesicht. »Ich schließe mich der Armee von Napoleon Bonaparte an. Morgen früh gehe ich fort. Endlich komme ich mal raus aus Paris und sehe die Welt.«

Raus aus Paris, um die Welt zu sehen? Andere kamen nach Paris, um die Welt zu sehen! In Napoleons Armee wird er zu Kanonenfutter gemacht, dachte Marie, nichts anderes. Der Name Napoleon Bonaparte war inzwischen in aller Munde. Er galt als talentierter militärischer Stratege der neuen Zeit, der Schlachten an sich riss wie andere ein begehrtes Utensil.

»Dann wünsche ich Ihnen alles Gute! Wie ist denn eigentlich Ihr Name?«, fragte sie.

»Alphonse.« Er lächelte zaghaft.

»Ich bin Marie.«

»Ich weiß. Die einzige Wachsbildnerin von Paris, die Geköpfte modelliert.«

Nach dem Tod Robespierres war die Schreckensherrschaft mit ihren Massenhinrichtungen vorbei, und die inhaftierten Königskinder erhielten fortan eine bessere Behandlung. Doch der Spieß hatte sich nur umgedreht. Verhaftet wurden jetzt andere, nämlich erklärte Jakobiner und treue Anhänger Robespierres, darunter auch Jacques. Jacques! Die Stichwunden, die Maries Herzen mit immer neuen Nachrichten zugefügt wurden, wollten nicht enden. Es war unmöglich, sie zu ignorieren, wenn es um Jacques ging, trotz allem, was gewesen war. Sollte Jacques dasselbe Schicksal erwarten wie so viele vor ihm, so würde sie sich vorher mit ihm aussöhnen müssen.

Zunächst schob sie diese Gedanken beiseite, denn sie hatte Angst, ihm nicht nur zu verzeihen, sondern seiner Anziehungskraft auch wieder zu erliegen, wie es bisher immer der Fall gewesen war. Ein Blick, eine Geste, eine Berührung würde reichen. Doch noch war sie nicht bereit, ihm zu begegnen. Die Geschehnisse der vergangenen Zeit wogen zu schwer, noch wurde sie jede Nacht von Albträumen gequält, in denen sie immer wieder den Tod ihrer kleinen Tochter erleiden musste.

François war immer noch nicht zurückgekehrt. In seinen Briefen schrieb er von einem Arbeitsauftrag in La-Chapelle-sur-Crécy, den er als freier Ingenieur angenommen habe und der ihn vermutlich bis Anfang des nächsten Jahres beschäftigen werde. Doch danach werde er zu ihr nach Paris zurückkehren. Marie störte sich nicht an seiner Abwesenheit, im Gegenteil, der Wunsch, ihn zu heiraten, war ihr durch den Tod ihrer Tochter völlig vergangen.

»Der kommt nicht mehr zurück«, kommentierte Maman. »Der hat doch längst kalte Füße bekommen. Jetzt schreibt er noch, doch das wird auch aufhören. Der hat eine Jüngere gefunden, die besser zu ihm passt. Obwohl… nett war er ja…«

Im September 1794 erfüllte sich Jacques' einstiger Wunsch, dass Marats sterbliche Überreste in das Panthéon überführt werden sollten. Es wurde eine große Prozession geplant, und Marie wurde gebeten, ihr Wachstableau von Marat dafür zur Verfügung zu stellen. Sie wagte nicht zu erzählen, dass sie ihr Werk vor Verzweiflung zerstört hatte, sondern sicherte ihre Teilnahme zu. Ratlos saß sie dann in ihrer Werkstatt und fragte sich, wie sie auf die Schnelle ein Tableau für die Prozession anfertigen sollte.

Da nahm Maman sie an die Hand und führte sie in die geheime Werkstatt, in der Curtius für gewöhnlich die erotischen Miniaturen herstellte. Dort stand ein neues Wachstableau von Marats Tod. Es war nahezu identisch mit Maries erstem, nur der Kopf war mehr nach hinten geneigt, und der Arm, der aus der Wanne heraushing, fehlte.

»Was ... wie ... War das Onkel Philippe?«, fragte sie, während sie das Tableau in Augenschein nahm.

»Ja. Er hat sich die Mühe gemacht, es wieder zu reparieren oder zu restaurieren, oder wie auch immer ihr dazu sagt. Wir wollten nicht, dass du deine Arbeit zerstörst. Philippe hat viel Zeit damit zugebracht. Nur den Arm konnte er nicht mehr retten. Nun nimm es für die Prozession, und stell es danach ins Wachsfigurenkabinett. Es ist ja eigentlich dein Tableau. Jacques hat sein Gemälde, du dein Tableau. Lass es gut sein, Marie. Zerbrich dir nicht weiter den Kopf über Dinge, die du nicht ändern kannst. Und trete nicht in Konkurrenz mit Jacques. Vergib ihm, wenn du es eines Tages kannst. Mach einfach weiter und bleib auf deinem Weg.« Dabei strich sie ihr tröstend über den Rücken.

»Wo ist Onkel Philippe überhaupt?«

»In seinem neuen Haus in Ivry-sur-Seine.«

»Schon wieder?«

»Er will es vermieten und hat gesagt, dass er sich noch um ein paar Dinge kümmern muss. Keine Sorge, er kommt schon wieder.« Sie ließ Marie los und ging zurück in die Küche, während sie murmelte: »Bisher kam er immer wieder.«

An der Prozession für Marats Überführung hatte Marie nicht teilgenommen, wohl aber das Wachstableau dafür zur Verfügung gestellt. Wer Davids Gemälde »Der Tod des Marat« gesehen hatte, erkannte sofort die verblüffende Ähnlichkeit mit Maries Tableau, und hinter vorgehaltener Hand verbreiteten sich die wildesten Gerüchte. Immerhin bekam Marat jetzt seinen Platz in der Ruhmeshalle.

Am nächsten Tag stürmte Maman zu Marie in die Ausstellung. Sie war blass und sehr nervös.

»Marie, sperr die Ausstellung ab, und komm mit. Philippe...« Tränen liefen ihr die Wangen hinunter. »Er ist sehr krank, es geht ihm gar nicht gut. Mourot wartet draußen mit der Kutsche auf uns und bringt uns zu ihm.«

Schnell holte Marie ihren Hut und ihren Umhang und folgte Maman. Mourot fuhr die beiden nach Ivry-sur-Seine. Sie fanden Curtius in einem elenden Zustand vor. Er lag auf dem Sofa, Schweißperlen standen ihm auf der Stirn. Er flüsterte von entsetzlichen Schmerzen im Bauch und davon, dass man ihn vergiftet hätte. Das war sicher das Fieber. Als er Marie sah, bat er die anderen darum, mit ihr allein sein zu dürfen. Sein rechter Zeigefinger ging kraftlos nach oben, und Marie verstand, dass sie seine Hand nehmen sollte.

»Ich bin hier, Onkel Philippe. Ich bin bei Ihnen. Es wird Ihnen bald wieder besser gehen.«

»Nein, das wird es nicht. Ich fühle den Tod kommen. Ich kenne ihn doch. Aber bevor ich gehe, möchte ich dir sagen, dass du mich so oft stolz gemacht hast.« Zwischen seinen Sätzen lagen lange Pausen. Die Augen waren geschlossen, hin und wieder tupfte ihm Marie etwas Schweiß von der Stirn. »Ich sehe dich noch vor meiner Tür stehen, als ihr damals zu mir gekommen seid. Du warst so klein und hast mich so ängstlich angesehen und die Hand deiner Mutter nicht losgelassen. Ich hatte deinem Vater damals die Entscheidung überlassen, ob er euch zu mir nach Paris schicken möchte. Und wie glücklich war ich, dass er es getan hat. Allerdings habe ich gespürt, wie sehr du deinen Vater geliebt und vermisst hast. Als ich dann merkte, dass du dich für meine Arbeit interessierst, war ich froh, etwas wiedergutmachen zu können. Es war das einzig Richtige, dass ich dir alles, was ich über Wachsbildnerei wusste, beigebracht habe. Versprich mir, den Salon in meinem Sinne weiterzuführen. Und versprich mir, nicht aufzuhören, Wachsfiguren zu modellieren. Begeh nicht denselben Fehler wie ich, sondern bleib politisch neutral, des Kabinetts wegen. Und was Jacques betrifft… Nun, ich wünsche dir so sehr, dass du mit ihm glücklich werden kannst eines Tages.«

Seine Mundwinkel verzogen sich zu einem leichten Lächeln, das jedoch bald darauf wieder verschwand.

»Tussaud ist ein Taugenichts, ein Herumtreiber«, fuhr er mit ernster Miene fort. »Solltest du ihn wirklich heiraten, dann lass ihn nicht an dein Geld. Ich habe dich testamentarisch abgesichert, du hast nichts zu befürchten, meine Marie.«

Marie schluckte die Tränen herunter und fühlte sich zum ersten Mal wie seine Tochter. Jahrelang hatte sie dem Vater hinterhergetrauert, der sie damals weggeschickt hatte, doch erst durch Curtius war sie das geworden, was sie jetzt war. War das der Moment, an dem sie ihn nach ihrer wahren Herkunft fragen sollte? Onkel Philippe lag so schwach und klein vor ihr. War das wirklich eine Frage, die sie jetzt stellen durfte? Doch er schien ihre Gedanken durch seine geschlossenen Augen zu erspüren.

»Ich habe dich immer geliebt wie meine eigene Tochter. Ich habe mir sogar gewünscht, dass du es wärst, aber ich kann dir die Wahrheit nicht sagen, weil ich sie nicht weiß. Als deine Mutter das erste Mal vor mir stand, verliebte ich mich sofort in sie. Obwohl sie so jung war, war sie schon verheiratet, und doch …«

Sein Körper verkrampfte sich entsetzlich. Marie wartete, bis er sich wieder etwas erholt hatte und weitersprach. »Und doch konnte ich einfach nicht von ihr lassen. Sie war, kurze Zeit, nachdem sie bei mir gearbeitet hatte, schwanger geworden. Ich war zu feige, nach der Wahrheit zu suchen. Verzeih mir, Marie. Du hast mich immer stolz gemacht.«

Weinend küsste Marie ihn auf die Stirn. »Ich danke Ihnen für alles. Leben Sie wohl.«

Philippe Curtius starb am 26. September 1794.

Paris, 1794

Curtius' Beerdigung war ein dunkler Tag im Leben von Marie und ihrer Mutter. Von nun an waren sie auf sich alleingestellt und hatten keinen Schutz mehr. In den darauffolgenden Wochen verfiel Marie in eine tiefe Traurigkeit. Tussaud hatte eine anständige Beileidsbekundung geschickt und ihr darin auch gleichzeitig sein Versprechen gegeben, in Bälde zu ihr zurückzukommen, um sie endlich zu heiraten, worauf Marie nach wie vor keineswegs erpicht war.

Immerhin führte Curtius' Tod wieder zu einer Annäherung mit Marianne, die persönlich vorbeikam, um ihm beim Begräbnis die letzte Ehre zu erweisen. Die neue, gnädigere Zeit, die seit Robespierres Sturz inmitten der Revolution angebrochen war, hatte auch die Gemüter von Marianne und ihrem Mann wieder beruhigen können. Louis war einer der wenigen Männer, die nicht Mitglied der Nationalgarde wurden, um auf den Schlachtfeldern Frankreichs gegen die Armeen der Koalition zu kämpfen. Marianne hatte sich nach der Trauerfeier bis zum späten Abend für Marie Zeit genommen und hatte alles von ihr erfahren, was in den letzten Jahren passiert war – von der Freundschaft mit Charlotte über Jacques' Scheidung und den Tod ihrer Tochter Marie bis zu Jacques' Inhaftierung und Tussauds Heiratsantrag. Sie enthielt sich jeglichen Kommentars dazu. Stattdessen umarmte sie ihre Freundin und streichelte sie wie ein Kind. Die Tränen, die Marie bei ihr weinen konnte, waren heilsam. Auch Marianne hielt es für das Beste, Jacques im Gefängnis aufzusuchen und ihm zu verzeihen. »Du wirst sonst nie Ruhe finden, und das wird dich noch kränker machen«, war der einzige Rat, den sie ihr gab.

Curtius vermachte den Armen der Section du Temple in Paris all seine Silberwaren und seinen Schmuck. Marie setzte er als Alleinerbin seines Nachlasses ein. Dass darunter auch 55 000 Livres Schulden waren, hatte sie bis dahin nicht gewusst.

»Philippe Curtius hatte eine Schwäche für Immobilien«, erklärte der Notar, der ihr und Maman das Testament eröffnete. »Leider hat er sich dabei häufig verspekuliert.«

Im Laufe der Jahre hatte Curtius drei Häuser gekauft, darunter auch ihr Wohnhaus in der Rue Saint-Honoré, nachdem der Prinz de Conti gestorben war. Nun war es an Marie, seine Schulden abzubezahlen. Maman war bei der Verlesung des Testaments ganz bleich geworden. Tussaud müsse baldmöglichst zurückkommen und Marie heiraten, sagte sie. Mit seinen Einkünften als Ingenieur und ihren Ausstellungseinnahmen könnten sie es vielleicht schaffen.

Doch Marie wollte Tussaud gar nicht mehr heiraten. »Wir verkaufen einfach die Häuser bis auf unser Wohnhaus, dann sind die Schulden getilgt«, sagte sie, aber Maman sah das realistischer.

»Wer soll uns denn jetzt zwei Häuser abkaufen? Die Reichen wurden geköpft, ein anderer Teil ist emigriert, und der Rest an potenziellen Käufern lässt sich an der Front abschlachten. Es gibt niemanden mehr, der in der Lage ist, Geld auszugeben. Und hergeschenkt wird nichts!«

Ihre Meinung verkündete sie selbstbewusst, ohne sich daran

zu stören, dass sie keinen Anspruch auf das Erbe hatte. Warum Onkel Philippe Maman nicht bedacht hatte, konnte Marie nicht verstehen. War sie ihm nicht immer treu ergeben gewesen als Haushälterin und als Geliebte? Auch bei ihr hatte das vergangene Jahr Spuren hinterlassen. Die Haare waren ergraut, die Stirnfalten tiefer und das Hüftleiden stärker geworden, dennoch war sie immer noch eine attraktive Frau.

Im Dezember desselben Jahres – Tussaud war immer noch nicht zurückgekommen – fasste sich Marie ein Herz und besuchte Jacques im Gefängnis. Er war in einer Einzelzelle untergebracht. Sie war mit ein bisschen Stroh ausgelegt, das gegen die Kälte helfen sollte. Zwei Decken befanden sich auf der schmalen Pritsche. Auf einem kleinen Tisch lag Jacques' lederne Mappe, in der verschiedene Pinsel steckten. Es war die Mappe, die er damals in Versailles dabeigehabt hatte, als er ihr zeigte, wie man Augen malte. In seiner Zelle stand eine Staffelei, darauf ein begonnenes Gemälde. Als Marie kam, saß er gerade auf der Pritsche und stierte an die Wand. Hatte er sie bemerkt?

»Ich bin es«, sagte sie leise.

Langsam, als hätte er es mit einem Wunder zu tun, sah er auf und drehte sich zu ihr um. Seine hart und traurig gewordenen Gesichtszüge veränderten sich, als er sie erblickte. Er stand auf und kam auf sie zu. Mit seinen schlanken Fingern umfasste er die Gitterstäbe. Er hatte immer noch die schönsten Hände auf der ganzen Welt. Lächelnd legte er den Kopf nach hinten und schloss die Augen, als wäre sie ein Sonnenstrahl mitten im Nebel.

»Geht es dir gut?«, fragte sie. »Jacques, wenn du nichts sagst …«

Verunsichert sah sie ihm zu, wie er dastand und selig lächelte.

Hatte er etwa den Verstand verloren? Hatte er sie überhaupt erkannt?

»Es ist viel Unschönes passiert«, fuhr sie fort. »Und du sollst wissen, dass ich all das vergessen will. Ich werde es dir nicht mehr vorhalten, denn ich habe dir verziehen, Jacques. Wirklich. Ich will nicht mehr in Wut oder Schmerz an dich denken. Auch mein Betragen dir gegenüber war nicht immer korrekt. Deswegen bitte auch ich, dass du mir verzeihst. Europa führt Krieg, doch wenigstens zwischen uns soll Frieden sein.«

Er hatte sich noch keinen Millimeter bewegt. Immer noch waren seine Augen geschlossen. Marie nahm ein in Papier eingewickeltes Brot aus ihrem Korb.

»Sieh, das hat Maman heute Morgen für dich gebacken. Es ist noch warm. Nimm es und lass es dir schmecken. Der Wächter hat es erlaubt.«

Jacques zeigte keine Reaktion, und Marie wusste nicht mehr, was sie noch tun oder sagen sollte.

»Onkel Philippe ist gestorben. Ich muss mich jetzt ganz allein um das Wachsfigurenkabinett kümmern. Aber es macht mir nichts aus. Vielleicht kann ich ja sogar noch jemanden einstellen, der die Figuren beaufsichtigt, wenn ich in der Werkstatt bin.«

Wovon sie diese Person bezahlen wollte, wusste sie noch nicht, aber das war jetzt nicht wichtig. Jacques sagte immer noch nichts.

»Dann gehe ich jetzt wieder.« Sie schob ihm das eingewickelte Brot durch die Gitterstäbe. »Du bist ein großartiger Künstler, Jacques. Ich habe deine Werke immer bewundert und dennoch nicht verstanden, warum jemand mit deinem Talent mir den Marat stiehlt. Aber egal, ich habe es dir verziehen und will es vergessen, denn es ändert nichts daran, dass ich dich liebe. Egal, was war. Es hört einfach nicht auf. Leb wohl, Jacques.«

Kaum hatte sie sich abgewandt, griff seine Hand nach ihrer. Vor Schreck fiel ihr der Korb aus der Hand. In seinem Blick loderte das alte Feuer des Liebhabers.

»Ich liebe dich, Marie, seit ich dich das erste Mal im Park von Versailles sah und du mit mir tanztest. Seitdem besitzt du mich. Ich kann nicht von dir lassen, Marie, selbst nach all dem, was passiert ist. Ich bin der Maler, und du bist meine Seelenfarbe. Mein Herz ist voll von dir.«

Ach, Versailles, dachte sie. Wie wunderbar unbeschwert doch damals alles gewesen war. Ihre Zeit bei Prinzessin Elisabeth, ihre Gespräche mit Jacques im Park. Musik, Tanz, Springbrunnen und Fackelschein in lauen Sommernächten. Üppig gefüllte Teller und heiße Schokolade, während das übrige Frankreich hungerte. Sind Erinnerungen es wert, sie mit den Schulden des Lebens auszugleichen?

»Ich werde wieder rauskommen, Marie. Meine Schüler kämpfen um eine Amnestie. Und wenn ich frei bin, dann möchte ich, dass du meine Frau wirst. Heirate mich!« Er hatte auch ihre andere Hand genommen und warb um sie wie ein Jüngling. Seine aufsteigenden Tränen versuchte er wegzuzwinkern. Sie konnte nicht erkennen, ob es Tränen der Erschöpfung, des Trübsinns oder gar des Glücks waren. Sie wusste nur, dass es ihm ernst war. Sollte sie ihm sagen, dass sie Tussaud schon die Ehe versprochen hatte? Jetzt, da sie endlich der Richtige das Richtige gefragt hatte? Es war der unromantischste Ort, den sie sich vorstellen konnte, und der romantischste Antrag, den sie je bekommen hatte. Nicht einen Moment zögerte sie.

»Ja, Jacques. Tausendmal Ja!« Sie führte seine Hände durch

die Gitterstäbe, um sie zu küssen. Freudentränen übermannten sie. »Ja, ich heirate dich.«

Marie wartete nicht mehr auf Tussaud, sondern darauf, dass Jacques freigesprochen wurde. Als ihre Mutter von seinem Antrag erfuhr, kommentierte sie das mit einem ungläubigen: »Pfff, jetzt hat er auch noch den Verstand verloren.«

François Tussaud kehrte im Februar 1795 zurück. Er zog wie selbstverständlich in Maries Haus ein, in die kleine Kammer, wo noch immer das Sofa stand. Maman ließ die beiden beim Abendessen allein, sodass Marie ihm ihre Absichten eröffnen konnte, von denen Maman nichts hielt. Ob François bewusst den Sitzplatz von Onkel Philippe eingenommen hatte, war nicht erkennbar, es machte jedoch keinen guten Eindruck. Seit seiner Ankunft hatte er auch noch nicht seinen Tod thematisiert. Doch das war im Moment Maries geringste Sorge. Vor Aufregung hatte sie nur wenig gegessen und rang nach Worten. Schließlich ergriff sie das Wort.

»Lieber François, es ist viel passiert in der letzten Zeit. Nicht nur mein Kind ist gestorben, sondern auch Onkel Philippe.«

»Ja, das ist sehr bedauerlich«, unterbrach er sie und betupfte mit einer Serviette seinen Mund, bevor er zum Weinglas griff. »Aber die Zeit heilt ja bekanntlich alle Wunden. Und nun bin ich ja da.«

»Ja, das stimmt. Du bist jetzt da. François, bitte, versteh mich nicht falsch, aber – ich kann dich nicht heiraten.«

Er stellte das Glas wieder ab. »Was sagst du da?«

Unter dem Tisch rieb sie ihre feuchtnassen Hände trocken. »Ich werde dich nicht heiraten, François.«

»Und warum?«

»Ich habe es mir anders überlegt.« Jacques wollte sie nicht ins Gespräch bringen, womöglich würde François eine Verbindung zu ihrem Kind herstellen.

François stand auf und stieß dabei den Stuhl nach hinten, der sogleich umfiel. Wie ein Feldwebel marschierte er um sie herum. Seine Stimme hatte plötzlich etwas Wahnsinniges, das Marie Angst einflößte.

»Wie bitte? Du hältst mich ein ganzes Jahr lang hin, stellst Forderungen, lässt mich auf meinen Reisekosten sitzen, die ich im Übrigen deinetwegen aufbringen musste, und jetzt fällt dir ein, mir einen Korb zu geben?«

»Ich ersetze dir natürlich die Reisekosten.«

»Nein, Mademoiselle. So läuft das nicht. Nicht mit mir! Du hast mir dein Versprechen gegeben, jetzt musst du es auch halten.«

»Aber…«

Er schlug mit der Faust so heftig auf den Tisch, dass ihr Glas umfiel.

»Du miese kleine Hure wirst mich kein zweites Mal hintergehen. Du wolltest mir deinen Bastard unterschieben, um nach außen den Schein zu wahren, und jetzt, nachdem er gestorben ist, brauchst du mich nicht mehr. Dein Onkel hat dir ein kleines Vermögen hinterlassen, das dich unabhängig macht. So sieht es doch aus, habe ich recht?«

»Wie redest du mit mir? Mäßige deinen Ton! Onkel Philippe hat mir einen Haufen Schulden hinterlassen.«

»Mäßige deinen Ton«, äffte er sie nach.

Sie stand auf und wollte an ihm vorbei, um ihn des Hauses zu verweisen, doch er hielt sie am Arm fest. Grob stieß er sie auf ihren Stuhl zurück. Sein Griff war hart und unnachgiebig. »Du wirst mich heiraten, Mademoiselle Grosholtz. Wenn du das nicht tust, kannst du deinem Jacques im Gefängnis bald Gesellschaft leisten.«

Sprachlos starrte sie ihn an.

Er lachte. »Ja, da staunst du, was ich alles weiß.«

»Woher willst du … Wie kommst du auf so etwas?«

»Jetzt tu nicht so einfältig. Bitte erspar mir dieses Schauspiel. In Paris pfeifen es die Spatzen von den Dächern. Doch keine Sorge, dein Verhältnis, oder was auch immer das mit dir und Jacques war oder ist, interessiert mich nicht. Ich will nur, dass du mich heiratest. Tust du das nicht, muss ich leider ein kleines Geheimnis lüften.«

»Ich kann dir nicht folgen. Was für ein Geheimnis?«

Er hatte sie wieder losgelassen, verschränkte seine Arme vor der Brust, sah sie von oben bis unten an und verzog sein Gesicht zu einem bösen Grinsen. »Du weißt es wirklich nicht?«

»Aber nein! Was soll ich denn wissen?«

»Du bist die Tochter eines Scharfrichters.«

Genüsslich sah er dabei zu, wie sie um Haltung rang, während ihre Welt einstürzte. Ihr wurde schwindelig und für einen kurzen Moment schwarz vor Augen. Sie geriet ins Straucheln und stützte sich mit den Händen am Tisch ab. Nach einer Weile konnten ihre Augen wieder klarer sehen. Sie versuchte, zu verstehen, was François da gesagt hatte. Das konnte nicht sein. Das war unmöglich! Oder? Gleichzeitig kamen ihr so viele Bilder in den Sinn, die sich nun wie kleine Teile zu einem Ganzen zusammenfügten: die seltsame Bemerkung der Comtesse Clermont, die merkwürdigen Anspielungen des Prinzen de Conti, Mamans hartnäckige Behauptung, Maries Vater sei im Krieg gestorben, und nicht zuletzt ihre Entführung durch den Mann, den sie als ihren Vater gesehen und der doch behauptet hatte, sie sei gar nicht seine Tochter. Hatte er damals bei dem Streit mit Maman nicht auch von dem Stand gesprochen, der ihr den Weg verbauen könnte? Alles sprach dafür, dass François recht hatte.

Voller Genugtuung umkreiste er sie, die Arme noch immer verschränkt.

»Während ich früher mal eine Zeit lang in La-Chapelle-sur-Crecy wohnte, nahm ich an einem schönen warmen Spätsommertag den Weg über den Wald nach Hause. Als ich am Dorfrand eine junge Frau im Gras schlafen sah, von der niemand wusste, habe ich mich gefragt, was sie wohl im Haus eines Scharfrichters macht. Du siehst, du hast von Anfang an mein Interesse geweckt«, höhnte er. »Also habe ich mich ein wenig umgehört. Um an die nötigen Informationen zu kommen, musste ich auch nicht ganz legale Wege einschlagen. Aber kurz und gut: Heirate mich, und dein kleines Geheimnis ist bei mir gut gehütet. Heiratest du mich nicht, werde ich leider auf deine Geburtsurkunde hinweisen müssen. Und wenn in Paris bekannt wird, dass du eine Hochstaplerin bist, dann möchte ich lieber nicht in deiner Haut stecken. Und was wird Jacques erst sagen, wenn er erfährt, dass seine kleine Hure das Balg eines Scharfrichters ist?« Er ging zur Tür und sagte mit der Strenge eines Beichtvaters: »Das Aufgebot ist bestellt. Nächsten Monat wird geheiratet.«

Marie heiratete François Tussaud – schmucklos, formlos, lieblos. Lange hatte sie überlegt, ob sie Jacques noch einmal im Gefängnis besuchen und ihm die ganze Wahrheit erzählen sollte. Die Wahrheit über ihre Herkunft, die Wahrheit über ihr gemeinsames Kind, die Wahrheit, dass François sie erpresst hatte, doch sie entschied sich dagegen. Letztlich hatte François sie in der Hand, und sie war von ihm abhängig. Wenn sie an Jacques dachte, fühlte sie sich elend. Von nun an würde sie ihm nie wieder unter die Augen treten können. Ihre Scham war grenzenlos.

Sie wusste nicht, von wem Jacques letztlich erfahren hatte, dass sie inzwischen verheiratet war. Als er im Oktober freigesprochen wurde, suchte er sie nicht mehr auf.

Paris, 1797

Seit 1795 wurde Frankreich nun von einem fünfköpfigen Direktorium regiert, das die Herrschaft des Nationalkonvents abgelöst hatte. Napoleon bewährte sich als Handlanger der neuen Elite. Er galt als ein Mann der Tat, ein Hoffnungsträger, nicht zuletzt durch seine erfolgreichen Feldzüge im Ausland. Man erzählte sich, er sei eitel und selbstverliebt und lasse nach jeder seiner gewonnenen Schlachten ein Porträt von sich anfertigen, und zwar von seinem neuen Freund Jacques-Louis David.

Jacques hatte Marguerite nach seiner Entlassung aus dem Gefängnis ein zweites Mal geheiratet. Es war wohl nur eine kleine Trauungszeremonie gewesen, wie es Marie zugeflüstert wurde, doch diese Tatsache hatte keinen Einfluss auf die Größe ihres Herzeleids. Seit ihrer Hochzeit mit François fühlte Marie sich geradezu versklavt. François ging nachts aus, kam in den frühen Morgenstunden betrunken zurück oder roch nach einer anderen Frau. Seine wachen Stunden am Tag verbrachte er mit Zeitunglesen oder ließ sich von der neu eingestellten Magd bedienen.

Maman hatte er nach der Hochzeit aus dem Haus gejagt wie einen räudigen Hund. Er wolle sich von keiner hinkenden Alten befehligen lassen, waren seine Worte gewesen. Marie hatte darauf verzichtet, ihre Mutter auf ihre wahre Herkunft anzusprechen, und sie hatte ihr auch verschwiegen, dass François sie damit erpresst hatte.

Mittlerweile wohnte Maman im Haus in Ivry-sur-Seine, in einer der insgesamt vier Wohnungen, von denen Marie drei vermieten konnte. Mit einer Hypothek hatte sich Marie verpflichtet, Curtius' Schulden ratenweise zu tilgen. Die Einnahmen der Ausstellung strich François ein und verprasste sie in Etablissements, die Marie lieber nicht kennen wollte. Lehnte sie sich gegen ihn auf, drohte er ihr mit der Bekanntmachung ihrer Geburtsurkunde. Sie musste François ertragen und aushalten, ob sie wollte oder nicht.

Dass das Geld knapper wurde und sich nicht mehr so leicht verdienen ließ wie vor der Revolution, bemerkte auch François. Er wollte der jungen Ève kündigen, die Marie in der Ausstellung eine große Hilfe war. Sie war Mariannes älteste Tochter, und das Geld, das sie verdiente, kam der ganzen Familie zugute. Marie wollte die zuverlässige und treue Ève auf keinen Fall verlieren und dabei womöglich auch die Freundschaft mit Marianne aufs Spiel setzen. Zumindest gegen Èves Kündigung konnte sich Marie erfolgreich wehren.

Im Frühjahr 1797 hatte François die Idee, mit ein paar von Maries Wachsfiguren nach England zu reisen und sie dort in einer Wanderausstellung zu präsentieren. Zunächst war ihr gar nicht wohl bei dem Gedanken, denn sie traute François zu, in einer alkoholisierten Laune die Figuren zu verscherbeln und erst wiederzukommen, wenn der letzte Penny versoffen war. Jedoch überwog die Freude über die Aussicht, ihn weit weg zu wissen und nicht täglich seinen Schmähungen ausgesetzt zu sein, sodass sie einwilligte.

Die letzten Tage vor seiner Abreise war François nüchtern und wirkte sogar wieder ein wenig gepflegter. Vielleicht hatte er eine Geliebte – und wenn schon, es war Marie egal, solange seine Affären nicht ihr Haus betraten. An seinem letzten Abend in Paris überkam ihn der Wunsch nach körperlicher Nähe. Er umgarnte Marie mit netten Worten und wollte auf einmal ihre eheliche Pflicht im Schlafzimmer einfordern. Marie hatte schon vergessen, wie es war, mit einem Mann zusammen zu sein, und als sich François nach dem Akt schweißnass von ihr abwandte und sogleich einschlief, wusste sie seine Abwesenheit in ihrem Bett umso mehr zu schätzen. Seit ihrer Hochzeitsnacht hatte François nicht mehr nach ihr verlangt. »Was will ich denn mit einer Älteren, die schon einen Bastard geboren hat, wenn mir die jungen Weiber zu Füßen liegen?«, hatte er zu ihr gesagt.

Nach der Hochzeit hatte er nicht nur Maman verjagt, sondern war auch in Curtius' Zimmer eingezogen. Marie fühlte sich elend. Dass die Ehe mit Tussaud so schlimm werden würde, hatte sie nicht erwartet.

François reiste mit ihren Wachsfiguren nach England und erhoffte sich dort den großen Umsatz, der in Paris ausblieb. Die Tage nach seiner Abfahrt waren ein einziges Fest. Marie besuchte wieder regelmäßiger Maman und traf sich wie früher mit Marianne auf dem Markt. Ève war eine hervorragende Unterstützung. Perfekt rechnete sie die Kasse ab, wie sie es von Marie gelernt hatte, und war höflich und nett zu den Besuchern. Kurz nach François' Abreise kamen zwei Herren in die Ausstellung, die nach ihm fragten. Ève verwies sie an Marie, die sich gerade mit einem Besucher unterhielt.

»Ja, bitte?«, fragte sie.

»*Bonjour,* Madame«, sagte der größere der beiden Herren. »Wir sind auf der Suche nach François Tussaud. Es heißt, er habe den Salon de Cire übernommen.«

»François soll den Salon übernommen haben? Wer behauptet denn so etwas?«

»Nun, das tut nichts zur Sache. Wissen Sie, wo wir ihn finden können?«

»Er ist für unbestimmte Zeit nach England verreist, mit zehn meiner Wachsfiguren!«

Die Männer warfen sich verdutzte Blicke zu.

»Wie dürfen wir das verstehen – mit *Ihren* Wachsfiguren?«, fragte der eine Herr.

»Ich bin Marie Tussaud, und die Wachsfiguren, die Sie hier sehen, habe ich zum Teil von meinem Onkel Dr. Philippe Curtius geerbt und zum Teil selbst angefertigt. Also sind es meine Figuren!«

»Monsieur Tussaud erwähnte, dass Sie auch eine Werkstatt haben. Ist es uns gestattet, diese einmal zu sehen?«, wollte der andere Herr wissen.

»Tut mir leid, aber der Eintritt in die Werkstatt ist Besuchern untersagt. Was ist denn der eigentliche Grund Ihres Besuches?«

»Nun, Ihr Mann berichtete uns von seinen, pardon, von Ihren Wachsfiguren und bot sie uns zur Leihgabe an.«

»Zur Leihgabe?«

Ihr Puls ging schneller, denn sie wurde von der plötzlichen Angst ergriffen, ihre Figuren zu verlieren. Dennoch versuchte sie, diplomatisch zu bleiben. Es kostete sie Mühe, freundlich zu lächeln, während die beiden Herren wie die Aasgeier an ihrer Beute zupften.

»Die Details besprechen wir wohl besser mit Ihrem Mann«, erwiderte der größere der Herren. »Wir wollten uns eigentlich nur die Objekte genauer ansehen, bevor wir eine Entscheidung fällen. Dazu wäre ein Einblick in Ihre Arbeit natürlich schön.

Ach ja, haben wir uns eigentlich schon vorgestellt? Wir sind die Gebrüder Jumeau.«

Er überreichte ihr ein Kärtchen, auf dem in großen Lettern *Frères Jumeau* stand, darunter in kleinerer Schrift *Die Puppenwerkstatt in Paris* mitsamt der Adresse. Marie konnte sich nur zu gut vorstellen, was sich die beiden von einem Blick in ihre Werkstatt erhofften. Offenbar wollte François hinter ihrem Rücken nicht nur die Wachsfiguren verkaufen, sondern auch ihre Handwerkstechniken.

Sie gab ihm die Karte zurück. »Puppenwerkstatt? Sie stehen hier in einem Wachsfigurenkabinett! Ich modelliere keine Puppen! Wachsfiguren sind Porträts, Figuren, Skulpturen, aber niemals Puppen. Die Wachskunst ist verwandt mit der Bildhauerei und hat mit der Herstellung von Spielzeug nichts gemein.« Sie wusste nicht, woher sie plötzlich die Kraft nahm, all das zu sagen, was Curtius ihr so oft erklärt hatte, aber es fühlte sich gut an. »Gehen Sie, und kommen Sie nie wieder hierher!«

»Es gibt keinen Grund, unhöflich zu werden. Wir werden unser Gespräch mit Ihrem Mann fortsetzen, sobald er wieder zurück ist. Geschäfte macht man schließlich mit einem Mann und nicht mit einer Hausfrau, die ab und zu ein bisschen mit Wachs arbeitet.«

Sie wandten sich schon zum Gehen, als Marie sich ihnen energisch in den Weg stellte.

»Sie werden gar nichts fortsetzen. Was erlauben Sie sich! Ich habe schon Persönlichkeiten wie Voltaire modelliert, Rousseau und Franklin. Ich habe eine Totenmaske des letzten Königs von Frankreich angefertigt und bin mit dem abgeschlagenen Kopf zum Konvent gegangen, um dort meine Bedingungen zu stellen. Ich habe diese Ausstellung durch die Revolution geführt.

Glauben Sie wirklich, dass mich noch irgendetwas einschüchtern kann? Ich bin Madame Tussaud, und mein Wachsfigurenkabinett werde ich niemals, hören Sie, niemals in fremde Hände geben!«

Als die Männer gegangen waren, fühlte sie sich, als hätte sie soeben Mauern gesprengt. Ève hatte das Gespräch beobachtet und war vor Ehrfurcht erstarrt. Marie nahm sie in ihre Arme und lachte.

»Wenn die beiden noch einmal kommen sollten«, sagte sie mütterlich zu Ève, »dann erteilst du ihnen Hausverbot. Und François erfährt nichts von ihrem Besuch.«

Auf dem Heimweg genoss sie die Frühlingsluft und saugte sie ein wie Maman den Duft ihrer lilafarbenen Lavendelseife. Sie warf den Kopf in den Nacken und lachte der Abendsonne zu. Sie war François für eine Zeit lang los und hatte zwei Hyänen, die er auf sie gehetzt hatte, erfolgreich in die Flucht geschlagen. Es war ein kleiner Sieg in einer großen Schlacht.

Als sie ihr Haus in der Rue Saint-Honoré erreichte, stand Jacques vor ihrer Tür. Kurz setzte ihr Atem aus, dann ihr Verstand. Die Hände zitterten, während sie nach dem Schlüssel suchte. War er gekommen, um sie zur Rede zu stellen? Doch als sie sich gegenüberstanden, war jedes Wort überflüssig. Er folgte ihr ins Haus, und die Tür fiel hinter ihnen ins Schloss.

Sie blieb mit dem Rücken am Treppengeländer stehen, in sicherer Entfernung von Jacques. Doch er forderte nichts, er klagte sie nicht an und stellte keine Fragen.

»Jacques«, beendete sie schließlich die angespannte Stille. »Es tut mir alles so unendlich leid. Ich kann dir das alles erklären …«

Er nahm ihr Gesicht in seine Hände und küsste sie so leidenschaftlich wie noch nie. Endlich erfüllte sich, wonach sie sich so gesehnt hatte. Für heute wollte sie vergessen, dass sie eine verheiratete Frau war. Sie schlang ihre Arme um ihn und ließ sich in seine Liebe fallen.

Paris, 1799

Maries Sohn, den sie auf den Namen Joseph hatte taufen lassen, war nun schon über ein Jahr alt. In seinen ersten Lebensmonaten hatte sie vor Angst nachts nicht schlafen können. Wenn sie nichts von dem Kleinen hörte, stand sie auf und sah in seine Wiege, um sich davon zu überzeugen, dass er nur schlief. Sie wusste, wenn sie noch einmal Jacques' Kind verlieren sollte, verlöre sie dieses Mal auch ihren Verstand.

François hielt sich noch immer in England auf. Die Zeit ohne ihn war erholsam wie ein heißes Bad an einem kalten Wintertag. Seine gelegentlichen Briefe verrieten nichts darüber, ob die Wanderausstellung Erfolg hatte oder nicht, oder darüber, wann er gedachte, zurückzukommen.

Bisher hatte er noch kein Geld geschickt, was zu erwarten gewesen war. Ihre Einnahmen zu Hause reichten nur noch für das Nötigste. Eine wirtschaftliche Krise zog wie eine ansteckende Krankheit über das Land, und die Not der Einzelnen war so groß wie die militärischen Niederlagen der französischen Truppen im Ausland. Frankreichs Kriege hatten das Geld und die Menschen aufgezehrt. Die Jakobiner, die nach Robespierres Sturz im Untergrund verschwunden waren, gewannen wieder an Stärke, während sich auf der anderen Seite die letzten Anhänger der Monarchie gruppierten.

Die Besucherzahlen im Salon de Cire hatten stark abgenommen. Die Rechnung, mit niedrigen Eintrittsgeldern viele Gäste anzulocken, ging nicht mehr auf. Erschwerend kam hinzu, dass es so lukrative Aufträge wie einst vom Königshof nicht mehr gab. Das Geld reichte nicht mehr, um neben Ève auch noch die Magd für den Haushalt zu bezahlen. François hatte auf ihrer Anstellung bestanden, weil er das junge, hübsche Ding damals selbst ausgesucht hatte. Doch Marie hatte sie gleich nach seiner Abreise entlassen. Solange er in England war, kam Jacques regelmäßig zu Besuch, und seit Josephs Geburt führten sie fast so etwas wie ein einträchtiges Familienleben. Marie hatte gelernt zu vergeben und wollte vergessen, was geschehen war. Und wenn sie sah, wie wunderbar Jacques mit ihrem gemeinsamen Sohn umging, hatte sie eine Ahnung davon, wie sich eine heile Welt anfühlen könnte. Manchmal steckte Marie ihren Zeigefinger in Josephs kleine Fäuste und fragte sich, ob er später wohl Wachsfiguren modellieren oder wie sein Vater vor Leinwänden stehen würde, um das Leben mit Pinsel und Farbe festzuhalten. Wenn der Kleine strahlte, erkannte sie darin Jacques' Strahlen, und sie hatte Angst vor dem Moment, an dem François merken würde, dass das Kind nicht von ihm war. Dieses Mal würde sie ihm die Wahrheit vorenthalten. Rein rechnerisch hätte er der Vater von Joseph sein können, aber Marie hielt es dennoch für so gut wie ausgeschlossen.

François hatte in einem neuerlichen Brief seine Rückkehr angekündigt. An einem verregneten Apriltag traf er wieder ein, mitsamt ihren Wachsfiguren, die glücklicherweise unbeschadet geblieben waren. Sein Äußeres war einigermaßen gepflegt, und sein Körper roch nicht mal nach Alkohol. Seine erste Nacht verbrachte er wie selbstverständlich bei Marie, und er machte gar den Eindruck, als hätte er sich für sie aufgespart. Auch in den darauffolgenden Wochen teilte er das Bett mit seiner Frau und meinte, mit seinen nächtlichen Übungen an ihrem Körper sei er ihr ein guter Ehemann. In Anbetracht dieser ungewohnten Verlässlichkeit fragte sich Marie, ob sie sich um François Sorgen machen sollte. Doch das Ganze entpuppte sich als kurze Phase, und bald schon schlugen die alten Gewohnheiten wieder durch. Er bestand darauf, die junge Magd wieder einzustellen, und verlangte nach Geld, das er allabendlich ausgab. Wenn er nach Hause kam, roch er nach Alkohol oder wieder nach einer Frau und behandelte Marie wie Dreck. Kurzum, François war wieder ganz der Alte. Er hatte Joseph seit seiner Rückkehr nur ein einziges Mal auf den Arm genommen, doch der Kleine war dabei in Tränen ausgebrochen und hatte sich gegen ihn gesträubt. Als er den Jungen verärgert an sie zurückgab, flüsterte sie leise in Josephs Ohr: »Gut gemacht.«

Im Oktober 1799 kehrte Napoleon Bonaparte von seinem Feldzug aus Ägypten zurück. Bald darauf gelang ihm der Sturz der Revolutionsregierung. So fleißig, wie er seine Feldzüge führte, war er auch in bürokratischen Umsetzungen. Am 13. Dezember ließ er sich zum Ersten Konsul wählen. Damit hatte er praktisch die alleinige Macht über Frankreich.

Das neue Jahrhundert, das anbrach, beschenkte Marie mit einem weiteren Kind. Während der Schwangerschaft konnte sie sich nicht vorstellen, das Kind jemals zu lieben, doch das änderte sich, als es auf der Welt war. Sie nannte ihren zweiten Sohn nach seinem Vater, François. Mit einem Säugling und einem Kleinkind war es für sie noch schwieriger, die Ausstellung zu leiten. Wie gut, dass sie von Maman unterstützt wurde und sich auf Ève verlassen konnte.

Der einzige neue Auftrag in dieser Zeit stammte von Joséphine de Beauharnais, der Frau Napoleons. Als stolze Ehefrau bestellte sie eine möglichst lebensechte Wachsbüste des Ersten Konsuls. Marie wurde dazu in die Tuilerien eingeladen. Während der Sitzung mit dem neuen Staatsoberhaupt wurde sie bedient und hofiert wie einst in Versailles. Umstürze waren im Grunde nichts anderes als ein Wechsel von Besitzverhältnissen, dachte sie. Macht und Unterdrückung würde es wohl immer geben.

Seit vielen Jahren arbeitete Marie wieder mit der Punktmessung, wie sie es von Curtius gelernt hatte, um möglichst genaue Ergebnisse zu erzielen. Maman passte so lange auf ihre Söhne auf. Da Napoleon auf einer Gipsmaske bestand, erfüllte sie ihm diesen Wunsch. Er war ihr gegenüber eher unfreundlich, und so fragte sie ihn nicht um Erlaubnis, sich für ihr Kabinett eine Kopie machen zu dürfen, sondern tat es einfach. Das Geld, das die fertige Büste einbrachte, auch später in ihrer Ausstellung, war ein warmer Regen.

Im Mai kam ein ganz besonderer Gast in Maries Salon.

»Sieh einer an, Marie Grosholtz wurde zur Ausstellungsleiterin erhoben!«, rief er zur Begrüßung.

Marie strahlte über das ganze Gesicht und lief ihm mit ausgebreiteten Armen entgegen. »Helion, Melion, Tetragrammaton! Sind Sie ein Geist, oder sind Sie es wahrhaftig?«

Paul Philippsthal, der Trickkünstler und Magier, war der einzige Fremde, den sie freiwillig in die Arme nahm. Was für eine Beglückung, in dieser trostlosen Zeit einen alten Freund zu treffen! Leichtfüßig, fröhlich, schlank wie eh und je, war er zu ihr in die Werkstatt gekommen. Er trug keine Perücke, das Haupthaar, das er zu einem Zopf zusammengefasst hatte, war inzwischen ergraut. Für eine Weile hielten sie stumm die Freude des Wiedersehens in ihren Armen fest.

»Mademoiselle Grosholtz, wie lange ist es her?« Noch immer hatte er diesen leicht preußischen Akzent beim Sprechen, der ihr so sympathisch war.

»Viel zu lange«, entgegnete sie lächelnd.

Pauls Blick streifte staunend die Ausstellung. »Wo ist Curtius?«

»Onkel Philippe ist vor einigen Jahren gestorben. Ich leite nun die Ausstellung allein.«

»Oh, das tut mir leid. Dabei wollte ich ihm ein Geschäft vorschlagen.«

»Tja, da sind Sie wohl zu spät.«

Paul spitzte fröhlich die Lippen und hielt den Kopf schräg. »Dann muss ich wohl Ihnen den Vorschlag unterbreiten.«

»Sie dürfen mir alles vorschlagen, aber zuerst schlage ich Ihnen vor, heute Abend mein Gast zu sein. Ich werde Maman dazu einladen. Sie wird sich freuen, Sie wiederzusehen.«

»Dazu einladen? Wohnen Sie denn nicht mehr zusammen?«, fragte er verblüfft, doch dann schien ihm etwas einzufallen. »Sie sind inzwischen verheiratet, und ich Tor habe es nicht bemerkt!«

Sie lachte. »Ja, ich bin verheiratet.«

Mit einer erhobenen Augenbraue sah er sie streng von der Seite an. »Ist es der attraktive Mann, der damals in Versailles mit Ihnen getanzt hat?«

Marie spürte, wie ihre Wangen heiß wurden. »Nein. Der ist es nicht. Wie kommen Sie darauf?«

»Verzeihen Sie, Madame, an diesem Abend gab es genau zwei Liebespaare, deren Zuneigung füreinander so offensichtlich war, dass es jeder sehen musste.«

»So?«

»Ja, das eine Paar waren Sie und dieser Mann, und das andere Paar waren Marie Antoinette und der Graf von Fersen.«

»Was ist eigentlich aus ihm geworden?«

»Dem Grafen? Er dient dem Regiment der schwedischen Krone. Und was ist aus Ihrem Verehrer geworden?«

Marie zögerte noch, wie viel von der Wahrheit sie preisgeben sollte, und strich sich mit der Hand verlegen am Hals, während sie zu Boden blickte. »Er ist mit einer anderen Frau verheiratet. Das war er im Übrigen damals schon. Es ist ... nun ja ... eine lange Geschichte.«

»Auf die ich heute Abend sehr gespannt bin!« Paul Philippsthal lächelte. Das war es, was ihr fehlte. Diese Leichtigkeit, die in Pauls Worten und in seinem Gang lag, die Fröhlichkeit in seinem Herzen, die gesunde Distanz zu den großen Schwierigkeiten ihrer Zeit. Das war die Welt, in die sie zurückwollte.

»Jetzt erzählen Sie doch erst einmal von sich! Was führt Sie nach Paris?«

»Die Neugierde auf eine Stadt im Umbruch. Ehrlich gesagt, bin ich auch nur auf der Durchreise, und da dachte ich mir, schau ich doch mal bei einer alten Bekannten vorbei.«

»Das war eine sehr gute Idee. Was ist denn Ihr Ziel?«

»Ich plane eine Wanderschau durch England.«

»Warum will plötzlich jeder nach England? Ist es nicht das Land, in dem das Essen nicht schmeckt und wo es ständig regnet?«

Er lachte. »Gewiss doch. So sagt man zumindest. Kennen Sie denn noch jemanden, der dort ist?«

Sie waren schon ein paar Schritte durch die Ausstellung gegangen, als sie stehen blieb und sich räusperte. »Mein Mann ist vor einem Jahr aus England zurückgekommen. Er hat eine Wanderausstellung mit meinen Wachsfiguren organisiert.«

»Und war er erfolgreich?«

»Ich weiß es nicht. Er spricht nicht darüber.« Sie schwieg

kurz, doch dann lenkte sie das Gespräch auf ein anderes Thema, weil sie befürchtete, Paul könnte sich nach ihrer schwierigen Ehe erkundigen. »Was wollten Sie denn eigentlich Onkel Philippe für ein Geschäft vorschlagen?«

»Nun, dass er mit mir gemeinsam die Wanderausstellung betreibt. Ich führe meine magische Schau vor, und er präsentiert seine Wachsfiguren. Aber nun...« Zunächst wirkte er resigniert, doch dann, als hätte ihn ein Geistesblitz getroffen, wandte er sich mit aufgerissenen Augen an Marie. »Warum gehen Sie nicht mit mir nach England?«

Sie lachte. »Ich? Nach England? Im ganzen Leben nicht!«

Paul schien das weniger zu belustigen. »Aber warum denn nicht, was spricht dagegen?«

»Sie meinen das tatsächlich ernst?« Sie musste noch mehr lachen. Als sie sich ein wenig gefangen hatte, strich sie ihm liebevoll mit beiden Händen über die Wangen. »Ich bin in Paris zu Hause. Ich will hier nicht weg. Der Salon, die Wachsmodellierung... das macht mich glücklich. Außerdem habe ich zwei Söhne. Der Jüngste ist erst wenige Monate alt, und ich habe ihn immer in der Ausstellung dabei. Im Moment schläft er. Nein, Paul, ich kann unmöglich mit Ihnen nach England.«

»Sie haben Angst vor Ihrem Mann.«

Maries Lachen erstarb. »Außerdem spreche ich kein Wort Englisch. Wie soll das denn gehen?«

»Aber ich spreche Englisch. Und Sie können es lernen. Wir hätten zusammen großen Erfolg, glauben Sie mir. Frankreich ist revolutionsmüde und ausgeblutet, aber die Engländer sind hungrig auf die Opfer der Revolution. Dort können Sie genauso modellieren. Auch der englische Hof wird Ihre Kunst zu schätzen wissen. Die Engländer sind bereit, viel Geld zu bezahlen, um einmal das geköpfte französische Königspaar sehen zu können. Und von den Persönlichkeiten, deren Wachsfiguren hier ausgestellt sind, haben Sie fast alle gekannt. Sie könnten zu jedem Porträt Geschichten erzählen. Ich denke immer wieder an Ihr Erlebnis mit Voltaire. Warum erzählen Sie in Ihrer Ausstellung nicht davon?«

»Nun, Onkel Philippe hat tatsächlich oft Geschichten dazu erzählt.«

»Und warum? Weil er ein guter Geschäftsmann war. Darum geht es doch, wenn man Geschäfte machen möchte: Man muss mit seinen Kunden sprechen, freundlich und aufmerksam sein. Geschichten sind da immer willkommen. Und Sie kennen genug. Reden Sie mit den Ausstellungsbesuchern, und erzählen Sie ihnen, was sie hören wollen. Schmücken Sie die Erzählungen ein bisschen aus, ohne dabei zu übertreiben. Denken Sie immer daran, dass Sie die Persönlichkeit deshalb modelliert haben, weil Sie die Einzige sind, die es kann. Das macht auch Sie zu einer Persönlichkeit. Sie sind eine großartige Handwerkerin und Künstlerin, Marie. Jetzt müssen Sie nur noch eine Geschäftsfrau werden. Curtius kann Sie nicht mehr unterstützen. Sie müssen selbst tätig werden, und ich biete Ihnen die Möglichkeit dazu. Ich schlage Ihnen ein Geschäft vor: Zwei Drittel der Einnahmen gehen an Sie, ein Drittel an mich. Überlegen Sie es sich, und nehmen Sie meinen Vorschlag an. England wird es Ihnen danken, glauben Sie mir.«

Paris, 1800

Seit dem Wiedersehen mit Paul kreisten Maries Gedanken immer wieder um die Wanderreise durch England, obwohl ihr sein Vorschlag anfangs so absurd erschienen war. Ihr war bewusst geworden, wie sehr sie ihre Arbeit vermisste. Ihre derzeitige Auftragslage war schlecht, die Einnahmen aus der Ausstellung waren stark gesunken, wodurch sich die Abzahlung von Curtius' Schulden immer schwieriger gestaltete. Bonapartes Büste war die einzige gut bezahlte Arbeit in den letzten beiden Jahren gewesen. Und obwohl sie Curtius' Räuberhöhle nun mit den Abdrücken guillotinierter Köpfe der Revolution bestückt und vom Scharfrichter Sanson sogar das Beil erstanden hatte, mit dem er den Kopf des Königs vom Rumpf getrennt hatte, war die Sensationslust der Franzosen auf ein Minimum gesunken.

In ihrer Verzweiflung warb Marie damit, demjenigen sein Eintrittsgeld zurückzuzahlen, der es wagte, eine Nacht allein in der Räuberhöhle zu verbringen. Die Zahl derer, die sich das zutrauten, war so gering, dass sie davon wieder abließ. Eine Garantie, dass es in England besser laufen würde, gab es nicht. Außerdem müsste sie Maman für diese Zeit in Frankreich zurücklassen. Und was war mit ihren Kindern? Wie sollte sie sich auf der Reise um sie kümmern? Sie wäre nicht nur in sprachlicher Hinsicht auf Pauls Unterstützung angewiesen. Wollte sie das überhaupt? Eine erneute Abhängigkeit von einem Mann? Und was würde in dieser Zeit mit dem Salon de Cire geschehen? Sie hatte Onkel Philippe versprochen, ihn in seinem Sinne weiterzuführen. François den Salon zu überlassen wäre der Untergang. Er würde das Wachsfigurenkabinett schneller verhökern, als er eine Flasche Wein leerte. Nein, sie wollte nicht mit nach England ziehen. Zu viele Gründe sprachen dagegen.

Wenn Marie am späten Nachmittag die Ausstellung geschlossen hatte, machte sie sich auf den Weg nach Ivry-sur-Seine und holte Joseph ab, den Maman tagsüber beaufsichtigte, wofür Marie ihr unendlich dankbar war. Sie hatte Paul während seines Aufenthalts in Paris bei Maman in Ivry-sur-Seine einquartiert, und wenn sie ihre Mutter besuchte, wechselte sie immer auch ein paar Worte mit ihm.

Bei Maman war alles so geordnet und friedlich. Umso schwerer fiel es Marie, sich dann wieder zu verabschieden und in die Hölle zurückzukehren, die François hieß. Eines Abends, als sie mit ihren beiden Söhnen nach Hause kam, war weder die Magd noch François anzutreffen, doch sein Rock hing am Haken. In der Küche war kein Essen gekocht worden, was ebenfalls seltsam war. Marie setzte Joseph in seinen Stuhl und bat ihn, auf sie zu warten. Klein François hielt sie auf dem Arm, während sie nach ihrem Mann suchte. Schon auf der Treppe vernahm sie stöhnende Geräusche und ein rhythmisches Quietschen. Sie ahnte schon, welcher Anblick sie erwartete. Die einzige Überraschung war, dass sie François nicht mit einer Dirne von der Straße, sondern mit der Magd in flagranti erwischte. Die beiden mussten es so eilig gehabt haben, dass sie es nicht mehr ins Bett geschafft hatten, sondern schon an Onkel Philippes Schreibtisch der Lust erlegen waren.

Wie hatte sie nur einen solchen Mann heiraten können?, fragte sich Marie verzweifelt. Wie gut war es, dass sie wenigstens Joseph in der Küche gelassen hatte. Ihr Jüngster würde zum Glück von der Sittenlosigkeit seines Vaters nichts begreifen. Dennoch brachte sie ihn vorsichtshalber in ihrem Zimmer in Sicherheit. Um Selbstbeherrschung ringend blieb Marie bei François in der Tür stehen und rief wütend: »Raus! Alle beide! Raus aus meinem Haus!«

Die Magd stieg in Windeseile in ihre Kleider und versuchte, an Marie vorbeizuhuschen, doch diese hielt sie am Arm fest. »Du packst noch heute deine Sachen und verschwindest. Ich will dich hier nie wieder sehen!«

Schamrot blickte die Magd zu Boden und nickte, bevor sie die Treppe hinabrannte. In der Zwischenzeit hatte auch François seine Hose wieder angezogen.

»Was fällt dir ein!«, fuhr er sie an und schubste sie so heftig, dass sie fast gestürzt wäre.

»Was fällt *dir* ein! Deine Affären kannst du haben, wo du willst, aber nicht in meinem Haus.«

»In deinem Haus?«, wiederholte er grinsend und schwankte. Betrunken war er also auch noch. »Es ist unser gemeinsames Haus, Madame Tussaud, in dem ich machen kann, was ich will!«

»Da irrst du dich. Das Haus gehört mir, genauso wie mir das Geld gehört, das du unermüdlich versäufst und verhurst.«

»Dein Geld ist auch mein Geld. Wir sind schließlich verheiratet. Oder muss ich dich wieder daran erinnern, wer du eigentlich bist?«

Er kam bedrohlich näher. Im Souterrain schlug die Tür zu. Die Magd hatte das Haus verlassen.

»Reiß dich zusammen, François, der Kinder wegen!«

»Der Kinder?« Der Säugling begann zu weinen. »Du meinst mein Kind und den kleinen Bastard, den du mir wieder unterschieben willst? Ich sag dir was, die einzige Hure im Haus bist du!«

Marie holte aus und verpasste François eine Ohrfeige, die im ganzen Haus zu hören war. Entsetzt starrte er sie an und hielt sich die gerötete Wange.

Sie zeigte auf die Treppe. »Raus aus meinem Haus!«, rief sie zornig.

Da schlug François mit solcher Kraft zurück, dass sie gegen das Treppengeländer taumelte. Schon kam der nächste Schlag und dann noch einer. Seine Augen hatten nichts Menschliches mehr. In ihnen wohnte der Teufel. Mit beiden Händen umfasste er ihren Hals. Marie schnappte verzweifelt nach Luft.

»Ich lass mich doch nicht von dir rausschmeißen, du kleine Hure! Du sollst kriegen, was eine Hure verdient!«

»Nein«, krächzte sie, »bitte nicht. Das tust du nicht!«

In wilder Besessenheit riss François mit der einen Hand seinen Hosenlatz auf, raffte ihre Röcke hoch und drang gewaltsam in sie ein, während er mit der anderen gegen ihre Kehle drückte. Ein furchtbarer Schmerz durchzuckte sie, während er bei ihr zu Ende brachte, was er bei der Magd nicht mehr geschafft hatte.

Als er fertig war, knöpfte er den Hosenlatz wieder zu. Dann streckte er Marie mit einer weiteren Ohrfeige nieder. Breitbeinig stand er vor ihr und blickte auf sie herab. »Ich werde dich schon Gehorsam lehren, Weib!«

Er ging die Treppe hinunter, nahm seinen Rock vom Haken und verließ das Haus.

Regungslos war Marie liegen geblieben. Ihr Hals schmerzte,

und das Atmen fiel ihr schwer. Ihr Gesicht glühte von den Schlägen, sie zitterte nur noch innerlich, und die Tränen waren längst versiegt. Die Schreie von Klein François hörte sie nur noch wie aus weiter Ferne. Sie blickte die Treppe hinab und sah sich als Kind, wie sie damals das Kleid der schönen Jeanne getragen hatte, mit Mamans feinen Schuhen, und als Königin von Frankreich die Stufen hinunterschritt. Jetzt sah sie die kleine Marie, wie sie die Treppe wieder hochstieg und sich dann herunterbeugte. Ihr Gesicht ähnelte immer mehr dem eines Jungen. Er sah aus wie Joseph.

Das Kind kniete sich neben sie und sah sie verängstigt an.

»Maman?«

Marie setzte sich auf und nahm den Jungen in die Arme. Sie drückte ihn an sich und wiegte ihn sanft hin und her.

»Alles wird gut, mein Schatz«, flüsterte sie in sein Haar. »Alles wird gut.«

Am nächsten Morgen ging sie mit den Kindern schon früh aus dem Haus. Ève hinterließ sie in der Ausstellung eine Nachricht, dass sie heute nicht in den Salon kommen werde. Dann ging sie weiter durch die Stadt nach Ivry-sur-Seine. Maman erschrak, als sie Marie erblickte, und hielt sich die Hand vor den Mund. Die schmerzenden Stellen in Maries Gesicht waren über Nacht angeschwollen. Ihre Mutter begriff sofort, was passiert war.

Paul kam hinzu und blieb betroffen stehen, als er Marie sah.

»War er das?«, fragte Maman.

Marie nickte. Ihre Mutter nahm ihr Klein François ab. Joseph tobte schon durch den Hausflur.

»Hast du ihm einen Anlass gegeben?« Mamans Stimme war streng.

»Ich habe ihn mit der Magd erwischt und beide rausgeschmissen. Daraufhin hat er mich eine Hure genannt, und dann …« Sie schluckte. Vor den Kindern wollte sie nicht weinen, geschweige denn solche Wörter verwenden.

»War er betrunken?«, wollte Maman wissen.

Vorsichtig hatte sich Paul genähert und betrachtete ihre Schwellungen. »Passiert das öfter?«

»Nein.« Marie schüttelte den Kopf. »Nein, es war das erste Mal, dass er mich geschlagen hat. Aber er trinkt häufig zu viel und beschämt mich, indem er das Geld für Freudenmädchen verschleudert.« Ihre Stimme war ganz leise geworden.

»Und das haben Sie vor Ihrer Heirat gar nicht gewusst?«

»Woher denn!«, fiel Maman ein und legte Klein François in die Wiege, die sie extra hatte bauen lassen. »Am Anfang sind sie doch alle nett.«

Marie hatte die ganze Nacht nicht schlafen können, sondern fieberhaft überlegt, was sie tun könnte, um François endgültig loszuwerden und nicht mehr erpressbar zu sein. In den frühen Morgenstunden hatte sie einen Entschluss gefasst, den sie Maman und Paul mitteilen wollte, weshalb sie sich so früh auf den Weg gemacht hatte.

»Setzen Sie sich, Paul, ich muss mit Ihnen reden. Sie haben mir mal erzählt, dass Sie Schriften nachmachen können, nicht wahr?«

Geschmeichelt lächelte er. »Aber ja doch. Daran erinnern Sie sich noch?«

Marie blieb ernst. »Könnten Sie auch einen Brief fälschen?«

»Natürlich kann ich das.«

»Und eine Urkunde?«

Maman warf ihr einen irritierten Blick zu. »Was hast du vor, Marie? Urkundenfälschung? Habe ich richtig gehört?«

Paul hob die Hände. »Bevor ich etwas dazu sage, möchte ich wissen, um was es hier eigentlich geht.«

»Na gut«, sagte Marie, »ich werde es Ihnen sagen.«

Auch wenn es Maman sichtlich unangenehm war, erzählte Marie, dass François sie mit ihrer wahren Herkunft erpresst hatte, dass er jede Nacht ihr Geld verjubelte und ihr gedroht hatte, sie und ihre Mutter als Hochstaplerinnen ins Gefängnis zu bringen, sollte sie sich ihm nicht fügen.

»Warum haben Sie mir die Wahrheit über den Stand meines Vaters verschwiegen, Maman?«, fragte Marie mit tränenerstickter Stimme.

Wutentbrannt nahm Maman einen Milchkrug und warf ihn mit voller Wucht auf den Boden, wo er in zwei Teile zersprang. Marie hatte ihn kurz nach ihrer Ankunft in Paris geschenkt bekommen und seitdem nie wieder aus einem anderen Krug heiße Milch getrunken. Er war blau mit weißen Punkten und hatte sie immer an Schneeflocken im Elsass erinnert. Fassungslos starrte sie die Scherben an.

»Dein Vater war ein Scharfrichter, genauso wie meiner«, sagte Maman. »Wir haben uns nie geliebt, wir wurden verheiratet, weil man das in unserem Stand eben so tut. Hast du eigentlich eine Ahnung davon, was es bedeutet, dem Stand des Scharfrichters anzugehören? Man wird nicht gegrüßt. Andere wechseln die Straßenseite, wenn sie uns sehen. Es steht uns nicht zu, öffentliche Lokale zu betreten oder uns in der Öffentlichkeit mit anderen außerhalb unseres Standes zu unterhalten. Wir dürfen nicht wohnen, wo wir wollen, sondern müssen uns am Ortsrand verstecken. Wir werden gemieden und geächtet, denn wir bringen den Tod. Und doch werden wir gebraucht. Als Frau eines Scharfrichters schrubbst du die Überreste der Toten von der Hinrichtungsstätte. Und jetzt sieh dir dein

Leben an und was aus dir geworden ist. Was hätte es gebracht, dir von Anfang an die Wahrheit über deine Herkunft zu sagen? Du bist unbeschwert aufgewachsen und hast einen Beruf erlernen dürfen, der dir Freude bereitet. All das wäre nicht möglich gewesen, wenn wir in Straßburg geblieben wären.«

Marie nahm all ihren Mut zusammen. Endlich stellte sie die Frage, die sie all die Jahre umgetrieben hatte. »Und warum hat mein Vater uns damals weggeschickt und behauptet, ich sei gar nicht sein Kind?«

»Zum einen wollte dein Vater unabhängig sein, deshalb hat er uns weggeschickt. Zum anderen wollte er immer nur das Beste für dich. Und dass Curtius uns nach Paris eingeladen hat, ist das Beste, was uns passieren konnte. Letztlich kann ich dir nicht sagen, Marie, wer dein leiblicher Vater ist. Vielleicht war es der Mann, bei dem du die ersten Jahre deines Lebens verbracht hast und den du deinen Vater nennst. Vielleicht war es auch Onkel Philippe. Die beiden Männer haben es natürlich auch nicht gewusst. Herrgott, nun sieh mich nicht so an! Du verschweigst Jacques doch genauso die Vaterschaft! Und wie sollte ich ahnen, dass François die Wahrheit über deine Herkunft herausfindet und dich nun damit erpresst? Dieser Dreckskerl! Von Anfang an habe ich gespürt, dass mit ihm irgendetwas faul ist. Heilige Maria, Muttergottes, was machen wir denn jetzt?«

»Ich habe schon einen Plan.« Marie wandte sich an Paul. »Wenn es Ihnen möglich ist, meine Geburtsurkunde in Straßburg zu fälschen, dann will ich mit Ihnen und meinen Kindern nach England gehen.«

»Aber Marie!«, rief Maman. »Was hast du denn vor? Du willst mich verlassen?«

»Ich kann Ihnen für diesen Dienst nur die Reisekosten

bezahlen«, fuhr Marie an Paul gewandt fort, »aber sollte es Ihnen gelingen, die nötigen Unterlagen zu beschaffen, dann machen wir mit unseren Einnahmen in England halbe-halbe. Sind Sie damit einverstanden?«

Paul strich sich über den Kopf. »Darüber muss ich erst mal in aller Ruhe nachdenken.«

Er stand auf und ging im Raum auf und ab. Immer wieder strich er sich dabei über den Kopf und grübelte, als müsse er eine schwierige Aufgabe lösen. Marie war sich bewusst, dass für ihn viel auf dem Spiel stand.

Schließlich kehrte er zum Tisch zurück und stützte sich mit einem Arm darauf ab. »Gut, ich will Ihnen helfen. Ich weiß zwar noch nicht, wie ich es angehe, aber mir wird schon etwas einfallen. Das Fälschen ist das geringste Problem. Die Schwierigkeit besteht darin, an die nötigen Materialien zu kommen. Aber das soll nicht Ihre Sorge sein. Und Sie würden tatsächlich mit mir nach England gehen?«

Sie nickte und wagte noch nicht, sich zu freuen. »Ich möchte wieder arbeiten, und zwar richtig. Ich möchte wieder Gips anmischen und dabei zusehen, wie der Kalk mit dem Wasser sumpft. Ich möchte wieder Wachs zwischen meinen Händen spüren, ich möchte wieder Figuren modellieren und wieder die sein, die ich bin.«

Maman fing zu weinen an, doch sie wirkte in erster Linie erleichtert.

»Ist das eine Vereinbarung?«, fragte er, um sicherzugehen.

Marie wischte sich die Tränen ab und streckte ihm die Hand entgegen. »Ja, Paul, wir haben eine Vereinbarung. Sie fälschen meine Geburtsurkunde, und ich komme dafür zu Ihnen nach England.«

Paris, 1800

Gleich am nächsten Tag machte sich Paul auf den Weg nach Straßburg. Maman hatte ihm die Adresse der Kirche St. Peter in der Gemeinde Alt gegeben, in deren Kirchenbüchern Maries Geburt und Taufe registriert war. Wenn es François geglückt war, Einsicht zu erhalten, dann würde es Paul erst recht gelingen. Bis er zurückkehrte, zog Marie mit ihren Kindern zu Maman.

Ève hielt die Stellung im Salon de Cire und brachte Marie jeden Abend das Geld aus der Tageskasse. Dafür wurde sie von Maman zum Essen eingeladen. Ève war ein anständiges und freundliches Mädchen und zählte schon als halbes Familienmitglied. Sie beteuerte, dass sie in der Ausstellung gut allein zurechtkomme, da sich immer weniger Besucher die Wachsfiguren ansehen wollten. François habe sich seit dem Streit mit Marie nicht wieder in der Ausstellung blicken lassen, erzählte sie, doch Marie traute dem Frieden nicht. Sie warnte Ève eindringlich vor ihm und empfahl ihr, ihm lieber den gesamten Inhalt der Kasse zu geben, als Gefahr zu laufen, dass er sich an ihr vergriff.

Doch François kam weder in den Salon noch zu Marie nach Ivry-sur-Seine. Sie war erleichtert, dass die Vergewaltigung ohne weitere Folgen geblieben war. Als die Schwellungen von seinen Schlägen wieder abgeklungen waren, ging Marie zu Jacques. Dieses Mal hatte sie keine Angst vor dem Unvermeidlichen, und es war ihr gleichgültig, dass ausgerechnet Marguerite ihr die Tür öffnete. Die beiden Frauen sahen sich lange an, bevor sie zur Begrüßung knicksten. Die ganzen Jahre hatte Marie geglaubt, dass Marguerite für sie keine Konkurrenz sei, sondern ein farbloses Mauerblümchen, das über keinerlei äußere Attraktivität verfügte. Doch nun, als sie sich in die Augen blickten, entdeckte Marie eine subtile Klugheit darin und war sich auf einmal gar nicht mehr so sicher. Andererseits hätte es sie auch überrascht, wenn sich Jacques eine dumme Frau ausgesucht hätte.

Marguerite wandte sich erhobenen Hauptes ab und holte Jacques. »Es ist für dich«, hörte Marie sie sagen.

Als er kam, blieb er verblüfft stehen. Im Gegensatz zu den Frauen konnte er nicht verbergen, wie unangenehm ihm diese Situation war.

»Ich brauche ein Gewehr, Jacques«, begann Marie unvermittelt. Er reckte seinen Kopf ungläubig nach vorn, als hätte er sie akustisch nicht verstanden.

»Ich brauche ein Gewehr«, wiederholte sie, »und ich möchte, dass du es mir besorgst. Übermorgen komme ich wieder und hole es mir ab.«

»Wie stellst du dir das vor? Wo soll ich denn ein Gewehr herbekommen? Ich bin Künstler, kein Soldat«, wandte er irritiert ein.

»Aber du bist ein Freund Bonapartes. Lass dir etwas einfallen. Bis übermorgen«, erwiderte Marie und machte auf dem Absatz kehrt.

Schon am nächsten Tag kam Jacques höchstpersönlich nach Ivry-sur-Seine und verlangte eine Erklärung. Es war schon erstaunlich, dass er immer wusste, wo er sie finden konnte. Der kleine Joseph kam gleich zu ihm gerannt und klammerte sich fröhlich an sein Bein. Seitdem François nach Paris zurückgekehrt war, hatte Jacques den Jungen nicht mehr gesehen und war erstaunt, wie groß er schon geworden war. Die Ähnlichkeit zu seinem Sohn Charles war ihm sofort aufgefallen, doch Marie hatte eisern geschwiegen, was seine Vaterschaft betraf.

Maman kam hinzu, hob Joseph hoch und schaukelte ihn sanft, während sie sagte: »Wir beide gehen jetzt ein bisschen spazieren, und Klein François nehmen wir auch mit.« Flink hatte sie die Kinder angezogen und Klein François in ein Tuch geschnürt, das sie sich um den Hals band, bevor sie sich auf den Weg machten.

Kaum waren die drei weg, griff Marie nach dem Gewehr, das Jacques mitgebracht hatte.

»Halt! Erst sagst du mir, was du damit vorhast.«

»Ich will mich nur verteidigen, nichts weiter.«

Doch Jacques kannte sie zu gut und wusste ganz genau, dass Marie sich immer dann unruhig über den Hals strich, wenn sie sich unsicher fühlte.

»Ist es François?«, fragte er. »Hattet ihr Streit?«

Marie sah weg und kämpfte mit den Tränen. Jacques lehnte das Gewehr an die Wand und nahm sie vorsichtig in den Arm, als sie zu weinen begann.

»Mein Gott! Wie schlimm ist es?«

»Frag mich bitte nicht!«

»Hat er dir etwa Gewalt angetan? Ich bring ihn um!«, rief Jacques zornig.

»Nein, Jacques, das wirst du nicht tun. Ich werde mich von ihm scheiden lassen. Aber vorher werfe ich ihn aus meinem Haus.« Sie vergrub ihr Gesicht an seiner Brust und schluchzte.

»Ich kann nicht mehr, Jacques. Ich ertrage ihn einfach nicht mehr.«

Nach einer Weile sah sie auf und wischte sich die Tränen ab.

»Ich muss mich und meine Kinder schützen. Die Ehe mit François war mein Fehler, hörst du, meiner ganz allein. Und nun muss ich die Sache auch ganz allein beenden. Bitte, versuch nicht, mich davon abzuhalten. Erklär mir lieber, wie das Gewehr funktioniert.«

Jacques schnaufte vor Wut und wusste doch, dass sie recht hatte. Er zog eine Packung mit Pulver und eine Art Trichter mit einem langen, dünnen Röhrchen aus seiner Tasche.

»Dann hör mir gut zu und pass genau auf«, begann er seinen Unterricht.

Vier Wochen dauerte es, bis Paul endlich aus dem Elsass zurückkam. Seine Erzählung, wie er sich in die Kirche geschlichen und das Kirchenbuch entwendet hatte, klang mehr als abenteuerlich. Er hatte sich zunächst die richtige Tinte und eine passende Feder beschaffen müssen, ehe er eine Seite des Kirchenbuchs herausgerissen und durch die Fälschung ersetzt hatte.

Zwei Blätter überreichte er Marie – das herausgerissene Original und seinen ersten Entwurf der gefälschten Seite, der fast so perfekt aussah wie die Version, die er letztlich ins Kirchenbuch eingefügt hatte.

Marie fiel ihm um den Hals und wollte ihn gar nicht mehr loslassen. Indes hatte Maman ihre letzte Flasche Rotwein geöffnet, die sie für einen guten Anlass aufgehoben hatte. Im Kaminzimmer war der Tisch fürs Abendessen gedeckt. Bevor sie sich setzten, las sich Marie das Original durch und verglich es mit der Fälschung, auf der zu lesen war, dass ihre Mutter sie unehelich geboren habe, da der Vater, Joseph Grosholtz, zwei Monate vor ihrer Geburt im Krieg gestorben sei. Somit war sie offiziell ein uneheliches Kind und gehörte nicht zum Stand der Scharfrichter. Niemand würde sie jetzt mehr belangen können.

Sie nahm das Original und warf es in den Kamin. Und während die Flammen das Papier verzehrten, verschwand ihre Angst vor François. Der Weg zu einem neuen Leben in Freiheit war geebnet. Sie hielt die Kopie fest an ihre Brust gepresst. Beseelt schloss sie die Augen: »Das ist meine Unabhängigkeit!« Nach einem letzten Blick auf Pauls genialen Entwurf warf sie auch diesen ins Kaminfeuer. Besser, der Betrug hinterließ keinerlei Spuren.

Als sie allein nach Hause in die Rue Saint-Honoré ging, hatte sie das Gewehr dabei, das Schwarzpulver, den Trichter zum Einfüllen und den Stab, mit dem sie das Pulver bis zum Anschlag stopfen musste. Auch an diesem Abend war François unterwegs. So konnte sie in Ruhe seine Sachen packen und damit die Koffer füllen, mit denen er damals eingezogen war. Sie stellte das Gepäck ordentlich in Reih und Glied, dann begann sie, das Gewehr mit dem Pulver zu füllen und die Waffe zu stopfen, wie Jacques es ihr gezeigt hatte. Es war ihr ein Rätsel, wie man damit Kriege gewinnen konnte, wenn allein das Befüllen für einen einzigen Schuss so ein Aufwand war. Schließlich setzte sie sich mit dem Gewehr an ihrer Seite auf die Treppe und wartete im Dunkeln auf François.

Kurz nach Mitternacht traf er ein. Als er wie immer Hut und Rock an den Haken hängte, bemerkte er weder die Koffer noch Marie. Dann entzündete er die Petroleumlampe und rülpste ein paarmal. Erst als er damit zur Treppe wankte, fiel sein Blick auf Marie. Fast wäre ihm vor Schreck die Lampe aus der Hand gefallen. Marie stand mit dem Rücken zum Treppengeländer. Das Gewehr hielt sie hinter ihrem Rücken versteckt.

»Meine Güte!«, rief er. »Bist du von Sinnen? Mich so zu erschrecken!« Er sah sie von oben bis unten an, dann grinste er hässlich. »Na, hast du etwa Sehnsucht nach deinem Mann bekommen? Oder will dich dein Jacques nicht mehr?«

»Ich werde mich von dir scheiden lassen.«

Ungläubig stierte er sie an, dann lachte er so heftig, dass er beinahe das Gleichgewicht verloren hätte.

Doch Marie blieb unbeeindruckt. Mit einem Kopfnicken deutete sie auf die Koffer. »Ich habe deine Sachen gepackt. Du gibst mir jetzt deinen Schlüsselbund, und dann verlässt du auf der Stelle mein Haus. Ich will dich nie wieder sehen, François!«

Sein Lachen ebbte ab. Er ging auf sie zu, und alles fühlte sich wieder so an wie beim letzten Mal, bevor er sie geschlagen hatte. Rasch zog Marie das Gewehr hervor. Der Abstand zwischen ihnen war so gering, dass sie ihm die Mündung direkt an die Brust stoßen konnte. Ihr Zeigefinger lag am Abzug.

François wurde blass. Instinktiv breitete er die Hände aus. Die Petroleumlampe flackerte.

»Stell die Lampe ab!«, befahl sie. »Gib mir die Schlüssel, nimm deine Sachen, und geh endlich!«

»Und wenn ich es nicht tue, dann bringst du mich um?«

»Ja, dann bringe ich dich um!«

»Willst du den Rest deines Lebens etwa im Gefängnis verbringen?«

»Lieber dort als mit dir unter einem Dach.«

»Und was ist mit den Kindern?«

»Mach dir darüber keine Gedanken! Nun geh endlich!« Ihr Ton war laut und gnadenlos.

»Wenn du dich scheiden lassen willst, dann wird jeder erfahren, dass du eine Hochstaplerin bist. Willst du das?«

»Das bin ich nicht, und das weißt du. Ich lasse mich von dir nicht mehr erpressen, und du schlägst mich kein zweites Mal. Wenn du den Leuten erzählen willst, dass ich angeblich die Tochter eines Scharfrichters bin, dann tu das. Aber wenn du mich damit ins Gefängnis bringen willst, dann musst du das auch beweisen können.«

»Das kann ich«, meinte er und lachte dreckig. »Ich brauche nur das Kirchenbuch aus Straßburg zu holen und es dem Richter vorzulegen.«

»Mach, was du willst, aber vorher verschwindest du aus meinem Haus!«

Sie drängte ihn mit der Mündung des Gewehres rückwärts zur Tür. Mit dem linken Fuß schob sie den ersten Koffer zu ihm.

»Was soll das, Marie? Mach dich nicht lächerlich! Du kannst doch gar nicht damit umgehen! Wer weiß, ob dieses Ding überhaupt funktioniert.«

Entschlossen spannte sie den Hahn.

»Ich weiß, dass es funktioniert. Es ist das Gewehr von Napoleon Bonaparte, das ihm bei seinem letzten Feldzug gute Dienste geleistet hat, wie er mir erzählte. Er hat es mir als Zeichen seiner Dankbarkeit für die schöne Wachsbüste geschenkt, die ich ihm modelliert habe, und er hat mir auch erklärt, wie man es bedient. Und was meine Treffsicherheit angeht, so kannst du unbesorgt sein. Onkel Philippe hat mich alles über Anatomie gelehrt. Ich weiß genau, wohin ich zielen muss, um deinem Leben ein Ende zu setzen. Dich zu erschießen schaffe ich selbst auf zwanzig Zentimeter Entfernung.«

Spätestens jetzt begriff François, wie ernst es ihr war. Langsam zog er den ersten Koffer zu sich heran und brachte ihn nach draußen, dann holte er das restliche Gepäck, bis nichts mehr von ihm im Haus war. Blass und wütend sah er sie an. Sein Zeigefinger fuchtelte wild in der Luft herum.

»Ich werde einer Scheidung niemals zustimmen! Du hast mich betrogen und mir einen Bastard untergeschoben. Du hast mich aus dem Haus gejagt.«

»Und du hast mich betrogen, in meinem Haus, mich um mein Geld gebracht, mich erpresst und mir Gewalt angetan. Damit bist du zu weit gegangen. Du hast dich mit der Falschen angelegt, François. Und jetzt verschwinde!«

»Du gehörst ins Irrenhaus! Du bist doch …« Aufgebracht tippte er sich mit dem Finger an die Stirn. »Du bist doch völlig krank hier oben!«

Gelassen legte sie den Kopf schräg und schloss das eine Auge, um mit dem Gewehr genauer zielen zu können. »Dann sei doch froh, dass du mich los bist.«

Er warf ihr den Schlüsselbund vor die Füße, riss seinen Rock vom Haken und nahm den Hut.

»Das wirst du noch bitter bereuen«, knurrte er. »Ich werde mich an dir rächen!«

Sobald er mit seinen Habseligkeiten das Haus verlassen hatte, stieß Marie mit dem Fuß die Tür zu und sperrte ab. Zitternd nahm sie das Gewehr herunter. Das Haus gehörte wieder ihr.

Paris, 1802

François war nicht mehr zurückgekommen, vielleicht wohnte er auch gar nicht mehr in Paris, doch Marie hatte von Louis Tournay ein neues Schloss in ihre Tür einbauen lassen und einen zusätzlichen Riegel von innen. Das Gewehr hatte sie tatsächlich behalten dürfen, und es stand, vor den Kindern gesichert, direkt neben dem Eingang. Maman war wieder eingezogen, und so konnte sie mit der zusätzlichen Miete Onkel Philippes Schulden schneller abbezahlen.

Eine Wirtschaftskrise erschütterte Frankreich, und die Not nach der Revolution war nicht viel geringer als davor. Der Unterschied bestand darin, dass sie jetzt selbst gewählt war. Franklin hatte einmal zu Marie gesagt: »Freiheit ist, selbst zu wählen, wessen Sklave man sein will.«

Acht Jahre hat es gedauert, bis Marie schuldenfrei war und genügend Geld für die Schifffahrt über den Ärmelkanal und den Transport ihrer Figuren gespart hatte. In England wartete Paul auf sie. Die Kutsche würde sie und ihre Kinder morgen nach Boulogne bringen. Nachdem der Salon de Cire ausgeräumt und alle Wachsbüsten und lebensgroßen Figuren sicher in hölzernen Kisten verstaut waren, stand Marie mit Ève in dem leeren Raum, der nun bei jedem Geräusch hallte. Die Sonne schien herein und ließ den Staub tanzen, während

Joseph und Klein François in den leeren Räumen fröhlich Fangen spielten.

»Es tut mir leid, Ève«, sagte Marie und reichte ihr ein Glas Schaumwein, »dass ich dir keine Arbeit mehr geben und dich bezahlen kann. Aber ich danke dir für alles, was du für mich getan hast.«

»Das habe ich doch gerne gemacht, Madame Tussaud. Es war sehr schön, hier zu arbeiten.«

Die Gläser klirrten beim Anstoßen, und als Marie sich im Raum umsah, erinnerte sie sich an ihr erstes Glas Schaumwein, das sie getrunken hatte, damals, zur Eröffnung des Salons im Palais Royal. So viele Jahre war das nun her, so viel war inzwischen passiert. Ein Seufzer kam über ihre Lippen. Wenn sie anfing, darüber nachzudenken, was sie hinter sich ließ, wurde ihr Herz träge und schwer.

»Was wirst du jetzt tun?«, fragte Marie.

Ève strahlte über das ganze Gesicht, glücklich darüber, die frohe Nachricht endlich mitteilen zu dürfen. »Ich werde bald heiraten, und dann werden wir hoffentlich ganz viele Kinder bekommen.«

Marie wollte ihr die Vorfreude nicht verderben. Zärtlich strich sie mit der Rückseite ihrer Finger über Èves Wange und lächelte. »Ich wünsche dir alles Glück dieser Welt!«

Am Tag der Abreise, am frühen Morgen, als das Haus noch schlief, ging Marie in die Werkstatt, um die letzten Sachen zu packen. Auf dem Regal stand der Band *Muskel- und Knochenaufbau des Menschen*, in dem das getrocknete Lindenblatt steckte, das ihr Louis Tournay gegeben hatte, am Tag, als die Bastille gestürmt wurde. Von jedem Material nahm sie etwas mit. Ton, Gips, Wachs – es war Heimaterde. Sie breitete eine lederne Tasche auf der Werkbank aus und suchte ihr Werkzeug zusammen: Modellierhölzer und -schlingen, Drehschienen, Ziehklingen und Spatel, ein paar verschiedenfarbige Glasaugen, die sie sorgfältig in Stroh packte. Als sie fertig war, stand sie in der stillen Werkstatt und sah sich um. Hier hatte alles begonnen. Sie erinnerte sich noch einmal an den Moment, als sie die Werkstatt das erste Mal betreten hatte. Den Moment, als die kleine Marie die schlafende Schöne auf dem Sofa liegen sah und plötzlich wusste, dass sie Wachsbildnerin werden wollte. Ein letztes Mal strich sie mit der Hand an den Wänden und Möbeln entlang und atmete dabei tief ein. Sie wusste, sie würde weitermachen, bis sie eines Tages alt war und nicht mehr arbeiten konnte. Aber bis dahin würde sie weitermachen.

Es war sonnig, als die Kutsche eintraf. Unentwegt hatte Marie Ausschau gehalten, ob Jacques kommen und Lebewohl sagen würde, aber sie sah ihn nicht. Der Kutscher hatte ihr Gepäck mit dem der anderen Fahrgäste sorgfältig auf dem Dach verstaut und kräftig festgezurrt. Nun musste sie sich endgültig verabschieden. Ève, Marianne und Louis standen mit Maman an der Post und kämpften mit den Tränen. Joseph hielt sich an Marie fest, während Klein François zwischen den Beinen der Fahrgäste herumspazierte. Als der Kutscher die Passagiere bat, einzusteigen, fielen sich Marie und Maman um den Hals. »Pass gut auf dich auf, mein Kind, und mach keine Dummheiten. Und schreib mir regelmäßig«, bat Maman unter Tränen.

»Das mache ich, Maman. Ich komme ja wieder zurück. Ich weiß zwar noch nicht, wann, aber ich komme zurück. Und dann habe ich eine volle Geldbörse dabei.«

Maman zog ein Päckchen aus ihrer Tasche hervor und drückte es ihrer Tochter in die Hand. Marie riss es auf und musste erneut mit den Tränen kämpfen. Es war ihr Milchkrug mit den kleinen, weißen Punkten, die aussahen wie Schneeflocken im Elsass. Maman hatte ihn wieder geleimt.

Marie stieg in die Kutsche und setzte Joseph auf ihren Schoß. »François!«, rief sie ungeduldig. Ihre Augen suchten zwischen den Beinen der Wartenden, doch sie konnte den Jungen nirgends entdecken. »François!«

Der Kutscher setzte sich auf den Kutschbock und nahm die Zügel. Maries Herz schlug bis zum Hals. Wo steckte der Junge nur? Plötzlich hörte sie ihn schreien. Sie sah sich um und erblickte den Kleinen auf der anderen Straßenseite. Er wurde von seinem Vater in die Höhe gehalten.

»Mein Kind bleibt bei mir!«, rief er mit einem boshaften Grinsen. Dem Jungen stand der Schreck ins Gesicht geschrieben. Strampelnd kreischte er: »Maman! Maman!«

Während François mit seinem Sohn eilig in eine andere Kutsche stieg, die gleich davonfuhr, setzte sich auch Maries Kutsche in Bewegung.

»Halt! Halten Sie an!«, rief sie. »Mein Sohn! Mein Sohn wird entführt!«

Der Kutscher beugte sich zu ihr herab und rief: »Das ist eine Postkutsche, Madame, ich habe einen Fahrplan einzuhalten!«

Maman lief noch ein Stück neben der Kutsche her. »Der Junge kommt nach!«, rief sie. »Ich sorge dafür, dass Klein François nachkommt. Ich bringe ihn mit der nächsten Kutsche! Versprochen!«

Doch Marie wusste, dass François ihr Kind nicht mehr so ohne Weiteres hergeben würde. Diesen Rachefeldzug hatte er sorgfältig geplant. Es war sein letzter Trumpf. Sie müsste sich Klein François mit Gewalt holen, und dafür hatte sie im Moment einfach keine Kraft.

Maman wird zu Jacques gehen, beruhigte sie sich. Mit seiner Hilfe würde sie Klein François befreien und in die nächste Kutsche nach Boulogne setzen. Ganz gewiss.

Joseph klammerte sich an ihr fest und sah sie mit großen Augen traurig an. Als sie am Louvre vorbeifuhren, blickte Marie sehnsuchtsvoll aus dem Fenster und hoffte darauf, Jacques noch einmal zu sehen. Nie war es ihr wichtiger gewesen. Warum war er nicht gekommen?

Die Kutsche passierte Notre-Dame, die erste Kirche, die sie in Paris betreten hatte, nachdem sie hierher gezogen war. Die in Stein gemeißelte Königsgalerie war längst von den Revolutionären zerstört worden. Beim Betreten einer Kirche sollte man nie den Schweiß und das Blut vergessen, die bei ihrem Bau geflossen sind, hatte Onkel Philippe damals zu ihr gesagt.

Beim Gedanken an Onkel Philippe seufzte sie. Wie sehr vermisste sie ihn, und was hatte sie ihm nicht alles zu verdanken! Er war ihr Erzieher, ihr Lehrer, ihr Geschäftspartner gewesen – und letztlich auch ein Vater.

Paris entfernte sich immer mehr, und bald schon musste sie sich umdrehen, wenn sie noch etwas von der Stadt sehen wollte, die sie geprägt hatte, in der sie geliebt hatte und geliebt worden war – die Stadt, die sie zum Leben erweckt hatte. Die Türme von Notre-Dame waren alles, was sie in der Ferne sehen konnte, bis auch diese irgendwann verschwanden und die Kutsche über das Land rüttelte, dessen blutgetränkte Äcker die Bauern neu bestellten.

Zwei Wochen später stand Marie mit Joseph am Hafen von Boulogne. Ihre Gedanken und Sorgen hatten jeden Tag um Klein François gekreist, und sie schalt sich eine schlechte Mutter, weil sie ihn einfach zurückgelassen hatte. Doch sie würde sich kein zweites Mal erpressen lassen, auch wenn es noch so wehtat. Inständig hoffte sie darauf, dass Maman alles in die Wege leitete, um ihn rechtzeitig zum Schiff zu bringen.

Der Hafenplatz war erfüllt von den lauten Rufen der Matrosen und Hafenarbeiter. Es wuselte nur so von Reisenden, die mit großem und kleinem Gepäck emsig das Schiff betraten, von Pferdekutschen, mit Koffern und Kisten beladen, von krächzenden Möwen, die über allem kreisten und nach Abfall gierten.

Der Hafen war ein Ort des Ankommens und des Weggehens, der Begrüßung und des Abschieds. Unruhig beobachtete Marie, wie ihre Kisten mit den wertvollen Wachsfiguren von den ebenso kräftigen wie groben Armen der Hafenarbeiter vom Seilzug genommen und über die Planken des Frachtraums gestoßen wurden.

»Vorsicht!«, rief sie ein ums andere Mal, während ihr das Herz stockte angesichts der Rohheit, mit der ihr kostbarstes Gut behandelt wurde. Ein paar Franc, die sie den Männern zusteckte, wurden ungerührt eingeschoben, pfleglicher gingen sie mit den Kisten dennoch nicht um.

Seitdem sie auf dem Hafengelände waren, hatte Joseph ihre Hand nicht mehr losgelassen. Marie fühlte sich daran erinnert, wie sie damals zum ersten Mal vor Curtius' Haus gestanden und sich an Mamans Hand geklammert hatte.

Vergebens hielt sie nach Klein François Ausschau. Sie musste sich wohl damit abfinden, dass er nicht mehr kommen würde. In England würde sie alles tun, um ihn zu sich zu holen. Gerade wollte sie mit Joseph an Bord des Schiffes gehen, da legte jemand die Hand auf ihre Schulter. Sie drehte sich um und blickte Jacques in die Augen. Er war also doch noch gekommen! Liebevoll strich sie ihm über die Wange. In der

Berührung lag all ihre Zärtlichkeit, all ihre Liebe, ihr Schmerz und ihre Vergebung – alles, was er ihr je bedeutet hatte. Ungestüm zog er sie ein letztes Mal an sich. Tief atmete sie seinen Duft ein, um ihn sich zu bewahren, für die dunklen Stunden, die sicher noch kommen würden.

Ein Hafenarbeiter drängte sie, endlich auf das Schiff zu gehen. Jacques küsste Marie auf die Stirn. Dann nahm er Joseph hoch, wie er es immer getan hatte, und gab auch ihm einen Kuss auf die Stirn. »Ich liebe euch«, sagte er leise. Sie warf ihm einen letzten sehnsüchtigen Blick zu, dann eilte sie mit ihrem Sohn davon.

Wenig später erklang ein lauter Brummton aus dem Horn des Schiffes. Während sie ablegten, lief Marie mit Joseph zur Reling. Jacques stand noch immer an seinem Platz. Sie winkte ihm zu, bis er nur noch als Punkt in der Ferne zu sehen war. Möwen begleiteten das Schiff wie Lotsen aus dem Hafen, der kleiner und kleiner wurde. Die Häuserspitzen von Boulogne leuchteten im Sonnenuntergang.

Marie nahm Joseph hoch und zeigte mit dem Arm auf das Land, das sie gerade verließen. »Das dort ist Frankreich, dein Heimatland«, sagte sie. »Das darfst du nie vergessen.«

Joseph sah sie aus seinen dunklen Augen an. »Onkel Jacques hat gesagt: Ich liebe euch. Warum hat er das gesagt, Maman?«

»Weil er möchte, dass wir glücklich werden.«

»Werden wir denn dort, wo wir hinfahren, glücklich werden?«

»Gewiss doch, das werden wir, mein Schatz.« Sie drückte ihn fest an sich und küsste seine dunklen Locken. »Das werden wir.«

London, 1842

Mit einem letzten hauchdünnen Pinselstrich frischt die alte Dame Robespierres kleinen Leberfleck über der Lippe auf. Ihr Rundgang im Museum ist beendet. Sie steigt wieder die unebenen Stufen in den Keller hinab, um das Reparaturwerkzeug an seinen Platz zurückzubringen.

Vielleicht wird sie heute an ihrem Selbstporträt weiterarbeiten, vielleicht erst morgen. Jetzt freut sie sich auf den Tag und auf ihre Besucher. Sie ist bereit, ihre Geschichten zu erzählen, und bereit für all das, was kommen möge. Irgendwo schlägt eine Kirchenglocke, deren bronzener Klang sich wie Nebelschwaden über die Stadt legt.

Zehn Uhr.

Madame Tussaud öffnet ihr Wachsfigurenkabinett.

Epilog

Marie Tussaud war 41 Jahre alt, als sie mit ihrem 4-jährigen Sohn Joseph mit dem Schiff nach England reiste. 33 Jahre tourte sie mit ihren Figuren durch England und Irland, anfangs zusammen mit Paul Philippsthal. 1809 ließ sie sich von ihrem Mann scheiden. Ihr Sohn François kam erst 1822 nach England. 1835 eröffnete Marie ihr erstes Wachsfigurenkabinett in der Baker Street in London unter dem Namen »Madame Tussauds«. Mit 81 Jahren fertigte sie ihre letzte Figur, ihre eigene. Marie Tussaud starb 1850 im Alter von 89 Jahren. Ihre Söhne führten ihre Arbeit erfolgreich fort. Das Wachsfigurenkabinett »Madame Tussauds« wurde zu einem Markenprodukt und hat inzwischen Niederlassungen auf der ganzen Welt. Dem Geschäftsmodell, unpolitisch zu bleiben und die Promis des aktuellen Zeitgeschehens darzustellen, ist »Madame Tussauds« treu geblieben. Auch die Vorgehensweise der Wachsmodellierung basiert noch immer auf den Grundlagen von Philippe Curtius. In ihr Heimatland Frankreich kam Marie nie mehr zurück.

Nachwort

Diese Romanbiografie schildert die prägendsten Jahre im Leben der Marie Tussaud. Dabei war es mir ein Anliegen, ihren Alltag und ihr Wirken möglichst wirklichkeitsgetreu zu schildern, was gar nicht so einfach ist. Die meisten handelnden Personen haben zwar tatsächlich gelebt, doch habe ich bei ihrer Ausgestaltung häufig auf meine Fantasie zurückgreifen müssen. Über viele von ihnen ist nur wenig überliefert, und die wenigen Informationen widersprechen sich teilweise auch.

Was Philippe Curtius betrifft, so heißt es in den meisten Quellen, dass er Arzt war und für seine Studenten anatomische Modelle von Organen herstellte. Dass er sich den Doktortitel selbst gegeben haben soll, um seine Reputation zu erhöhen, ist für mich gar nicht so abwegig – denn anders, als ich ihn dargestellt habe, war er wohl sehr auf Erfolg und gutes Ansehen bedacht. In der Rue Saint-Honoré lebte er mit Marie und ihrer Mutter nur kurze Zeit, bis sie ein paar Räume im Boulevard du Temple bezogen, gleich neben den Ausstellungsräumen. Tatsache ist, dass Curtius ein außerordentlich guter Wachsbildner und Geschäftsmann war. Marie ging durch seine Schule und stand ihm später in nichts nach, was die Kunst der Wachsbildnerei betrifft.

Marie Tussauds Mutter, Anna Maria oder Anne-Marie Walder, war schon die Haushälterin von Philippe Curtius, als dieser noch in Bern lebte. Sie folgte ihm mit ihrer Tochter Anna Maria Grosholtz 1767 nach Paris. Bis heute hält sich hartnäckig das Gerücht, Marie sei die uneheliche Tochter von Philippe Curtius oder seine Nichte gewesen, weil sie ihn »Onkel« nannte. Laut dem Straßburger Kirchenbuch war Maries Mutter mit Joseph Grosholtz nicht verheiratet. Er entstammte der Familie eines Scharfrichters und starb im Siebenjährigen Krieg, zwei Monate vor Maries Geburt.

Der Maler Jacques-Louis David war zweimal mit Marguerite-Charlotte Pécoul verheiratet. Mit Napoleons Herrschaft erlebte er einen zweiten künstlerischen Aufstieg, emigrierte aber später nach Belgien, wo er 1825 starb. Der echte Jacques war bei Weitem nicht der attraktive Womanizer der vorliegenden Romanbiografie, ganz im Gegenteil. Durch eine Verletzung in der frühen Kindheit hatte er eine entstellende Narbe im Gesicht. Sein Rufname war im Übrigen Louis und nicht Jacques. Ob Marie und er sich gekannt haben? Als Mitglied des Konvents bestellte Jacques im Hause Curtius ein Wachstableau des getöteten Marat, von dem Marie Grosholtz noch am Tatort eine Totenmaske abnahm. Bis heute ist nicht eindeutig geklärt, was zuerst da war – das Wachstableau oder das Gemälde. Davids Gemälde *Der Tod des Marat* ist heute im Königlichen Museum in Brüssel ausgestellt. Das Wachstableau steht im Wachsfigurenkabinett Madame Tussauds in London.

Von François Tussaud ist nur wenig bekannt, abgesehen davon, dass er Ingenieur war und auf Kosten seiner Frau lebte. Ende der 1790er-Jahre organisierte er eine Wanderausstellung mit Maries Wachsfiguren in England. Marie trennte sich im Jahre 1800 von ihm und ließ sich 1809 scheiden. François hat seinen Sohn übrigens nicht wie im Roman entführt. Entgegen meiner Darstellung kann Jacques ein durch und durch treuer und anständiger Ehemann gewesen sein und François natürlich ein liebenswerter, sympathischer Mensch.

Prinzessin Elisabeth holte Marie Grosholtz als ihre Kunstlehrerin an den Hof von Versailles, wo diese sich bis zum Ausbruch der Revolution aufhielt. Marie behauptete immer, dass sie nicht nur als Handwerkerin dort gelebt habe, sondern vielmehr als Freundin und Gesellschafterin der Prinzessin. Eine Wohnung in Saint-Louis hat es allerdings nicht gegeben. Maries Unterkunft in Versailles war ein zugiges Dachzimmer, nicht größer als eine Abstellkammer.

Der Schriftsteller Jean-Jacques Rousseau litt in seinen letzten Lebensjahren unter Verfolgungswahn und geistiger Umnachtung. Marie Grosholtz hat ihn zwar modelliert, aber nicht in Ermenonville besucht. Robespierre war ein großer Verehrer Rousseaus, besuchte ihn oft und bezeichnete sich als dessen Freund. Die Bekanntschaft mit Marie Grosholtz ist ebenso meiner Fantasie entsprungen wie die Anekdote, dass Voltaire beim Modellsitzen fast erstickt wäre. Auch Charlotte Corday, die Mörderin Marats, und Marie Grosholtz haben sich nicht gekannt.

Paul Philippsthal war ein Trickkünstler, der durch ganz Europa reiste und auch in Paris Vorführungen mit seiner Laterna magica hatte. Marie Tussaud reiste auf seine Einladung hin nach England, aber er hat nicht ihre Geburtsurkunde gefälscht.

Auch Louis Tournay hat wirklich existiert. Er war Wagenbauer und machte sich beim Sturm auf die Bastille einen Namen, weil es ihm gelang, die Zugbrücke herunterzulassen. Seine Familie und sein Zuhause habe ich jedoch erfunden. Eine Bekanntschaft mit Marie Grosholtz ist nirgends überliefert.

Marie Tussaud behauptete in ihren Memoiren, sie habe die Lebendmasken immer direkt an den Personen abgenommen. Das mag bei vielen ihrer Modelle der Fall gewesen sein, am französischen Hof herrschte allerdings eine strenge Etikette, die es selbst engen Ministern und Beratern nicht erlaubte, sich Mitgliedern der königlichen Familie näher als zwei Meter zu nähern. Wahrscheinlicher ist es daher, dass sie »einfache« Leute mit ähnlicher Physiognomie zur Maskenabnahme benutzte und dann aus ihrer Erinnerung die Gesichter modellierte. Vielleicht hat sie sich auch an Gemälden oder Skulpturen orientiert. Da es noch keine Fotografien gab, waren die Ansprüche an die Wirklichkeitstreue geringer als heute. Auch die Körpergestelle waren im Vergleich zu heute sehr einfach. Marie und Curtius arbeiteten mit dem Punktmessverfahren, kombiniert mit dem direkten Gipsabdruck. Vielleicht war das die Besonderheit an ihrer Arbeit, denn die wenigsten Wachskünstler verfuhren damals nach dieser Methode.

Manche Quellen berichten, dass sich Marie Grosholtz auf den Friedhöfen herumgetrieben habe, um von den »prominenten« Geköpften der Revolution Totenmasken abzunehmen. Das erscheint mir wenig glaubwürdig, weil die Porträts im Revolutionsmuseum ausgestellt waren, was bedeutet, dass sie der Nationalkonvent in Auftrag gegeben haben muss. Die Vorstellung, dass sie von Sansculotten bedient wurde und ihre Forderungen stellte, fand ich viel schöner.

So gut es ging, habe ich mich mit allen Ereignissen an die Jahreszahlen gehalten, nur der Prinz de Conti und Maman mögen es mir nachsehen, dass ich sie länger habe leben lassen. Die Feuerwerkskatastrophe 1770 gab es tatsächlich, Maries traumatisches Erlebnis dabei gehört jedoch in die Welt der Fantasie.

Marie Tussaud ging in ihrer Biografie nur wenig auf ihre familiären Wurzeln ein. Der Name Grosholtz wurde zugunsten der Karriere weitestgehend weggelassen. Sie berichtet auch, dass sie mit ihrer Mutter im Gefängnis gesessen habe wegen ihrer verdächtigen Nähe zum Königshaus. In den Büchern der Pariser Gefängnisse taucht ihr Name aber nirgendwo auf.

Danksagung

Mein Dank gilt Ingrid Ströbel, die sich als Erstleserin mit Vergnügen für eine Erstkorrektur und ein neutrales Feedback opferte und sich dabei sehr viel Mühe machte.

Ich danke auch Alexander Biernoth, der mich freundlich, hilfsbereit und fachlich fundiert über das Hofzeremoniell europäischer Königshöfe im 18. Jahrhundert informierte und meine Darstellung entsprechend korrigierte.

Tobias Schäffer hat mich über das Kunsthandwerk im Allgemeinen, Jacques' Gemälde im Besonderen und das Malen von Augen im Speziellen unterrichtet – vielen Dank!

Dr. Rudolf Bilz danke ich für die medizinisch-fachliche Unterstützung und Aufklärung, als ich für Marie einen Rippenbruch brauchte, und für sein stetes Interesse am Wachsen des Buches.

Außerdem danke ich Kathleen Melzer, die im Laufe der Entstehung des Romans zu meiner persönlichen Parisexpertin wurde und zu jeder Zeit geografische Hilfestellung leistete.

Karen Hilde Fries von Madame Tussauds in Berlin bekommt ein besonders dickes Dankeschön, da sie sich viel Zeit nahm, um meine Ausführungen im Roman über das Handwerk der Wachsarbeit durchzusehen und richtigzustellen.

Abschließend danke ich Anne Scharf vom Piper Verlag,

die nicht nur die Idee zu diesem Buch, sondern auch das Vertrauen in mich hatte, das Projekt umzusetzen. Mein Dank geht auch an Dr. Annika Krummacher für ihr gründliches Lektorat. Danke an meinen Agenten Thomas Montasser – weil er mir einen Satz schenkte, vor allem aber, weil er mich aus der Unsichtbarkeit fischte und mir eine Chance gab.

Entdecken Sie weitere inspirierende Geschichten!

Laura Baldini, Lehrerin einer neuen Zeit
(Maria Montessori), ISBN 978-3-492-06240-4

Laura Baldini, Ein Traum von Schönheit
(Estée Lauder), ISBN 978-3-492-06299-2

Laura Baldini, Der strahlendste Stern von Hollywood
(Katharine Hepburn), ISBN 978-4-492-06258-9

Eva-Maria Bast, Die aufgehende Sonne von Paris
(Mata Hari), ISBN 978-3-492-06259-6

Eva-Maria Bast, Die vergessene Prinzessin
(Alice von Battenberg), ISBN 978-3-492-06260-2

Eva Grübl, Botschafterin des Friedens
(Bertha von Suttner), ISBN 978-3-492-06286-2

Petra Hucke, Die Architektin von New York
(Emily Warren Roebling), ISBN 978-3-492-06238-1

Agnes Imhof, Die geniale Rebellin
(Ada Lovelace), ISBN 978-3-492-06217-6

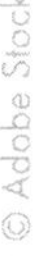
© Adobe Stock

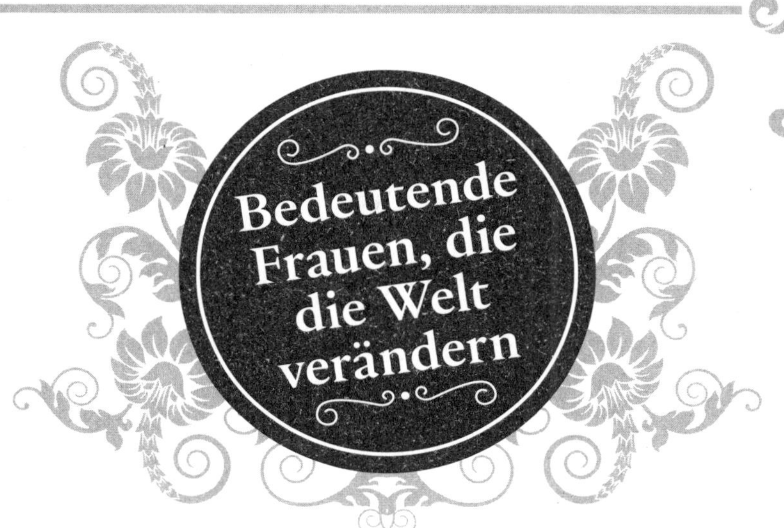

Agnes Imhof, Die Pionierin im ewigen Eis
(Josephine Peary), ISBN 978-3-492-06270-1
Erscheint im Februar 2023.

Lea Kampe, Der Engel von Warschau
(Irena Sendler), ISBN 978-3-492-06215-2

Lea Kampe, Die Löwin von Kenia
(Karen Blixen), ISBN 978-3-492-06268-8

Romy Seidel, Die Tochter meines Vaters
(Anna Freud), ISBN 978-3-492-06254-1

Yvonne Winkler, Ärztin einer neuen Ära
(Hermine Heusler-Edenhuizen), ISBN 978-3-492-06309-8

Weitere Infos unter
piper.de/bedeutende-frauen